実務家必見！
病医院の実践税務
〔改訂版〕

監修　町山三郎（公認会計士・税理士）
　　　金子尚貴（公認会計士・税理士）
編著　税理士法人アフェックス

税務経理協会

はじめに

「全ての病医院が繁栄し，生き残れる時代」は，20世紀で終焉しました。21世紀に入り，かつてないドラスティックな医療行政が進展し，医療機関の格差はここ10年でさらに拡大しています。また，少子高齢化の加速度的進展や，人口の減少といった環境のもと，医療機関同士の競争も一段と顕著になってきています。自治体病院の活性化政策，メディカルモールにみる診療所機能のアップや新規開業の著しい増加で，民間病医院の経営には，これまでにない高い経営管理能力が求められています。

病医院の財務体質の特徴として，変動費率が小さく，固定費のかかる労働集約型及び資本集約型産業の特徴が挙げられます。設備投資等の資金の調達は，ほとんど金融機関等からの借入金で賄っています。したがって，借入金を返済していくには，返済原資をしっかり確保する必要があります。そのためには，キャッシュフロー経営を重視した経営を展開しなければなりません。キャッシュフロー経営とは，税金もコストと考え，コストは少しでも節約すべきと考える経営です。医療費抑制政策が続くなか，収益性が逓減していく病医院経営では，経営管理能力の1つであるタックス・マネジメント能力を今まで以上に高める必要があります。

私どもの会計事務所は，「良い経営が，より良い医療を実現する」という信念のもと，30年超にわたって病医院の経営税務コンサルティングを行ってきました。タックス・マネジメントを的確に行うには，病医院の経営システムや経営実態をしっかり理解していなければなりません。本書は，現場でよく質問される事項や税務調査でよく問題になる事項だけでなく，病医院の発展段階に応じて取るべき税務戦略や現行医療税制の諸問題も取り上げており，まさに総合的実務書として書き上げたものです。

具体的には，

(1) 税務判断で迷った時の羅針盤に

(2) 現行税法が認める税務上の特典を知るために

(3)　各発展段階で直面する税務諸問題とその解決策を知るために
　(4)　病医院発展のための節税戦略立案のために
実践で役立つように書かれています。

　本書は平成22年12月に出版された「病医院のための実践税務」を改訂したものであります。税法は経済環境を反映して毎年改正されていますが，改めて「税法は生き物である」ということを実感するしだいであります。

　病医院経営者，会計事務所職員，金融機関の経営アドバイザー，医業経営コンサルタント等の読者の皆様に，少しでも本書がお役に立てば幸甚です。
　最後に，この本の編集に多大の尽力をいただきました㈱税務経理協会の皆様に厚くお礼を申し上げます。

　平成28年4月

税理士法人　アフェックス
（旧税理士法人　町山合同会計）
代表社員　町　山　三　郎
代表社員　金　子　尚　貴

【凡　例】

国税通則法1条2項3号	→	通則法1②三
所得税法1条2項3号	→	所法1②三
所得税法施行令1条2項3号	→	所令1②三
所得税基本通達	→	所基通
法人税法1条2項3号	→	法法1②三
法人税法施行令1条2項3号	→	法令1②三
法人税基本通達	→	法基通
相続税法1条2項3号	→	相法1②三
相続税法施行令1条2項3号	→	相令1②三
財産評価基本通達	→	評基通
消費税法1条2項3号	→	消法1②三
消費税法基本通達	→	消基通
租税特別措置法1条2項3号	→	措置法1②三
地方税法1条2項3号	→	地法1②三

目　　次

はじめに

第1章　病医院経営に節税は欠かせない

1 キャッシュフローと税金の関係 ………………………………… 2
2 節税の基本原則 ………………………………………………… 3

第2章　医療業務と実践税務

1 医業収入の税務処理 …………………………………………… 10
2 給与と源泉税 …………………………………………………… 17
3 薬品材料費と税務 ……………………………………………… 25
4 職員の福利厚生費 ……………………………………………… 27
5 租 税 公 課 ……………………………………………………… 31
6 広告宣伝費と実践税務 ………………………………………… 34
7 海外渡航費と実践税務 ………………………………………… 36
8 諸 会 費 ………………………………………………………… 38
9 減価償却費 ……………………………………………………… 40
10 減価償却費の特例 ……………………………………………… 52
11 修繕費と資本的支出 …………………………………………… 57
12 リ ー ス 料 ……………………………………………………… 60
13 貸 倒 損 失 ……………………………………………………… 65
14 短期前払費用の特例 …………………………………………… 66
15 雇用促進税制と税額控除 ……………………………………… 70
16 所得拡大促進税制と税額控除 ………………………………… 73
17 生産性向上設備投資促進税制 ………………………………… 75

5

第3章 個人病医院特有の実践税務

1	課税所得と税金	80
2	個人病医院の所得	89
3	青色申告とその特典	93
4	措置法26の概算経費率	94
5	青色専従者給与と税務上の取扱い	100
6	家事関連経費と実践税務	102
7	交際費と必要経費	106
8	所得控除	106
9	住宅ローン控除	108
10	事業税	109
11	個人病医院と相続税対策	112

第4章 医療法人特有の実践税務

1	医療法人の種類	118
2	持分なし医療法人の創設と意義	119
3	医療法人のメリット・デメリット	125
4	届出手続	132
5	医療法人成り時点の実践税務	134
6	役員給与と実践税務	136
7	役員退職金と実践税務	143
8	役員のフリンジ・ベネフィット	146
9	交際費	150
10	使途秘匿金	153
11	寄附金	154
12	生命保険と実践税務	156
13	欠損金の繰越控除と繰戻し還付	160
14	法人事業税と法人住民税	163

15	持分なし医療法人への移行と実践税務 ………………………… 170
16	認定医療法人と納税猶予・免除制度 …………………………… 178
17	特定医療法人への移行と実践税務 ……………………………… 184
18	社会医療法人への移行と実践税務 ……………………………… 186
19	社会医療法人の課税所得の算定 ………………………………… 191
20	医療法人と相続税対策 …………………………………………… 196

第5章　MS法人の役割と上手な活用法

1	MS法人とは ……………………………………………………… 208
2	MS法人を利用する目的 ………………………………………… 208
3	MS法人のデメリット …………………………………………… 212
4	税務否認されない取引条件 ……………………………………… 212
5	医療法人とグループ法人税制 …………………………………… 213
6	MS法人の再評価 ………………………………………………… 218

第6章　消費税と実践税務

1	消費税の仕組み …………………………………………………… 220
2	病医院の収入と課税関係 ………………………………………… 221
3	医療機関の消費税は損税 ………………………………………… 225
4	納税義務者と課税制度の選択 …………………………………… 226
5	税額の計算 ………………………………………………………… 227
6	消費税の会計処理 ………………………………………………… 230
7	主な届出書の提出期限 …………………………………………… 232
8	中間申告 …………………………………………………………… 234
9	消費税の節税対策 ………………………………………………… 235

第7章　決算直前の実践節税対策

| **1** | お金の支出を伴わないもの ……………………………………… 238 |
| **2** | お金の支出を伴うもの …………………………………………… 240 |

3 個人病医院の決算直前対策 ……………………………… 242

4 医療法人の決算直前対策 ……………………………… 243

第8章　税務調査と実践税務

1 税務調査の概要 ……………………………………… 248

2 診療収入等の調査 …………………………………… 250

3 役員給与 ……………………………………………… 253

4 従業員給与 …………………………………………… 254

5 薬品材料費と棚卸資産 ……………………………… 255

6 一般経費の調査 ……………………………………… 255

7 医療器械・什器備品の購入調査 …………………… 256

8 MS法人との取引 …………………………………… 257

9 修正申告と附帯税 …………………………………… 259

10 不服申立とその手続き ……………………………… 263

第9章　病医院の発展と税務戦略

1 開業時の戦略 ………………………………………… 266

2 開業初期段階 ………………………………………… 268

3 成長期前半段階 ……………………………………… 269

4 成長期中盤段階 ……………………………………… 270

5 成長期後半段階 ……………………………………… 271

6 拡張成熟期 …………………………………………… 272

第10章　申告書の作り方

1 概算経費の適用の申告書 …………………………… 276

2 医療法人の事業税の申告書 ………………………… 283

3 消費税の申告書 ……………………………………… 290

第1章

病医院経営に節税は欠かせない

1 キャッシュフローと税金の関係

(1) 病医院の財務体質の特徴

病医院は，医師，看護師等の有資格者が多数必要な労働集約型産業であり，かつ，多額の設備投資が必要な資本集約型産業といえます。一方，収入の変動に連動して増減する変動費としては薬品費や検査料等が該当しますが，技術料やホスピタルフィーが高い割合を占めているため，変動費率は通常10％〜20％程度となっています。

つまり，病医院の経営は「固定費が大きく，変動費率が小さい」という特徴を持っています。そのため，収入が費用と同額になる損益分岐点を超える収入が確保できると，それ以降は大きな利益が得られる財務体質を持っています。

【損益分岐点図表】

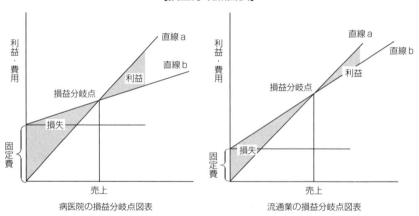

病医院の損益分岐点図表　　流通業の損益分岐点図表

(2) キャッシュフローと税金

病医院のほとんどは設備投資の資金を金融機関から賄っています。そして，借入金の返済原資は税金を支払った後に残ったお金です。借入金の返済をスムーズに進めるには，この返済原資をしっかり確保しなければなりません。それゆえ，病医院では単なる利益重視ではなく，キャッシュフローを重視した経営をしなければなりません。余裕あるキャッシュフローを実現するにはまず「利益」を確保

第❶章　病医院経営に節税は欠かせない

しなければなりませんが，利益が出れば当然税金が課されることになります。税金は，利益をベースに税法に規定するルールに沿って算出された課税所得から算出されます。しかし，「課税所得」や「税金」はその取引内容や経理処理等によって大きく違ってきます。それゆえ，新たな設備投資のための自己資金や借入金の返済原資を稼ぐには，この「利益に課せられる税金」をいかに少なく抑えるかが重要なポイントとなります。

【キャッシュフローと税金】

項　　　目	ケース１	ケース２	ケース３	ケース４
税引前当期純利益	1,000	1,000	1,000	1,000
税　　　　　金	420	380	350	300
当 期 純 利 益	580	620	650	700
減 価 償 却 費	500	600	650	700
返 済 原 資	1,080	1,220	1,300	1,400
借 入 返 済 額	600	600	600	600
差 引 余 剰 金	480	620	700	800

　上記の表のように，会計上の税引前当期純利益が同じでも税金の負担の大きさ，現金の支出を伴わない減価償却費の大きさによって，手許に残る現金の大きさが違います。すなわち課税所得を増やさない方法，減価償却費を多く計上する方法が節税のキーポイントとなります。

2　節税の基本原則

(1)　今，なぜ節税が必要なのか

　「患者の医療機関選別化」，「新規開業の顕著な増加」，「診療報酬の抑制」等，病医院を取り巻く環境はますます厳しさを増しています。こうした環境はこれからも長く続くため，無駄な費用を削減し，できるだけ多くの資金を蓄積していく経営を展開し，差別化戦略のために節税を有効活用しなければなりません。税金は経営上のコストと捉え，これを最小限に抑えることは病医院経営にとって不可欠なことです。

(2) 節税の仕組みはシンプルに考える

　所得税や法人税といった税金はいわゆる「課税される利益＝所得」にかかる税金で，次の算式から算出されます。

　　　所得 ＝ 収入 － (収入を得るためにかかる費用)

　　　税金 ＝ 所得 × 税率

すなわち，節税の基本は

① 所得を下げる

② 適用される税率を下げる

の2つということになります。

　しかし，「所得を下げる」といっても，本来の利益まで減らしてしまっては意味がありません。ここでいうのは，病医院経営上の利益は最大に確保したうえで，税金計算上の費用をより大きくするということです。

① 所得を下げる方法

　イ　支出は漏れなく，かつ適正に処理する

　　　一番簡単な節税方法です。努力すればするだけ報われるものです。タクシー代や食事代等でお金を支払ったら必ず領収書をもらい，その使途・目的を明記し，必要経費であることを後日立証できるようにします。電車代や結婚式の祝い金，香典，見舞金等，領収書がもらえないものについては出金伝票等にその使途と金額を記載し，招待状等の証拠書類をセットにして保管しておきます。

　ロ　社会的に認められている実務習慣を大いに利用する

　　　社葬，叙勲披露，出張日当等社会的に認められている行為に伴う費用は，税務上も必要経費等として認められます。また，学会出張や医局との打ち合わせ等の際に適正な出張旅費規程に基づき支給する日当は，交通費と宿泊代と合わせて旅費交通費として経費処理できます。これは医療法人であれば理事長も対象になります。

　ハ　税法の特典を最大限利用する

　　　まず，措置法26 (同67) による概算経費率の適用があります。社会保険診療報酬 (社保，国保，介護報酬を含む) が年間5,000万円以下であり，かつ，社

会保険診療報酬と自由診療報酬等との合計額が7,000万円以下である場合には，必要経費又は損金に算入できる金額は，実際に発生した金額（実額）ではなく，概算経費によることができるという特典です。保険収入が年間5,000万円以下であり，かつ，社会保険診療報酬と自由診療報酬等との合計額が7,000万円以下である場合には，有利なのは実額か概算経費かを必ず検討することが大切です。

　また，院長婦人や子息等に専従者給与を支給して院長の所得を下げることも，必ず考慮すべき税法の特典の活用といえます。専従者給与の額は従業の度合いや内容等によって決めることとなりますが，いずれの場合も執務実績をしっかり残し，金額に税務否認されない根拠をもたせることが重要です。税法上の特典は，他に「減価償却方法の選定」や「特別償却・税額控除」，「開業費の有効利用」，「消費税の課税方式の選択」等があります。

　税法は世情やその時々の経済政策等を反映し，毎年のように改正されます。税法の特典をしっかり理解し，大いに利用することが大切です。

二　早め早めに対策を打つ

　節税するためには手間と時間がかかります。また，税法の特典を利用するには，特典が利用できる要件を満たしていなければなりません。そのために，まず税法をよく理解し，特典の要件を満たすために常に早めに手を打って対応することが求められます。

②　税率を下げる方法

　税率を下げるとは，それぞれ税法の定める「税率の構造」をうまく利用するということです。現行税法において，個人病医院に適用される所得税の税率は5％〜45％の7段階の構造で，所得が4,000万円を超える部分については45％，住民税を含めると55％の税負担が課せられます。また，個人には，平成49年まで復興特別税が課税されますので，個人の最高税率は，実に55.945％になります。

　一方，通常の医療法人に適用される法人税の税率は，現行で800万円までの所得には15％，それを超える所得に対しては23.4％の法人税率となっております。これに法人住民税を含めると800万円を超える所得に対する税負担は28％程度となります。したがって，ある水準以上の所得が出ている病医院では医療法人化し，

法人税の適用を受けた方が税金が少なくて済むことがわかります。

【適用税率の推移】

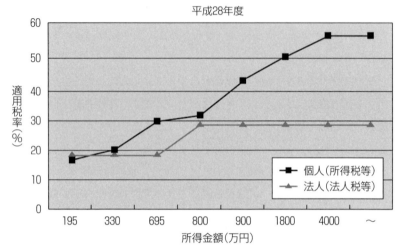

　個人でも法人でも所得が低い方が適用税率も低いので，所得を家族従業員や別会社に分散し，トータルの税金を少なくすることができます。また所得を分散させるとそれに伴って財産も分散されるため，結果として相続税対策にもなります。

　ただし，税務否認を受けやすいポイントでもありますので，適正な金額の設定や実績を示す書類の整備等が不可欠になります。

③　節税と脱税の違い

　納税が国民の義務であることは言うまでもありませんが，税金のルール（税法）を上手に活用することは納税者の権利であるともいえます。節税は，このルールの趣旨を正しく理解し，それに従って経済活動を行うことで税金を少なくする行為です。一方，脱税は事実を隠ぺいする行為，又は事実がルールの要件を満たしていないために，事実を曲げてあたかも要件を満たしているように偽装する行為です。

　経済社会が高度化し，また，複雑化しているため，税金のルールである税法も現実の経済社会に対応するように少しは改正がなされていますが，現実の問題がすべて解決できるようには必ずしもできていません。それゆえ，結果的に節税か

第**❶**章　病医院経営に節税は欠かせない

否かを明快に区分できないグレーゾーンがあることは確かです。このような場合，立法趣旨の的確な判断，社会的常識や良識に基づいて判断することが必要になります。そして，そのためには税法の知識だけでなく，医療関係法規の理解や納税者である病医院の運営の仕組み等も幅広く理解していることが大切になります。

(3)　良い節税，悪い節税

節税をするためには，

①　お金の支出が必要な節税

②　お金を支出しなくでもできる節税

があります。

また，節税の効果からみて

①　税金を絶対的に少なくする節税

②　当面の税金を先送りする節税

があります。

節税対策をする場合，その対策がどのような性格をもつものであるか，正しく理解して取り組む必要があります。また，節税できれば何でもよいというわけではありません。節税にも「良い節税」と「悪い節税」があります。良い節税とは支払う必要のない税金を減らし，自院に体力をつけ，心にゆとりをもたらしてくれる節税です。

一方，悪い節税とは，税金を減らす以上に手許のお金を減らしてしまい，将来の行動の自由度や心の安定が脅かされる節税です。

7

第2章

医療業務と実践税務

1　医業収入の税務処理

(1)　医業収入の範囲
医業収入には，次のようなものがあります。

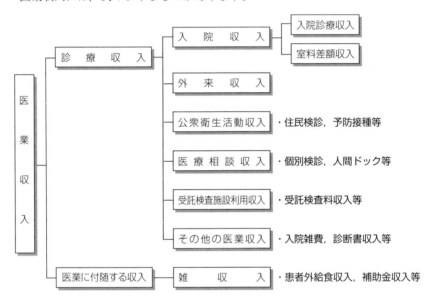

また，医業収入は，患者さんや利用者から直接窓口等で受け取る収入と，社会保険診療報酬支払基金等へ請求し，おおむね診療月の翌々月に銀行口座に振り込まれて受け取る収入とがあります。

(2)　診療収入の種類
診療収入は，収入項目により「社会保険診療収入」「自由診療収入」「雑収入」の３つに分類されます。

①　社会保険診療収入
社会保険診療収入とは，次に掲げる法律で定める給付や医療，介護，助産等の医療サービスを提供することによって，社会保険診療報酬支払基金から支払われる社会保険診療報酬や国民健康保険連合会から支払われる国民健康保険診療報

酬・介護報酬をいい，これらは「広義の社会保険診療収入」として特例の適用対象（措置法26②各号）となります。

	根拠となる法律	社会保険診療収入となる範囲
①	健康保険法 国民健康保険法 高齢者の医療の確保に関する法律《高齢者医療確保法》 国家公務員共済組合法（防衛省の職員の給与等に関する法律を含む） 地方公務員等共済組合法 私立学校教職員共済法 船員保険法	療養の給付（入院時食事療養費，入院時生活療養費，保険外併用療養費，家族療養費，特別療養費，指定訪問看護費）
	母子保健法 児童福祉法 原子爆弾被爆者援護法 戦傷病者特別援護法	療養の給付，更正医療の給付，養育医療の給付
②	生活保護法	医療扶助のための医療，介護扶助のための介護（居宅介護のうち訪問看護，訪問リハビリテーション，居宅療養管理指導，通所リハビリテーション，短期入所療養介護。介護予防のうち介護予防訪問看護，介護予防訪問リハビリテーション，介護予防居宅療養管理指導，介護予防通所リハビリテーション。介護予防短期入所療養介護，施設介護のうち介護保健施設サービス，介護療養施設サービスに限る），出産扶助のための助産
	中国の残留邦人等の円滑な帰国促進及び永住帰国後の自立支援法（平成20年4月1日以後に行われる社会保険診療について適用）	医療支援給付のための医療，介護支援給付のための介護，出産支援給付のための助産
③	介護保険法	指定居宅サービス（訪問看護，訪問リハビリテーション，居宅療養管理指導，通所リハビリテーション，短期入所療養介護に限る）費用相当額。指定介護予防サービス（介護予防訪問看護，介護予防訪問リハビリテーション，介護予防居宅療養管理指導，介護予防通所リハビリテーション，介護予防短期入所療養介護に限

		る）費用相当額。介護保険施設サービス，指定介護療養施設サービス費用相当額
④	精神保健及び精神障害者福祉法 麻薬及び向精神薬取締法 感染症予防法 心神喪失等の状態で重大な他害行為を行った者の医療・観察法	医療
⑤	障害者自立支援法	指定自立支援医療費用相当額，指定療養介護医療（療養介護に係る指定障害福祉サービス事業者等から提供を受ける療養介護医療をいう）費用相当額
⑥	児童福祉法	障害児施設医療費用相当額

② 自由診療収入

社会保険診療収入以外の診療報酬や公害補償，労災，自賠責による医療等の診療収入が該当します。

	区　　　分	自由診療収入となる範囲
①	一般の自由診療《保険対象外のもの》	社会保険分以外の窓口現金収入，社会保険分以外の公費負担額，自費診療報酬，ベッド代差額報酬，美容整形報酬，正常妊娠助産報酬，人工妊娠中絶報酬，通常近眼手術報酬，健康診断料（人間ドック料），生命保険会社からの診査料（加入者検診料），予防接種料，医療相談料，診断書作成料，介護保険主治医意見書作成料，介護老人保健施設利用料（食事代等），機能訓練報酬，歯科自由診療収入，その他事業所得に該当する収入
②	労災保険・公害医療・自賠責医療による診療収入	・労働者災害補償保険法，国家公務員災害補償法，地方公務員災害補償法による労働者災害補償保険診療《労災保険診療》 ・公害健康被害等補償法による公害健康被害補償診療 ・自動車損害賠償責任保険診療（保険を適用しないもの）
③	・契約地域外の国民健康保険診療《国保診療》収入 ・保険医以外の診察収入	
④	・保険証を持参しない場合の診療収入 ・家族等に行った診療代（自家消費）	

第❷章　医療業務と実践税務

| ⑤ | 診療付随収入 | ・休日・夜間診療手数料（自己の病医院内において行う診療報酬で算定基準内のもの）
・救急医療機関謝礼金 |

③　雑　収　入

雑収入は，診療や治療に関係ない次のような収入が該当します。

	区　　　分	雑収入となる範囲
①	手数料等	公費負担医療（障害者医療，難病特定疾患医療等）の事務取扱手数料，利子補給金，介護保険法に基づく認定調査委託料，乳幼児医療費協力手数料，院内の公衆電話（赤電話）代，自動販売機の販売手数料
②	商品・物品の販売による収入	医薬品のリベート（仕入割戻し），日用雑貨品等の売上代金，古金属の販売収入
③	資産の貸付による収入	貸与寝具料，松葉杖等補助器具の貸与収入，家具・テレビ・洗濯機等の貸与収入
④	従業員や家族から受け取る金額	従業員の食事代，従業員から受け取る宿舎費（部屋代），従業員慰安旅行の補助金，協賛金 自家消費した薬品代
⑤	その他の収入	開業祝金，患者紹介料，患者からの謝礼や贈答で社会通念上相当額以上のもの，往診先からの車代

(3)　医業収入の計上時期

　税法において，収入は収入すべき金額が発生した時点で計上するのを原則としています。つまり，「役務の提供」が完了した時点，病医院の場合は診療行為等が行われた時点が収入の計上すべき時点となります。したがって，窓口入金の時点や銀行口座に振り込まれた時点ではなく，また社会保険診療支払基金等へ請求した時点でもないことに留意してください。

　窓口収入は，入金した金額に基づき作成された「日計表」と診療時等に請求したものの支払われなかった「窓口未収金」から計上されます。入院収入の場合，室料差額や食事負担金等は，毎月１～２回（月末締め，又は15日締めと月末締めの２回等）締め切って患者さんへ請求しますので，翌月回収分の金額は未収金として計上されなければなりません。

13

また，支払者宛の診療報酬請求事務（レセプト請求）は，その月の診療行為を毎月末で集計して翌月の10日までに各支払者宛に行われますが，収入の計上は前月の発生として認識されなければなりません。自賠責保険収入は通常は月末で締めることはせず，診療の区切りごとに締めて各損保会社に請求されていますが，決算期にはすべての診療について月末で締め，請求金額を未収金として計上するようにしなければなりません。

　実務上，決算期末に未収計上がなされず，誤って翌期に計上されやすい収入には，「輪番制による補助金収入」，「医師会委託の検査収入」，「事務取扱手数料」等があります。

⑷　収入内容を区分する必要

　医療は非営利という理由から，社会保険診療報酬等に対応する所得について事業税は非課税とされています。また消費税においても，社会政策的見地から社会保険診療収入は非課税取引とされています。したがって，入院収入，外来収入における収入の計上時期や計上金額そのものは適正であっても，それだけでは税務において十分ではなく，事業税，消費税の視点から収入の内容を４つの区分で捉え，それぞれの金額を適正に把握する必要があります。

【収入を次の４つの視点で区分する】

		事　業　税	
		課　　　税	非　課　税
消　費　税	課　　　税	①	③
	非　課　税	②	④

① 事業税課税・消費税課税……室料差額，一般健診・予防接種等

② 事業税課税・消費税非課税……自賠責・労災収入，居宅介護保険収入，受取利息等

③ 事業税非課税・消費税課税……従業員給食収入，寮費等

④ 事業税非課税・消費税非課税……社保収入，国保収入

第❷章　医療業務と実践税務

したがって，日常業務において，収入を4つの視点で正しく区分し把握できるシステムを構築していなければなりません。

(5)　保険等査定増減の取扱い

保険診療の報酬請求（レセプト請求）をすると，通常その翌月（診療月の2か月後）に支払側から入金されることとなりますが，必ずしも請求金額の満額が振り込まれるものではありません。請求内容の不備やミス等により，支払機関側で審査の結果，返戻や減額された金額が控除され振り込まれます。この請求金額と振り込まれる金額の差額は会計上「保険等査定増減」として処理します。

返戻や減額の原因としては，計算そのもののミスや実日数と処方回数の不一致，病名の抜け等のほか，資格喪失，保険者番号・記号誤り等事務上の不備によるものがあります。

また，増減通知があり，それに伴い窓口負担金についても過不足が生じた場合，法律的には患者に対して超過分を返金するか，不足分を徴収しなければならないとされています。

さらに，誤りを訂正して再請求できるもの，事務の手続の遅れ等で期末に請求できていないものがあれば，税務上はこれらを未収金として計上しなければなりません。したがって，返戻され再請求できるレセプトがあれば，決算月にはすべて再請求するようにしなければなりません。そのため実務においては，決算期直近の2か月の未収金について入金時に減額されていても，請求権が留保されていると考えて「保険等査定増減」を認識せずに当初の請求額を計上します。

なお，レセプト請求の金額が適正に計算されていないと，返戻や減額があっても入金額が未収金計上額より多くなることがあります。このことはすなわち，未収計上の収入が過小であることを示しており，ひいては決算期に計上されている2か月分の医業未収金が過少計上されていることが疑われ，税務否認につながることもあります。したがって，レセプト総括表から入金されるべき金額が適正に算出されているかをしっかり検討しなければなりません。

また，過年度の診療報酬が過大であることが決定され，社会保険支払基金から返還請求を受けると，当年度の請求額と相殺する旨の処置がとられることがあり

15

ます。その場合は，相殺された返還相当額を当年度の収入に加算し，返済した額を必要経費又は損金に算入して，当年度の所得を計算することになります。

(6) 窓口収入金額の適正性

　社会保険診療報酬の自己負担割合が３割となったことや特定療養費の適用の拡大やホスピタルフィーの自己負担の増大等により，窓口で受け取る金額は以前と比べ著しく増えています。窓口収入は税務調査でもしっかりチェックされ，収入の脱漏があればその故意性にかかわらず，重加算税が課せられることも多くなっています。

　窓口収入の管理状態に疑問が生じれば，その後の調査の流れをも左右することになることから，しっかりした窓口収入の管理システムを構築しなければなりません。

① 診療報酬の窓口収入

　診療が終わり１日の窓口業務を締め切った時点で，レセコンの窓口日計表の徴収すべき金額と実際に受領した合計金額が一致していることを確認し，違いがあればその内容を正確に把握して適切に処理しなければなりません。

　また，レジを利用していればレジペーパーの合計金額と受領した合計金額が一致していることを確認し，確認者が捺印します。合計金額と実際の入金額がどうしても一致せず，その違いの原因を追及しても不明であるときは「現金過不足」として処理します。

　従業員等の自家診療について，自己負担部分を免除する場合は，「一部負担金の減免規定」を設け，減免記録ノートを作り，診療日，氏名，金額等を記載します。一般企業でも社員割引等の慣習があることに鑑み，社会通念上理解できる範囲であれば税務上特に問題になることはありません。ただし，特定医療法人や社会医療法人等においては公益性の確保が重要視されるため，従業員に経済的利益を与えることになる自己負担の免除は基本的に認められません。

　また，「概算経費の特例」を適用する場合には，理論上の社会保険診療報酬に対応する特例経費を算出して所得を決定する必要があることから，免除金額や現金過不足額についてもこれを把握し，理論上徴収すべき金額を窓口収入に計上し

第❷章　医療業務と実践税務

ます。この点，通常の実額計算の場合と税務上の取扱いが異なることに留意する
必要があります。

②　室料差額収入等の収入

室料差額は，患者の了承のもと個室や2人部屋等に入院する場合に徴収するも
のです。しかし，患者の希望でなく，療養の必要性がある場合や他の病室が満室
であるためにその病室を提供する場合には，この差額は徴収できません。した
がって，徴収しない場合はその理由を看護日誌等に記載し，請求書にもその旨を
記載したうえで徴収漏れでないことを立証する資料として保存しておかなければ
なりません。

また，電話料金や自販機等の現金収入は決算期末日に必ず回収し，事業年度の
収入が適正に計上されるようにします。

2　給与と源泉税

(1)　源泉所得税制度

給与等の支払いをする者は，その支払いの際，その給与等についての所得税
（源泉所得税）を徴収し，その徴収の日の属する月の翌月10日（納期の特例の場合
は年2回）までにこれを国に納付しなければなりません。この制度を「源泉徴収
制度」といいます。

徴収不足や漏れがある場合，本来納付すべき源泉所得税との差額はもちろんの
こと，延滞税や不納付加算税等の付帯税が給与支払者である病医院側に課される
ことになります。延滞税は，その納めなかった税額を基に原則として納期限の翌
日から2か月までは7.3％，それ以降は年利14.6％で，法定納期限の翌日から完
納する日までの期間について計算されます。不納付加算税は，原則として不納付
税額の10％とされますので，期限とともに適正額の源泉徴収を注意深く実施して
いく必要があります。

(2)　現 物 給 与

税法では，金銭で支払う給与だけでなく，金銭以外のものでも給与として認定

17

する（現物給与という）取扱いがあります。税務調査で現物給与が認定されると，源泉徴収漏れという事態が発生することになります。現物給与として，無償や低額による物品・サービス等の経済的利益の供与がありますが（所基通36-15），金銭による給与でないため，特定の現物給与については社会的通念において相当と思われる範囲で所得税が課税されない「非課税限度額」が設けられています。

① 通勤手当

通勤手当は，通勤にかかる運賃，時間，距離等の実情に照らし，最も経済的かつ合理的と認められる通常の通勤の経路及び方法による運賃等の額が所得税法上非課税とされています。通常必要とされる交通機関であれば，1か月の通勤交通費が15万円以下であれば新幹線通勤も非課税とされますが，グリーン車料金や通勤のためのタクシー代やハイヤー代は直接必要であると認められないため，給与所得として課税の対象になります。そのほかにも一律に支給するものや，通常必要であると認められる部分の金額を超えて支給するものは，給与等として課税の対象となります。なお，バス等の交通機関がなく自動車通勤をしている場合等は，公共交通機関の料金に代えてその通勤距離に応じて定額の支給が非課税として認められています（所令20の2）。

第❷章　医療業務と実践税務

【通勤手当等（平成26年4月1日以後に支払われるべきもの）】

区　　　　分		課税されない金額
①　交通機関又は有料道路を利用している人に支給する通勤手当		1か月当たりの合理的な運賃等の額（最高限度150,000円）
②　自転車や自動車等の交通用具を使用している人に支給する通勤手当	通勤距離が片道55キロメートル以上である場合	31,600円
	通勤距離が片道45キロメートル以上55キロメートル未満である場合	28,000円
	通勤距離が片道35キロメートル以上45キロメートル未満である場合	24,400円
	通勤距離が片道25キロメートル以上35キロメートル未満である場合	18,700円
	通勤距離が片道15キロメートル以上25キロメートル未満である場合	12,900円
	通勤距離が片道10キロメートル以上15キロメートル未満である場合	7,100円
	通勤距離が片道2キロメートル以上10キロメートル未満である場合	4,200円
	通勤距離が片道2キロメートル未満である場合	全額課税
③　交通機関を利用している人に支給する通勤用定期乗車券		1か月当たりの合理的な運賃等の額（最高限度150,000円）
④　交通機関又は有料道路を利用するほか，交通用具も使用している人に支給する通勤手当や通勤用定期乗車券		1か月当たりの合理的な運賃等の額と②の金額との合計額（最高限度150,000円）

②　食事手当

　昼食の給食代を負担した場合には，原則として，給食の支給を受けた従業員が経済的利益（現物給与）を受けたことになります。しかし，給食の支給は福利厚生の意味合いが濃いことから以下の条件を満たした場合には，食事の経済的利益には課税しなくて差し支えないこととされています（所基通36-38の2）。

　a　従業員が食事の価額の50%以上を負担していること

　b　病医院の負担額が月額3,500円以下であること

19

上記の２条件を満たしている場合は，昼食等は非課税とされます。なお，病医院の負担が3,500円を超えるかどうかは，食事の価額から従業員の負担金額を差し引いた金額に108分の100（消費税率８％）を乗じた金額（10円未満切捨て）によって判定します。また，食事の価額とは，調理して支給する場合は，材料費等に要する直接費，他から購入して支給する場合は，購入価額に相当する金額となります（所基通36－38）。

　また，残業や宿直，日直等通常の勤務時間外に勤務した者に対して支給する食事は，これらの勤務に伴う実費弁償的な面があることを配慮し，課税しなくて差し支えないこととされています（所基通36－24）。なお，この取扱いはあくまでも通常の勤務時間外に勤務した者に対する取扱いですので，もともと当直が通常勤務である看護師等には「3,500円・50％基準」が適用されます。

③　医師等に対する宿日直料

　病院，診療所等の医療機関における入院患者の病状の急変等に対処するための医師や看護師等の当直勤務に対して支給される宿日直手当については，その4,000円（宿直又は日直の勤務をすることにより支給される食事がある場合はこの金額を控除する）までの部分に対しては課税しないことになっています。例えば，当直料が１回9,000円であれば5,000円が課税の対象になります。ただし，この取扱いは，宿日直料が支給されるすべての者に適用されるわけでなく，次のいずれにも該当するものに限ります（所基通28－１）。

(1)　その宿日直の勤務が，その者の正規の勤務時間内の勤務として行われるものでない場合に支給されるものであること

(2)　その宿日直がその者本来の職務に専ら従事することを目的としない場合に支給されるもの

(3)　その宿日直の勤務時間内に，その者が本来の職務に従事することがあっても，その本来の職務に従事することが常態とされるものでない場合に支給されるものであること

　したがって，ローテーションが組まれて代日休暇が与えられる者や，宿日直のためにだけ雇用されている場合は，休日又は夜間の勤務がその医師等の正規時間内の勤務に当たり，また，休日の診療を行うために雇用された医師等の休日勤務

は，本来の職務に従事することを目的とする勤務となるため，いずれも上記の要件を満たさないことになり，宿日直料の全額が給与所得として課税されることになります。

④　奨学金の貸与

病医院から修学のための学資金等として支給する金品は，原則として支給される者の給与となり，課税対象となります。しかし，業務遂行に直接必要な技術や知識を取得する費用，又は免許や資格を取得するための研修会，講習会等の出席費用や大学等の聴講費用等はその者の給与所得に該当せず，源泉税の対象にしないことができます。例えば，看護学校の学費を病医院が負担した場合は福利厚生費や研修費として，経理処理し，給与所得にしないことができます（所基通9 – 15，16）。

なお，奨学金貸付取扱基準に基づき看護職員に看護学校の修学費用を奨学金として貸与し，卒業後一定期間継続勤務することを条件に返済を免除しているケースでは，一定期間が経過するまでは奨学金として資産計上し，一定期間経過後に経費処理することになります。

⑤　支　度　金

看護師等に対して，就職に伴う転居のために実際にかかった引越費用を負担する「支度金」制度を設けている病医院も多くあります。支度金は一般的に契約金に該当しますが，実費負担であれば課税所得は発生しないため，源泉税も発生しません。

⑥　退職金と源泉税

勤続年数が20年以下の場合は，退職所得控除額は40万円×勤続年数（80万円未満の場合は80万円），20年超の場合は，70万円×（勤続年数－20年）＋800万円となっています。勤続年数が短いと，退職金から退職所得控除額を控除すると退職所得が発生しないケースがよくあります。しかし，税務調査で，「退職所得の受給に関する申告書」を提出していないと支給額の20.42％の源泉税を支払わなければなりません。したがって，退職者から必ず「退職所得の受給に関する申告書」を提出してもらうようにしなければなりません。

(3) 派遣医師に対する給与

　長年の慣習から一部の病医院では，いまだに純手取りいくらということでパート医師給与が支給されています。パート医師に対する源泉税は次のようになっているため，多額の源泉税が課せられ病医院にとっては大きな負担となっています。

① 日払い……日額表乙欄適用

② 月給払い……月額表乙欄適用

　パート医師の多くは，一般に大学の医局等から派遣されており，パート勤務の都度，給与が支払われているケースが多いため，かなり以前は，日額表乙欄の適用によって多額の源泉税を支払わなければなりませんでした。しかし，税務当局も実態を理解し，次の支払基準があれば，月額表乙欄の適用を認めるようになりました（昭和57年10月25日直法6-8）。

① 月間の給与総額をあらかじめ定めておき，これを月ごとに又は派遣を受ける都度分割して支払うこととするもの

② 月中に支払うべき給与をまとめて月ごとに支払うこととするもの

　したがって，支払った都度，仮払金処理し，月給日に仮払いを精算し，給与を支給した帳簿処理をすれば，税務上，特に問題になることはないと思ってよいです。しかし，それでも月に何回も来ているパート医師に対する源泉税は多額になります。時代は大きく変わっています。手取り額支給は廃止し，グロスで日給額を決めるようにしましょう。

(4) パート職員と税金・社会保険料

　質の良い職員を低コストで雇用できるかが病医院の経営では極めて重要な課題となっています。パート職員は就業時間や残業について融通のきかない面がありますが，パート職員を上手に使いこなせば，環境の変化に適用した人件費管理ができるようになります。

　パートの年収と税金・社会保険料の関係についてまとめると，次のようになります。

① 年収が100万円以下なら住民税がかからない。

② 年収が103万円以下なら所得税がかからない。

第❷章　医療業務と実践税務

③　年収が103万円超から141万円未満の範囲では配偶者特別控除額が減少していく。

④　年収が130万円以上（交通費含む）になると社会保険料や年金掛け金がかかる。

⑤　年収が141万円以上になると配偶者特別控除が全く利用できなくなる。

　給与所得控除65万円（最低限）と所得税の基礎控除38万円の合計が103万円となるため，年間給与が103万円までは所得税の所得金額がゼロとなり，税金がかかりません。パート希望者の多くが年収を103万円以下に抑えて働きたいという希望を出すのは，103万円以下であれば，夫の税金計算で配偶者控除38万円が利用できるため，パート職員の家庭が負担する税金はパート職員になる前と変わらなくなり，パート収入がそのまま家庭の所得として増えるというメリットがあるためです。

　なお，夫が社会保険に加入していても，パート職員の給与が130万円以上（交通費含む）になると国民健康保険に自ら加入しなければならず，保険料の負担が重くなります。その結果，収入が増えても手取額は減ってしまうという「逆転現象」が生じてしまいます。

　パート職員に対する源泉徴収額は，給与の支払方法等によって税率が異なります。給与の支給元が主たる勤務先である場合で，一般職員と同様，月1回，まとめて給与日に支給する場合は，月額表甲欄の源泉徴収額で，従たる勤務先であれば月額表乙欄の源泉徴収額を徴収することになります。出勤日ごとに給与を支給すると，日額表の源泉徴収額が適用されるので，主たる勤務先であることを意味する「給与所得者の扶養控除等申告書」を提出してもらい，他の職員と同じ支給日に給与を支給するようにします。

23

【パートの年収と税金・社会保険料の関係】

パートの年収		100万円以下	100万円超〜103万円以下	103万円超〜130万円未満	130万円以上〜141万円未満	141万円以上
所得税	本　人	なし	なし	あり	あり	あり
	配偶者の所得控除額	38万円	38万円	38万〜16万円	11万〜3万円	なし
住民税	本　人	なし	あり	あり	あり	あり
	配偶者の所得控除額	33万円	33万円	33万〜16万円	11万〜3万円	なし
社 会 保 険 料		なし	なし	なし	あり	あり
年 金 掛 け 金		なし	なし	なし	あり	あり

　住民税の支払いは，病医院が職員の住民税を給与から天引きし市町村に支払う特別徴収方式と，職員本人が申告し納付する普通徴収方式とがあります。パート職員は短期間で退社することもよくあるので多くの病医院では普通徴収方法を選んでいます。給与年収が100万円超になると住民税がかかりますので，年末には源泉徴収票を渡し，住民税は自主申告をするように説明します。

　健保・年金の加入については，パート職員も一定の条件を満たせば原則として強制加入となります。病医院が「法人事務所」若しくは「従業員5人以上の個人事業所」であれば，厚生年金・健康保険（医師国民健康保険に加入している場合は，厚生年金のみで可）に加入しなければなりません。

　健康保険料は雇い主と加入者がそれぞれ決められた割合で負担し，厚生年金の掛け金は，それぞれ半分ずつ負担します。パート職員でも，契約（予定）期間が2か月以上で，

　（i）　1日又は1週間の所定労働時間が一般社員のおおむね4分の3以上であるとき

　（ii）　1か月の勤務日数が一般社員のおおむね4分の3以上であるとき

は，健康保険と厚生年金に加入しなければなりません。パート職員が厚生年金・健康保険に加入するとなると，病医院の負担額もかなり大きくなってきます。しかし，パート職員の夫が社会保険の被保険者になっている場合，パート職員の年収が130万円未満（交通費含む）であれば，新たに健康保険に加入することなく，

夫の健康保険が利用でき，年金についても国民年金の「第三号被保険者」の適用が受けられますので，年金掛け金を負担することなく年金の受給権を取得することができます。

これは制度上の大きなメリットといえます。こうした制度の説明をし，年間給与（交通費含む）が130万円以上にならないように雇用条件を決めることがポイントとなります。

雇用保険は，原則としてすべての事業所に提供され，月々の掛け金は雇用主と従業員が一定の割合で負担します。週の所定労働時間が20時間以上なら一般被保険者として加入できます。ただし，65歳を過ぎた4月1日以降は雇用保険料は不要になります。雇用保険料は負担が少なく，経営環境の変化で雇用契約を突然解除しなければならなくなることもあるので，多くの病医院がパート職員に対しても雇用保険に加入しています。

3 薬品材料費と税務

材料費を適正に管理するためには，次の4つの管理システムがしっかり運用されていなければなりません。

① 購買管理システム
② 在庫管理システム
③ 使用量管理システム
④ 最適発注時及び発注量管理システム

税務の面からは，

① 仕入金額が適正であること
② 在庫金額が適正であること

がポイントとなります。

(1) 仕入金額の適正性

薬品，診療材料の仕入金額を適正に計上するために，仕入れの締め日はすべて月末にします。そうすると，請求書の金額がそのまま月の仕入高になり，仕入れ

の計上が効率的にできます。消費税の申告について，個別対応方式を採用している場合は，

① 課税取引とされる診療等に使用される薬品材料費
② 非課税取引とされる診療等に使用される薬品材料費
③ 課税取引・非課税取引に共通して使用される薬品材料費

の3つを区分して仕入れを管理しなければなりません。そのため，3つの視点から区分された請求書を発行してもらうことも必要になります。

請求書には薬品材料費だけでなく償却資産とされる医療機器や備品等が含まれていることもあります。診療材料業者の請求書はすべて即費用になるものと判断せず，請求内容をしっかりチェックしなければなりません。

最近は少なくなりましたが，無料添付薬品がある場合は，仕入単価が変わるため，仕入単価の修正が必要になります

(2)　在庫金額の適正性

次の算式からわかるように，期末棚卸高が適正でないと適正な薬品材料費は算出できません。

薬品材料費＝期首薬品材料棚卸高＋薬品材料仕入高－期末薬品材料棚卸高

期末棚卸資産の評価は，期末に実地棚卸により在庫数量を確認し，数量に仕入単価を乗じて算出します。

期末材料棚卸高＝期末数量×仕入単価

棚卸評価法には，原価法と低価法があり，原価法には，次の主な評価法があります。

① 先入先出法……仕入れた順に使用され，期末棚卸は，最も新しく仕入れたものから構成されているとみなして期末棚卸高を計算する方法
② 平均原価法……仕入れた金額の平均原価を算出して，期末棚卸高を計算する方法
③ 最終仕入原価法……期末に最も近いときに仕入れた際の単価を基に期末棚卸高を計算する方法

第❷章　医療業務と実践税務

　診療報酬改正の度に薬価等が下げられ，また，薬品材料の仕入価額は時の経過とともに下がる傾向があるので，通常，最終仕入原価法を採用すると期末棚卸高が一番低い評価となります。また，薬価が決まっていること，生命に係る材料であること等から，実務的に低価法が採用されることはほとんどありません。

　棚卸高で特に問題があるのは期末の在庫数です。決算日に，実地棚卸のために診療を中断することはできないため，100％正確に在庫数量を把握することはできません。しかし，実地棚卸でおおむね正しい数量を把握する必要はあります。そのためには，事前にどのような薬品材料がどこにあるかを把握し，すべての在庫が漏れなく実地棚卸できるように準備しておかなければなりません。麻薬管理と同じように重要薬品等については入出庫表を作成し，期末在庫数量を正しく把握できる仕組みを作っておくことも大切です。実際に棚卸しをしたことがわかるように，棚卸原票を後日のために残しておくことも大事です。なお，一斉同時の棚卸が困難であるため，棚卸明細書ができたら，期末月の請求書とチェックし，期末直近に仕入れられた数量と期末在庫数量に矛盾がないか検討することも必要とされます。

　なお，年間を通じて消費高が比較的少額で在庫高の変動が少ない，例えば，事務用品，薬袋，包帯，ガーゼ，脱脂綿等は棚卸の対象にしないことが認められています（所基通37－30の3）。

4　職員の福利厚生費

　職員の定着率・満足度を高めるために福利厚生を充実させる必要がありますが，福利厚生は職員に対する「経済的利益の供与」であるため，原則的には給与とみなされ所得税の対象になります。しかし，一定の要件を満たせば，給与にされず，必要経費（医療法人の場合は損金。この章以下同様）として認められるため，職員は所得税の負担をすることなく「経済的利益の供与」を享受することができます。

(1)　定期健康診断

　健康診断のための費用は本来，職員本人が負担すべきものですので，事業主が

27

負担すれば，その費用は給与とみなされ所得税の対象となります。しかし，以下の要件を満たせば，福利厚生の一環として認められます。

① 健康診断の対象が従業員全員であること
② 内容が健康管理上通常必要なもので，著しく高額でないこと
③ 費用が事業主から健診センター等に直接支払われていること

(2) スポーツクラブへの加入，保養所の利用

職員のために近くのスポーツクラブに加入したり，保養所を取得若しくは賃借する場合，スポーツクラブの会費や保養所の維持費，賃借料等は，必要経費に算入できます。ただし，入会金等で退会時に返金される金額は必要経費には算入できません。また，院長やその家族のみが使用していれば，個人的なものとみなされ，必要経費になりません。必要経費とするためには，あくまでも従業員全員を対象としたものでなければなりません。

(3) 慶弔関係の支出

ご祝儀・香典等は常識的な範囲内であれば全額経費に認められます。ただし，特定の職員のみ高額な金額が支払われている場合は，通常の支給額との差額は給与とみなされます。したがって，慶弔規程を作り，規程通りに支給することがポイントとなります。また，支給の事実があったことを立証するため，案内状や挨拶状を保管しておくことが大切です。

(4) 社宅の負担

職員のために社宅等を取得若しくは賃借した場合も，その取得費，維持費，賃借料等は必要経費に算入できます。ただし，使用する本人から徴収する金額は収入として計上します。なお，収受すべき家賃と実際負担額との差額があれば，その差額は職員に対する給与とみなされ，所得税の対象になります。

ただし，職務上必要なため，使用者から指定された病医院の近くの社宅に医師や看護師が無料で居住している場合は，税務上の課税問題は発生しないことになっています（所基通9-9）。

第❷章　医療業務と実践税務

所　得　税 基本通達項目	対　象　者	非課税とされる範囲（適正賃料）
従業員社宅	従業員（出向者を含む）	（敷地固定資産税課税標準額×0.22％＋家屋 固定資産税課税標準額×0.2％＋12円×家屋 の床面積／3.3㎡）＝家賃（月額）相当額 この2分の1以上を徴収

(5)　社内住宅融資

　職員が住宅を購入する時，病医院側が職員に低利で融資することがあります。この場合，年1％以上の金利を職員から徴収しなければなりません。無利息や1％未満の場合は，1％と実際に受け取っている利息との差額が従業員に対する給与とみなされ所得税が課されます。さらに1％未満の利息の場合は，住宅ローン控除が受けられる借入金として認められないため，住宅ローン控除が受けられず，二重の損となりますので注意が必要です。

(6)　社 員 旅 行

　全員参加が原則・4泊5日（海外旅行の場合は，目的地での滞在日数）で，1人当たり10万円程度までを目安に支給可能です。ただし，不参加者に旅行に代えて金銭を支給した場合は，不参加者はもちろん，参加者も含めて給与として扱われます（ただし，業務のためやむを得ず参加できなかった者に現金を支給する場合は除きます）。

(7)　奨学金の支給

　業務上必要な知識や技能を修得するために，准看護学校や放射線技師学校に通学するための奨学金等は，必要経費にすることができます。ただし，卒業後2年間の勤務をしなければ，奨学金を返済しなければならないという契約（いわゆるお礼奉公）の場合は税務上，拘束期間が過ぎるまでは立替金として処理し，過ぎた時点で必要経費として処理することが必要です。

(8)　永年勤続者表彰（所基通36−21）

　永年勤続者への表彰等で記念品の交付や旅行に招待した場合等は，以下の要件

29

を満たすように支給します。要件を満たさない場合は，給与として取り扱われ，所得税の対象となってきます。また，現金や商品券で支給した場合も給与とされます。

① 記念品や招待旅行の金額が，贈られた者の勤続年数等に照らし，社会通念上妥当な金額であると認められること。目安としては，満25年勤続者に10万円，満35年勤続者に25万円程度が相当額とされています。

② 表彰がおおむね10年以上の勤続年数の者を対象とし，かつ２回以上表彰を受ける者は，おおむね５年以上の間隔をおいて行われるものであること。

(9) 昼・残業食事代（所基通36-38の２）

職員が昼食をとる場合や残業後の食事をする場合に，一定の要件を満たせば，所得税の負担なしに，現物支給することができます。食事代を現金で渡すと給与とみなされますので，あくまで現物で支給することが原則です。

① 昼食代等の補助

外食・弁当代等の支出額のうち，本人が半分以上負担し，かつ，補助額が月3,500円以下なら非課税になります。

② 残業食事代の補助

金額的な要件はありませんが，常識的な金額の負担であれば，実費額相当まで非課税になります。

⑽ 深夜勤務者の夜食の非課税（個別通達　直所３-８，直法６-５）

深夜勤務者に対し，使用者が調理施設を有しないこと等により深夜勤務に伴う夜食を現物で支給することが著しく困難であるため，その夜食の現物支給に代えて，通常の給与に加算して，勤務１回ごとの定額で支給する金銭で，その１回の支給額が消費税抜きで300円以下のものについては課税されません。

なお，１回の支給額が消費税抜きで300円を超える場合は，その全額が給与所得として課税されます。深夜勤務者とは，就業規則等により定められた正規の勤務時間による勤務の全部又は一部を午後10時から翌日の午前５時までの間において行うものをいいます。

第❷章　医療業務と実践税務

5　租 税 公 課

(1)　主な租税公課

必要経費に算入できる主な租税公課には，次のようなものがあります。

①　固定資産税

固定資産税は，土地，家屋にかかる税金であり，毎年1月1日の所有者を納税義務者として市町村が課税する税金です。固定資産税は固定資産1件ごとに次の算式で計算されます。

　　　税額＝課税標準額×税率（標準税率1.4%）

課税標準額は，土地の場合は公示価格の約7割を目安に決められており，家屋は再建築費を基準に評価する再建築価格方式で決められています。また，課税評価額の見直しは，3年ごとに行われ，その間の2年間は若干の改定しかありません。納税者は，課税標準額が適正であるかどうか，縦覧期間（毎年4月以降1～2か月）に土地・家屋価格等縦覧帳簿を閲覧できます。課税標準額は市町村が決めますが，公平性ということを重んじるため，不服を申し出ても課税標準額の修正はほとんど応じてくれません。しかし，新築や増築等で新たに課税標準額が決められるときは，しっかり縦覧し，標準額が不合理であれば，積極的に不服の申し出をすることが肝要です。なお，病医院の場合，家屋の固定資産税を軽減している市町村もありますので，関係部署に問い合わせ，確認する必要があります。納期は4月，7月，12月，翌年2月の4回です。なお，第1期分の納付の際，前期一括納付すると，報奨金がある場合がありますが，その場合支払った固定資産税は交付を受けた報奨金と相殺することなく，全額を必要経費に算入し，報奨金は雑収入として計上します。

②　都市計画税

都市計画税は，都市計画事業又は土地区画整理事業に要する費用に充てられる目的税で，市町村税です。納税者は固定資産税の納税者と同じです。課税標準は，賦課期日（毎年1月1日）現在の固定資産の価格で，固定資産税の基礎となる価格と同一（いわゆる固定資産評価額であって，固定資産税の課税標準ではありません）

31

です。税率は0.3%が制限税率となっていますが、ほとんどの市町村は0.3%の税率を適用しています。納期は固定資産税の納期と同一で、固定資産税と併せて課税されることから、都市計画税を含めて一般に固定資産税と称しています。

③ 償却資産税

償却資産税は、土地、家屋以外の事業の用に供することができる資産で、その減価償却費が必要経費に算入されるもの（償却資産）に対して課税される税金です。償却資産に該当するものとしては、構築物（舗装路面、間仕切り、外構、看板）、医療機器、什器備品等がありますが、車両（自動車税等がかかる）、無形固定資産、20万円未満の一括償却資産等は対象外とされ、資本的支出とされた償却資産や中小企業者等の少額資産特例の対象となった少額資産は課税されます。なお、取得金額は採用される消費税の処理に基づいて、税込処理の場合は税込金額、税抜処理は税抜金額となります。

税額は、下記の算式により算出します。

税額＝課税標準額×1.4%（制限税率2.1%）

課税標準は毎年1月1日現在の償却資産の価格で、1月1日現在所有している償却資産をその年の1月31日までに納税者が申告します。ただし、課税標準額の合計が150万円未満の場合は課税されません。また、救急病院で使用される医療機器には通常、「課税標準の特例」があり、税の負担の軽減が図られています。納期は、固定資産税と同じです。

自己申告であるので、税務調査があります。税務調査では、現況調査が行われ、法人税や所得税の申告資料を見て申告漏れがないかチェックがなされます。

④ 不動産取得税・登録免許税

不動産の取得に伴い課税される不動産取得税や登録免許税は、不動産の取得価額に算入せず必要経費にすることができます。課税標準は市町村の固定資産課税台帳に価格が登録されている不動産については、原則としてその価格となります。不動産取得税の税率は4%（住宅及び土地については3%）が標準税率となります。ただし、平成30年3月31日までに宅地の取得が行われた場合は、宅地の価格は2分の1となります。

登録免許税とは、不動産を取得し、登記申請する際に、国に納める税金です。

納税義務者は登記等を受ける者で，課税標準は固定資産課税台帳の価格です。ただし，新築建物は固定資産課税台帳に価格が登録されていないため，各法務局で居宅，事務所病院等の建物の種類ごとに定められた登録価格を基礎として登記機関が定めます。税率は，売買による所有権の移転登記は2.0％，保存登記の場合は0.4％，借入金の抵当権設定の場合は，債権金額を課税標準として0.4％となります。

⑤ 利 子 税 等

利子税や延滞税，加算税は原則として必要経費にはなりません。しかし，確定申告額の延納により納付した利子税については，納付した年の事業所得の計算上必要経費になります。延滞税や加算税は罰則的性格をもっているのに対し，利子税は金利的性格をもつものであるからです。社会保険料の延滞金は罰則でなく，延滞利息的なものであるので必要経費に算入することができます。

⑥ 交通反則金

自動車を利用し在宅診療や訪問看護等で，業務上であっても，駐車違反等で交通反則金を支払った場合は，罰金であるので必要経費には計上できません。ただし，レッカー代等罰金に該当しないものは必要経費になります。

(2) 租税公課と計上の時期

【租税公課の損金算入時期】

区　　　分			損金算入時期
申告納税 方　　式	・事業税	納税申告書に記載された税額	申告書が提出された日の属する事業年度
		更正又は決定による税額	更正又は決定があった日の属する事業年度
	・消費税	納税申告書に記載された税額	（税込処理の場合） 原則：納税申告書の提出日の属する事業年度 例外：法人が継続して申告期限未到来の消費税を未払金に計上し損金処理しているときは，その計上した事業年度

		更正又は決定による税額		更正又は決定のあった日の属する事業年度
賦課課税方　　式	・固定資産税 ・償却資産税 ・不動産取得税 ・都市計画税 ・自動車税			賦課決定のあった日の属する事業年度
特別徴収方　　式	・ゴルフ場利用税 ・軽油引取税	納入申告書による税額		申告の日の属する事業年度
		更正又は決定による不足税額		更正又は決定のあった日の属する事業年度
そ の 他	・利子税 ・延滞金（納期限の延長分）	納付した金額		原則：納付の日の属する事業年度
		未納の金額	その事業年度において発生した金額	例外：発生した事業年度において損金経理により未払金に計上したときは，その計上した事業年度
			上記以外の金額	納付の日の属する事業年度

6　広告宣伝費と実践税務

　地域の人たちに自院が提供している診療サービスの内容について積極的に知ってもらう活動は今後ますますその重要性を増してきます。

(1)　広告料と税務処理

　広告料については，事業年度対応分の費用は必要経費に算入し，翌事業年度以降の広告料は前払費用として資産計上をしなければなりません。ただし，年間契約に基づきその事業年度中に年間広告料を実際に支払い，毎期継続して年間広告料を一括費用経理している場合は，短期前払費用の特例として支払時に必要経費に算入することができます。

(2)　広告宣伝用物品の配布

　特定の者への贈答は交際費，患者さん等の不特定多数の者への広告宣伝用物品

は広告宣伝費に該当しますが，例外として特定の者への贈答でも，カレンダー，手帳等の少額な価額（おおむね1,000円程度）の広告宣伝用資産を配付するための費用は広告宣伝費に該当します。

ボールペン，パンフレット等広告宣伝用のものは，購入したときでなく，実際に広告宣伝のために使用したときに必要経費にするため，未使用分は貯蔵品として資産計上しなければなりません。この規定の例外として，各事業年度に，①おおむね一定数量を取得，②経常的に消費，③継続して購入時に費用経理の3要件すべてを満たせば，購入したときに必要経費への算入が認められ，在庫計上を省略することができますが，各期末の在庫量に相当な増減があり，期末直前に節税のためにこのような宣伝用物品を大量に購入して，全額を必要経費にする方法は認められません。

(3)　看板の作成費

取得価額が10万円以上で使用期間が1年以上の広告看板は，資産計上が必要となり，減価償却期間は，金属造のもので20年，その他のもので10年となります。ただし，取得価額が20万円未満のものについては一括償却資産として3年償却（初年度が1か月間の使用でも3分の1の償却が可能），30万円未満については少額減価償却資産として年間累計300万円までは必要経費に算入（この少額減価償却資産の規定は経過型医療法人の出資金1億円超の医療法人等については適用できません）することもできます。

(4)　ホームページの制作費

ホームページの内容は頻繁に更新され，開設の際の制作費用の支出効果が1年以上に及ばないと考えられるので，原則として，その支出時の必要経費に算入することができます。ただし，ホームページの内容が更新されないまま使用期間が1年を超える場合は，繰延資産として使用期間に応じて均等償却する必要があります。

また，ホームページ上で患者予約ができるシステムの作成費用等は，ソフトウェアの開発費用に該当し，無形減価償却資産として耐用年数5年で償却するこ

とになります。予約システムのソフトウェアは，サーバーを介してデータベース等との情報のやりとりをするので，ネットワークに接続できる機能を有するため，予約システムは，オンライン・ショッピングシステムと同様，ソフトウェアに該当します。

償却開始はインターネットに掲載され，稼働を始めた日となります。

なお，業者からの請求書が「ホームページ作成費用一式」と記載され，ホームページ費用とソフトウェア費用が区分されていないと，全額をソフトウェアとして資産計上することになりますので，広告宣伝部分とソフトウェア部分が区分された明細書をもらうようにします。

(5)　SEO対策費

検索回数を上げるSEO対策はソフトウェアのバージョンアップ等ではなく，あくまで広告宣伝が目的であるため，広告宣伝費となります。また，業者との報酬契約は契約時に保証料を支払い，目標達成時に成功報酬を支払う成功報酬型が多いようです。

この場合の保証料は，目標達成の有無に関係なく支払うものであれば，必要経費に算入することができますが，目標未達成の場合に返金される契約のものである場合は，目標達成時までは前払費用として計上しなければなりません。

7　海外渡航費と実践税務

(1)　基本的な取扱い

海外で開催される医学会に参加する場合の参加費用は研修会費として必要経費に算入できます。しかし，海外研修費の内容に現地観光の費用が含まれていた場合，税務上の問題が生じます。海外渡航の直接の目的が業務上必要なものであり，その渡航機会にあわせて観光をした場合は，現地までの往復の旅費は全額必要経費に算入することができます。そして，往復の旅費を控除した費用の残額に対しては，業務に要した日数と観光に費やした日数の比によって按分し，観光部分に相当する費用は当事者の給与とする取扱いが行われます。按分の日数については，

第❷章　医療業務と実践税務

現地での移動日や日曜・祭日のような，業務ができない日数は除外して按分します。

　なお，観光旅行の許可を取って行う旅行や旅行業者が主催する団体観光旅行等は，原則として業務上必要なものとは認められません。

(2)　同業者団体等が主催する海外渡航費

　同業者団体が主催して実施する海外視察等の海外渡航費において，観光が同時に行われたケースについては，具体的な取扱通達が定められています（平成12年10月11日　課法2－15，課所4－24）。

　① 原　　則

　課税上の弊害がない限り，その旅行に通常要する費用（その旅行費用の総額のうちその旅行に通常必要であると認められる費用をいう。以下同じ）の額に，旅行日程の区分による業務従事割合を基礎とした損金の割合（以下算入割合という）を乗じて計算した金額を旅費として算入します。

$$業務従事割合＝\frac{業務従事日数}{業務従事日数＋観光日数}$$

　算入割合とは，業務従事割合を10％単位で区分したものをいい，10％未満の端数が出た場合は四捨五入したものとします。

　② **具体的な取扱い**

　イ　算入割合が90％以上であれば，その旅行に通常要する費用の額の全額を旅費として損金の額に算入する

　ロ　算入割合が10％以下であれば，その旅行に通常要する費用の額の全額を旅費として損金の額に算入しない

　ハ　業務従事割合が50％以上の場合は，その旅行に通常要する費用を，「往復の交通費」と「その他の費用」に区分し，「往復の交通費」と「その他の費用」に算入割合を乗じて計算した金額の合計額を旅費として必要経費に算入する

37

【業務従事の日数にカウントするもの】

- イ 病院，介護施設等の視察見学訪問
- ロ 医療器械の展示会，見本市等への参加見学
- ハ 国際会議への出席
- ニ 海外セミナーへの参加
- ホ 同業者団体又は関係官庁等への訪問，歓談

【観光の日数にカウントするもの】

- イ 自由行動時間での私的な外出
- ロ 観光に付随して行った簡易な見学，儀礼的な訪問
- ハ ロータリークラブ等その他これに準ずる会議で私的地位に基づいて出席したもの

　業務従事割合を算出する場合，旅行日程を「業務従事の日」，「観光の日」，「往復・移動等の日」，及び「休養，帰国準備等の日」に区分し，業務従事割合は，「業務従事の日数」と「観光の日数」によって按分計算します。なお，「往復・移動等の日」は，現地におけるその内容からみて，「業務従事の日」又は「観光の日」に含めることが相当と認められる日数（観光の日数に含めることが相当と認められる移動等の日で，土日祭日等の休日の日数に含まれるものを除く）は，それぞれの日数に含めます。

8 諸 会 費

　会費には，事業収入に直接かかわるもの，交際関係にかかわるもの，事業と関係ない純個人的な生活にかかわるもの等，いろいろなものがあります。そのため，税務的判断を的確にしなければなりません。

(1) 医師会・歯科医師会費等

　医師会や歯科医師会に加入すると，年度の初めに年会費の内訳と毎月の銀行口座から引き落す金額の内訳の通知が送付されてきます。徴収される会費について，必要経費になるもの及びならないものを下記に示しました。

第❷章　医療業務と実践税務

【医師会等の会費と税務処理】

税　務　処　理	会　費　の　内　容
繰延資産（5年均等償却）	医師会等（日本医師会，都道府県医師会等）の入会金
必要経費になる	・医師会等の会費 ・医師賠償保険料 ・医師会学会費 ・女医会会費 ・学校医会費
必要経費にならない（所得控除の対象）	・医師会国民保険料 ・小規模企業共済 ・各種生命保険料
同上（個人病医院） 内容により損金可（医療法人）	
必要経費にならない	・疾病休業補償負担金 ・医師会福祉共済負担金 ・医師会互助年金の掛け金 ・医師会政治連盟会費

　基本的には，医業又は歯科医業の遂行に直接関係のない会費，例えば政治連盟会費は，会員全体の加入が強制されていない場合は家事費となり，必要経費とはなりません。

　また，医師会年金や歯科医師会年金の掛金は，加入者の事業廃止や死亡後に，老後や遺族の生活安定等のために設けられたもので，医業や歯科医業の収入を得るためのものではありませんから，必要経費とはなりません。なお，福祉共済負担金にかかわる死亡共済金は，受給を受けた遺族に，一時所得が課税されます。

(2)　各種学会・研究会費

　専門知識や臨床技術の向上のために各種学会や研究会に所属している場合に徴収される会費は，必要経費になります。ただし，同窓会のようにその実態が個人的な親睦会である場合は，必要経費にはなりません。したがって，事業収入に係る事実がわかる資料等を保管して，税務調査の際に提示できるようにしておくことが必要です。

39

(3) ロータリークラブ等の入会金や会費

ロータリークラブやライオンズクラブといった社交団体は，社会奉仕を目的として活動する団体なので，事業の遂行上必要なものではありません。したがって，個人病医院の場合は，必要経費とは認められません。医療法人の場合は法人として社会奉仕をすることも必要なので必要経費となりますが，税法上の取扱いは，交際費となります。同様に，ゴルフ場の年会費は，個人業医院では必要経費にはなりませんが，医療法人の場合は交際費となります。

(4) 医師会館建設の負担金

医師会館建設の負担金は，共同的施設の設置のために支出した費用として繰延資産（その支出の効果がその支出の日以後１年以上に及ぶもの）に計上します。繰延資産の償却期間はその効果の及ぶ期間が問題になりますが，共同施設である会館の建設のための負担金については，税法上は10年とされています。つまり，負担金を10年間にわたって均等償却していくことになります。

9 減価償却費

６年間使うことのできる器械を購入した場合，この器械の６年後の価値はゼロになります。しかし，６年後に一度に価値がゼロになってしまうわけではありません。毎日使用しているうちに摩耗したり，損耗したりするので物理的に価値が減ってくるうえ（物理的原因），新しい器械が販売されれば，機能的にも価値が減価していきます（機能的原因）。そこで，器械が使用できる期間にわたって費用配分していく手続を減価償却といい，その配分された費用を減価償却費といいます。

なお，絵画については，次のようになります。

第❷章　医療業務と実践税務

【美術品等の取扱い】

代替性がない	古美術品，古文書，出土品，遺物などのように歴史的価値又は希少価値を有し，代替性のないもの		非減価償却資産
上記以外	取得価額が一点100万円以上	下記以外	減価償却資産
		時の経過によりその価値が減少することが明らかなもの	
	取得価額が一点100万円未満	下記以外	非減価償却資産
		時の経過によりその価値が減少しないことが明らかなもの	

(1)　減価償却費の計算

減価償却費を計算するには，①取得価額，②耐用年数，③残存価額，④償却方法を決定することが必要です。

①　取得価額

購入した減価償却資産の取得価額には，原則として，その資産の購入代価との資産を事業の用に供するために直接要した据付費等の費用だけでなく，引取運賃，荷役費，運送保険料，購入手数料，関税等その資産の購入のために要した費用も含まれます。

ただし，次に掲げるような費用については，減価償却資産の取得に関連して支出した費用であっても，取得価額に算入しないことができます。

イ　次のような租税公課等

　　不動産取得税又は自動車取得税

　　登録免許税その他登記や登録のために要する費用

ロ　建物の建設等のために行った調査，測量，設計，基礎工事等でその建設計画を変更したことにより不要となったものに係る費用

ハ　いったん結んだ減価償却資産の取得に関する契約を解除して，他の減価償却資産を取得することにした場合に支出する違約金

ニ　減価償却資産を取得するための借入金の利子（使用を開始するまでの期間に係る部分）

41

(注) 使用を開始した後の期間に係る借入金の利子は，期間の経過に応じて損金の額に算入します。

ホ　割賦販売契約等によって購入した資産の取得価額のうち，契約において購入代価と割賦期間分の利息や代金回収のための費用等が明らかに区分されている場合のその利息や費用

② 耐用年数

減価償却の期間（耐用年数）は，本来は事業者が使用の状況を踏まえ，適正に見積もるべきですが，税の公平性のために，財務省令によって資産の種類ごとに法律で耐用年数（法定耐用年数という）が定められています。

③ 残存価額

平成19年4月の改正前は，取得価額の10％を残存価額とし，償却可能限度額を最大で取得価額の95％としていましたが，償却済みの古くなった償却資産を引き取ってもらってもお金をもらえることはなく，逆に引取賃を支払わなければならない経済環境になったこともあり，平成19年4月1日以降に取得した資産については，残存価額はゼロとして，備忘価額1円まで償却できるようになりました。

④ 償却方法

償却方法には，大きく分けて「定額法」と「定率法」があります。定額法は，文字通り，毎年均等の定まった金額を償却する方法です。これに対して，定率法は購入した当初は修繕費や維持管理費はあまりかかりませんが，使用年数が経つ

【減価償却費の推移】

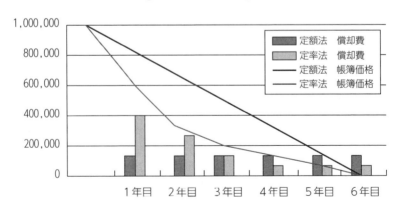

第❷章　医療業務と実践税務

【主な医療用機器とその法定耐用年数】

種　　類	耐用年数	種　　類	耐用年数
レントゲン装置		**医用監視装置**	
移動型診断用X線装置	4	ハートモニタ	6
総合診療用X線装置	6	ベッドサイドモニタ	6
診療撮影用X線装置	6	CCU	6
X線テレビジョン装置	6	ICU	6
深部治療用レントゲン装置	6	分娩監視装置	6
生体現象測定記録装置及び補助装置		医用テレメータ	6
一要素心電計	5	未熟児・新生児用監視装置	6
多要素心電計	6	尿量監視装置	6
ベクトル心電計	6	監視用テレビジョン	6
心音心電計	6	医用テレビジョン応用装置	6
一要素心電計（ポータブル）	4	（アイパースコープ含む）	
多要素心電計（ポータブル）	4	手術用モニタ	6
ベクトル心電計（ポータブル）	4	システム関連機器	6
心音心電計（ポータブル）	4	CCU, ICU, 監視用テレビジョン	4
2〜4チャンネル脳波計	6	（救急用のもの）	
6〜9チャンネル脳波計	6	**検体検査装置**	
12〜17チャンネル脳波計	6	血液ガス分析装置	4
筋電計	6	自動化学分析装置	4
観血式血圧計	6	血量測定装置	4
非観血式血圧計	6	血球計数器	4
心拍計（脈拍数計含む）	6	血液酸素分圧計	6
眼振計（眼位計含む）	6	血球希釈器	6
網膜電位計	6	血小板計数装置	6
血流計	6	尿分析装置	6
電子体温計（温度計含む）	6	骨髄像分数計数器	6
生体現象測定用変換器	6	pHメータ	6
多用途測定記録装置	6	細胞診装置	6
オージオメータ	6	**医用超音波応用装置**	
頭蓋内圧測定装置	6	超音波パルス法診断装置	6
ブラウン管オシロスコープ	6	超音波ドプラ法診断装置	6
赤外線診断装置	6	システム関連機器	6
X線撮影用制御装置	6	**核医学測定装置**	
増幅装置	6	シンチレーションカメラ	6
心電図記録・記憶装置	6	シンチスキャナ	6
各種記録器（データレコーダ含む）	6	動態機能検査装置	6
		摂取率測定装置	6
チェッカー（テスタ含む）	6	シンチレーションカウンタ	6

43

種　　　類	耐用年数	種　　　類	耐用年数
レノグラム	6	酸化エチレンガス滅菌装置	4
キュリーメータ	6	可搬式消毒機器	4
オートウェルカウンタ	6	医用超音波洗浄装置	4
関連データ処理システム	6	**理学的療法機器**	
コンピュータトモグラフ		ハーバートタンク	6
頭部スキャナ	6	全身蒸気浴装置	6
ホールボディスキャナ	6	空気泡沫浴装置	6
刺激装置及び診療装置		全身電気水浴装置	6
刺激装置	6	電気四肢浴装置	6
ペースメーカ	6	低周波治療器	6
マイクロ波治療器	6	超音波治療器	6
温熱療法用装置	6	以上のものの可搬的のもの	6
自動間欠牽引装置	6	人工太陽灯	10
持続注入ポンプ	6	紫外線灯	10
医用粒子加速装置	6	赤外線灯	10
治療計画システム	6	以上のものの可搬的のもの	10
マッサージ器類	6	その他の小機器	10
医用システム用機器		**運搬用具**	
心電図・心音図解析装置	6	患者運搬車	10
脳波解析装置	6	診療用運搬車	10
肺機能分析装置	6	金属製でない運搬用具	5
その他の医用電子機器		ベッド	8
分注器・遠心機	6	**臨床検査及び研究室用具**	
バイオクリーンシステム	6	顕微鏡等	8
カルテセレクタ	6	孵卵器	10
咽頭部観察鏡	6	孵卵器（木製のもの）	5
生理学実習装置	6	回転培養器	10
電気反応検査装置	6	振盪培養器	10
聴力関連システム	6	陶磁器製品・ガラス製品	3
振動・騒音計	4	ゴム・プラスチック製品	5
味覚計	6	主として金属製の小器具	10
黄疸計	6	呼吸計（呼吸流量計含む）	6
消毒殺菌用機器		肺機能測定装置	6
包帯材料滅菌装置	4	酸素反応測定装置	6
高圧蒸気滅菌装置	4	呼吸監視装置	6
自動高圧ガス滅菌装置	4	光電比色計	6
自動ガス滅菌装置	4	光電光度計	6
寝具消毒装置	4	分光光度計	6
蒸気消毒器	4	電子管を使用する機器の可搬的なもの	6
殺菌線消毒器	4	電子管を使用する機器（移動式）	4

第❷章　医療業務と実践税務

種　　類	耐用年数	種　　類	耐用年数
手術機器		顕微鏡用蛍光装置	8
万能手術台	5	レンズメーター	8
低温手術台	5	中心晴点計	8
集中操作手術台	5	施光計	8
機器戸棚	8	屈折計	8
機器戸棚（金属製でないもの）	5	電池式直像鏡	8
器械台	5	双眼額帯式倒像鏡	8
閉鎖循環麻酔器	5	ポータブルとして用いる顕微鏡	8
エーテル麻酔器	5	内視鏡	8
人工蘇生器	5	ガストロカメラ	8
吸引器	5	ファイバースコープ	6
酸素テント	5	気管支鏡	8
自動呼吸装置	5	膀胱鏡	8
人工心肺装置	5	眼底カメラ	8
人工腎臓装置	7	**その他**	
心細動除去装置	5	コバルト60回転装置 ┤電子装置	6
電気メス	5	金属製の装置	10
分娩促進器	6	ベータトロン	6
子宮頸管拡張器	6	リニアアクセレレーター	6
手術用小器具	5	がん検診用自動車	5
調剤機器		**医用データ処理装置**	
調剤台	6	固定プログラム形計算機	6
分包器	6	可変プログラム形計算機	6
散剤混和器	6	検診データ処理装置	6
光学検査機器		**医用システム**	
万能生物顕微鏡	8	総合検診システム	6
倒立顕微鏡	8	健康増進システム	6
手術用立体双眼顕微鏡	8	救急医療システム	6
角膜顕微鏡	8	端末機器（カプラー含む）	6
電気検眼鏡	8	病院管理用自動処理機器	6
顕微鏡撮影装置	8	総合病院情報システム	6
位相差顕微鏡	8	**生体機能補助装置**	
蛍光顕微鏡	8	補聴器	5

（歯　科）

種　　類	耐用年数	種　　類	耐用年数
治療用		スライド映写機	5
治療椅子 ┤ 足踏式	7	スライドビュアー	5
治療椅子 ┤ 電動式	7	X線フィルム現像タンク	8
ユニット ┤ 普　通	7	顕微鏡	8
ユニット ┤ タービン内蔵	7	天　秤	5
電気エンジン	7	笑気吸入鎮静器	5
コンプレッサー	7	パノラマX線装置	6
タービン	7	**技工用**	
無影燈	7	レーズ	10
移動式レントゲン（歯科用）	4	集塵器	10
煮沸消毒器	4	遠心鋳造器	10
高圧滅菌器	4	真空鋳造器	10
乾燥滅菌器	4	高周波鋳造器	10
キャビネット ┤ 木　製	8	バイブレーター	10
キャビネット ┤ 金属製	15	真空埋没器	10
歯髄診断器	10	ワックス焼尽器	10
イオン導入装置	10	重合器	10
アマルガム混和器	6	機能的咬合器	10
アマルガム計量器	6	クラスプサベイアー	10
真空吸引装置	7	陶材焼成用電気炉 ┤ 普　通	10
酸素吸入装置	7	陶材焼成用電気炉 ┤ 真　空	10
含嗽用自動給水装置	7	超音波清浄器	10
サウンドマスキング装置	5	模型削成器	10
超音波歯石除去器	6	電気溶接器	10
超音波アマルガム充填器	6	ローラー	10
タービン用ハンドピース	7	技巧台 ┤ 木　製	10
電気メス	5	技巧台 ┤ 金属製	10
口腔用撮影用カメラ	5	ポーセレンファーネス	10

と修繕費や維持管理費が増えていくので，最初大きくその後は少なく償却費を計上し，修繕費や維持管理費を含めた費用が毎期平均化するように償却していく方法です。

　建物（平成10年4月1日以降取得のもの），建物附属設備・構築物（平成28年4月1日以降取得のもの），無形固定資産については定額法のみしか選択できませんが，その他の減価償却資産については，定額法と定率法を自由に選択することができ

ます。したがって，減価償却資産を取得した年の税金を少なくしたい場合は，定率法を選択した方が有利になります。

⑤ **償却限度額の計算**

減価償却制度は，平成19年度の税制改正で大改正が行われ，平成19年４月１日以後に取得する減価償却資産については，償却可能限度額（取得価額の95％相当額）及び残存価額を廃止し，耐用年数経過時点に残存簿価１円まで償却できるようになりました。

【**定 額 法**】

① 旧 定 額 法（平成19年３月31日以前に取得した資産）

$$（取得価額 － 残存価額）× 旧定額法の償却率 × \frac{事業の用に供した月数}{12}$$

$$= 減価償却費$$

なお，減価償却資産の償却費累計額が償却可能限度額に達している場合には次のように備忘価額１円を残し５年間で均等償却します。

$$（取得価額 － 取得価額の95％相当額 － １円）× \frac{1}{5} = 減価償却費$$

② 新 定 額 法（平成19年４月１日以後に取得した資産）

$$取得費 × 新定額法の償却率 × \frac{事業の用に供した月数}{12} = 減価償却費$$

耐用年数経過時点で備忘価額である「残存簿価１円」を残して償却を完了します。

（例） 取得年月日　平成24年４月１日（３月決算法人）

取得価額　　100万円

耐用年数　　８年　　定額法の償却率　0.125

各事業年度の償却費の額は償却限度額相当額とします

８年目の償却限度額は残存簿価を１円にするため，124,999円となります。

	償　却　費	償却累計額	未償却残高
25.3.31	1,000,000×0.125×12/12=125,000	125,000	875,000
26.3.31	1,000,000×0.125×12/12=125,000	250,000	750,000
27.3.31	1,000,000×0.125×12/12=125,000	375,000	625,000
28.3.31	1,000,000×0.125×12/12=125,000	500,000	500,000
29.3.31	1,000,000×0.125×12/12=125,000	625,000	375,000
30.3.31	1,000,000×0.125×12/12=125,000	750,000	250,000
31.3.31	1,000,000×0.125×12/12=125,000	875,000	125,000
32.3.31	1,000,000×0.125×12/12=125,000 → 124,999	999,999	1

【定　率　法】

　定率法とは，平成19年度の改正により，次の算式1により計算した金額（以下調整前償却額という）を各事業年度の償却限度額とする方法です。ただし，調整前償却額が償却保証額に満たない場合は，次の算式2により計算した金額が各事業年度の償却限度額となります。

＜算式1＞

　定率法の償却限度額＝（取得価額－既償却額）×定率法の償却率

＜算式2＞

　調整前償却額が償却保証額に満たない場合の定率法の償却限度額

　　＝改定取得価額×改定償却率

　なお，定率法の償却率は，平成24年3月31日以前に取得された減価償却資産については，定額法の償却率に250％を乗じた割合（250％定額法）であり，平成24年4月1日以後に取得された減価償却資産については，定額法の償却率に200％を乗じた割合となります。

① 旧　定　率　法（平成19年3月31日以前に取得した資産）

$$期首未償却残高×旧定率法の償却率×\frac{事業の用に供した月数}{12}＝減価償却費$$

　なお，減価償却資産の償却費累計額が償却可能限度額に達している場合には，次のように備忘価額1円を残し5年間で均等償却します。

第❷章　医療業務と実践税務

$$(取得価額 - 取得価額の95\%相当額 - 1円) \times \frac{1}{5} = 減価償却費$$

② 新定率法

　　償却期間を「定率償却」する期間と「均等償却」する期間の２つに区分し，「定率償却」する期間の償却額が「均等償却」する期間の償却額未満になった時点で，「均等償却」に切り替えて償却額の計算をします。定率償却をする期間の償却額は，期首未償却残高に新定率法の償却率を乗じて計算した金額（これを「調整前償却額」という）とします。

　　この「調整前償却額」が，その資産の「取得額」に耐用年数省令別表第十に定める耐用年数別の「保証率」を乗じて計算した金額（これを「償却保証額」という）よりも少なくなった時点で「均等償却」に切り替えます。この「調整前償却額」が初めて「償却保証額」を下回ることとなったその年の「期首未償却額残高」（これを「改定取得価額」という）に耐用年数省令別表第十に定める耐用年数別の「改定償却率」を乗じて，その年以降の償却額を計算します。

(イ) 250％定率法による計算例

　　　　取得年月日　平成19年４月１日（３月決算法人）

　　　　取得価額　　100万円

　　　　耐用年数　　８年　償却率0.313（定額法0.125×250％＝0.3125→0.313）

　　　　改定償却率　0.334

　　　　保 証 率　　0.05111（償却保証額51,110円）

　　　　　　　　　各事業年度の償却費の額は償却限度額相当額とします。

49

	償　却　費	償却累計額	未償却残高
20.3.31	1,000,000×0.313×12/12=313,000	313,000	687,000
21.3.31	687,000×0.313×12/12=215,031	528,031	471,969
22.3.31	471,969×0.313×12/12=147,726	675,757	324,243
23.3.31	324,243×0.313×12/12=101,488	777,245	222,755
24.3.31	222,755×0313×12/12= 69,722	846,967	153,033
25.3.31	153,033×0.313×12/12= 47,899 <償却保証額51,110 153,033×0.334×12/12=51,113	898,080	101,920
26.3.31	153,033×0.334×12/12=51,113	949,193	50,807
27.3.31	153,033×0.334×12/12=51,113 → 50,806	999,999	1

㈹　200％定率法による計算例

取得年月日　平成24年４月１日（３月決算法人）

取得価額　　100万円

耐用年数　　８年　償却率0.250（定額法0.125×200％＝0.250）

改定償却率　0.334

保　証　率　0.07909（償却保証額79,090円）

各事業年度の償却費の額は償却限度額相当額とします。

	償　却　費	償却累計額	未償却残高
25.3.31	1,000,000×0.250×12/12=250,000	250,000	750,000
26.3.31	750,000×0.250×12/12=187,500	437,500	562,500
27.3.31	562,500×0.250×12/12=140,625	578,125	421,875
28.3.31	421,875×0.250×12/12=105,468	683,593	316,407
29.3.31	316,407×0.250×12/12= 79,101	762,694	237,306
30.3.31	237,306×0.250×12/12= 59,326 <償却保証額79,090 237,306×0.334×12/12=79,260	841,954	158,046
31.3.31	237,306×0.334×12/12=79,260	921,214	78,786
32.3.31	237,306×0.334×12/12=79,260 → 78,785	999,999	1

第❷章　医療業務と実践税務

(2)　中古資産の耐用年数

中古資産を購入した場合で，適正な残存耐用年数を見積もることが困難な場合は，次の算式によって計算した耐用年数を用います。

①　耐用年数の全部を経過した資産

$$耐用年数 \times \frac{20}{100}$$

②　耐用年数の一部を経過した資産

$$(耐用年数 - 経過年数) + 経過年数 \times \frac{20}{100}$$

上記の計算で残存耐用年数が2年に満たないときは2年とし，1年未満の端数があるときは，その端数は切り捨てます。

例えば，4年たった中古のベンツの耐用年数は次のようになります。

$$(新車の耐用年数6年 - 経過した年数4年) + 4 \times \frac{20}{100}$$

$$= 2.8 \rightarrow 2年$$

(3)　減価償却費の計上額と税務処理

税務上認められる金額を超える減価償却費を計上しても，超過額は必要経費又は損金には認められないため，決算書上の利益は少なく表示されていても，課税所得金額は通常の場合と同じになります。反対に，認められた金額の一部しか計上しないと，決算書上の利益を大きく表示することができます。しかし，税務上の償却限度額に満たない減価償却費を計上する場合には，個人病医院と医療法人ではその取扱いが異なるため注意が必要です。

所得税法が適用される個人病医院では，納税者の経理処理いかんにかかわらず，減価償却費の限度額が強制的に必要経費の額に算入され，課税所得が算定されます。

翌年の減価償却費は，前年において，減価償却の限度額を減価償却したという前提で減価償却費を計算します。

一方，法人税法が適用される医療法人では，「任意償却制度」が採られているため，償却限度の範囲内で法人の任意で減価償却費の計上ができ，その金額に基づいて課税所得が算定されます。

51

(4) 資本的支出のあった減価償却資産の償却

① 原　　則

平成19年4月1日以後に資本的支出を行った場合には，その本体と種類及び耐用年数を同じくする新たな減価償却資産を取得したものとして，その資産の種類及び耐用年数に応じた新定額法又は新定率法等によって償却費の計算を行います。本体資産は，資本的支出後も採用している償却方法に従って，継続して償却費の計算を行います。

② 特　　例

イ　資本的支出を行った資産が平成19年3月31日以前に取得した資産の場合

その資本的支出の金額をその資本的支出を行った本体資産の取得価額に加算し，加算した資本的支出部分を含めた減価償却資産全体を旧定額法又は旧定率法によって償却額を計算します。

ロ　新定率法償却資産に資本的支出を行った場合

平成19年4月1日以後に取得し新定率法で償却している減価償却資産について資本的支出を行った場合には，翌事業年度期首において，その資本的支出を行った減価償却資産の期首未償却残高と，その資本的支出によって取得したものとされた減価償却資産の期首未償却残高との合計額をその取得価額とする一の減価償却資産を新たに取得したものとして，その後の償却額を計算することができます。

ハ　リース資産に資本的支出を行った場合

リース資産に資本的支出を行った場合は，新たに取得したものとされる減価償却資産はリース資産に該当し，そのリース期間はリース資産のリース期間終了日までの期間とします。

10　減価償却費の特例

(1) 少額の減価償却資産（措置法67の5）

使用可能期間が1年未満のもの，又は取得に要した金額が10万円未満のものは，その取得に要した金額の全額を，業務の用に供した事業年度の費用とすることが

第❷章　医療業務と実践税務

できます。また，10万円以上20万円未満の減価償却資産（一括償却資産という）については，取得価額の３分の１（期中１か月でも可）をその業務の用に供した年以後３年間の各年分において費用にすることができます。

また，青色申告をしている場合，１個当たり10万円以上30万円未満の少額減価償却資産であれば，年間累計額が300万円まで一度に経費として処理することができます（ただし資本金１億円超の医療法人等は適用外）。

なお，金額については，消費税の税込処理をしているときは，税込の金額で基準金額を満たしているか判断し，税抜処理している場合は，税抜金額で基準金額を満たしているか判断します。

少 額 資 産 等

取 得 価 額	償 却 方 法
資本金１億円以下→ 30万円未満	全額損金算入（年間300万円以下）
10万円以上20万円未満	３年間で均等償却（残存価額なし）
10万円未満	全額損金算入（即時償却）

（すべての企業）

(2) 医療機器等の特別償却（措置法45の２）

青色申告書を提出する医療機関が，一定の新品の医療機器等を取得すると，事業に使用した事業年度において，通常の減価償却費に加えて，その機器の取得価額に一定率を乗じた金額を，特別償却費として必要経費に算入することができます（平成29年３月31日までに事業の用に供するもの）。この制度は，厚生労働大臣が指定する高度な医療機器等や医療の安全の確保に資する医療機器等を取得した際に税金を軽減することによって，医療機関の負担を少なくするために設けられた制度です。したがって，所有権移転外リース取引により取得した場合には適用はありません。

① 高額医療用機器の特別償却

特別償却額は，取得価額の12％が特別償却額となります。

　　特別償却額＝取得価額×12％

対象となる医療用機器は１台又は１基の取得価額が500万円以上のものです。期限は延長され，平成27年４月１日から平成29年３月31日までです。なお，次に

53

掲げるものは，医療用機器に該当しないため，特別償却の対象にはなりません。

	医療用機器にならないもの	
① 車両運搬具	(1)	救 急 車
	(2)	レントゲン車 （レントゲン車に登載されているエックス線装置を含む）
	(3)	患者運搬車
② 器具及び備品	(1)	解 剖 台
	(2)	死体冷蔵庫
	(3)	水質及び病医院等廃棄物試験，検査器
	(4)	自動カルテ抽出機
③ 機械及び装置	(1)	給食用設備
	(2)	食器滅菌装置
	(3)	クリーニング設備

② サービス付き高齢者向け賃貸住宅の割増償却（措置法47）

　法人が，平成29年３月31日までの間に，サービス付き高齢者向け賃貸住宅を新築取得又は新築し，これを賃貸の用に供した場合には，確定申告書に明細書を添付することにより，その賃貸の用に供した日以後５年以内で割増償却することができます。割増償却とは，普通償却限度額に一定率を乗じた償却額を加算して償却する方法です。

【適用期限と割増償却率】

賃貸の用に供した日		H25.4.1～ H27.3.31	H27.4.1～ H28.3.31	H28.4.1～ H29.3.31
割増償却率	法定耐用年数が35年以上の建物	40%	20%	14%
	法定耐用年数が35年未満の建物	28%	14%	10%

　なお，事務所や店舗等に利用されている部分は適用されません

第❷章　医療業務と実践税務

(3)　中小企業投資促進税制（措置法10の３，42の６）

中小企業者の育成や存続のために，税のいろいろな恩典があります。

税法上，中小企業者とは通常，青色申告書を提出する個人事業者又は法人で，次のいずれかに該当するものをいいます。

① 資本金の額又は出資金の額が１億円以下の法人(※１)

② 個人事業者(※２)

③ 資本金を有しない法人（基金拠出型医療法人等)(※２)

(※１)　次のいずれかに該当する法人は除きます。
　　　　① 発行済株式総数又は出資総額の２分の１以上が同一の大規模法人（資本金の額等が１億円超の法人）の所有に属している法人
　　　　② 発行済株式総数又は出資総額の３分の２以上が複数の大規模法人の所有に属している法人

(※２)　常時使用する従業員数が1,000人以下の法人又は個人事業者に限ります。

中小企業投資促進税制は，平成29年３月31日までに以下の資産を取得し，事業の用に供する場合，特別償却（取得価額の30％，対象者は上記中小企業者）又は税額控除（取得価額の７％，所得の20％限度，対象者は上記中小企業者のうち資本金の額若しくは出資金の額が3,000万円以下の法人又は常時使用する従業員が1,000人以下の資本金等を有しない法人又は個人事業者）のどちらかを選択適用することができます。

① 機械装置で，１台の取得価額が160万円以上のもの

② 電子計算機やインターネットに接続されたデジタル複合機で，１台の取得価額が120万円以上のもの

③ 一のソフトウェア（サーバーオペレーティングシステム等を除く）で，取得価額が70万円以上のもの

なお，税法上の「機械装置」とは，モノを作り出したり加工したりする装置のことなので，医療用機器は「機械装置」に該当せず，ほとんどの医療用機器は，税法上「器具備品」に該当します。医療機関において「機械装置」に該当するものは，給食用設備，食器滅菌装置，クリーニング設備等です。

(4)　税額控除とは

税額控除とは，支払うべき税金から特別に税金を控除してくれる制度です。例

55

えば，レセプトコンピュータを500万円で取得した場合，税額控除額は35万円（500万円×7％＝35万円）ですから，税額控除前の税金が1,000万円なら，支払うべき税金は965万円になります。ただし，控除できる税金は，控除前の所得税の20％までという制限が設けられています。

　また，税額控除が全額できないときは，翌年1年間繰り越すことができます。例えば，控除前の税金が100万円であれば，控除限度額は20万円（100万円×20％＝20万円）になりますので，税額控除35万円を全額控除できず，15万円が控除不足になります。その控除不足額15万円は，翌年の税金で控除されることになります。ただし，税額控除の申告書を提出し，翌年度に繰り越すことを申告しておかなければ，翌年の控除は認められません。

(5)　特別償却と税額控除はどちらが得か

　特別償却は，2年目以降の減価償却費を初年度に前倒して計上しているだけで，耐用年数を通じたトータルの減価償却費は特別償却をしてもしなくても同額になり，基本的には税額もトータルでは同額になります。

　税額控除は，取得価額の一定割合の税額を控除することができるので，特別償却より確実に税額は少なくなります。ただし，導入した事業年度に欠損が発生し，翌事業年度も欠損であると税額控除の恩恵を受けることができないという問題があります。

　これに対して特別償却は，欠損が出ており，来期も欠損が予想されるときに特別償却を行うと，繰越欠損金を増やすことができ，その欠損金を9年間（平成30年4月1日以後開始事業年度分は10年）繰延べできるというメリットがあります。

　今後数年は安定的な利益を上げることが見込まれるときは税額控除を適用し，利益を減らし当面の税金を軽減したいときや，当期・翌期ともに欠損が予想されるときは特別償却を適用する，といった方針を採ると良いでしょう。

(6)　特別償却，税額控除適用時の注意事項

　特別償却・税額控除ともに新品の取得でないと適用できませんので，中古やMS法人を通じた購入やリースには，特別償却や税額控除は適用できません。

第❷章　医療業務と実践税務

また，リース会社からソフトウェア等をリースで導入した場合，通常，リース期間に支払うリース料の総額が取得価額となります。リースで導入した場合に特別償却が適用できないのは，リース期間にわたってリース料を支払っていくので，導入事業年度に多額のお金が出て行くことがないこと，リース期間定額法で減価償却していくこと等が考慮されているからです。

11　修繕費と資本的支出

(1)　修繕費とは

固定資産の維持管理や原状回復のために要したと認められる部分の金額は修繕費として費用が発生したときに全額を必要経費に算入することが認められます。

具体的に修繕費として認められるものとして，次のようなものがあります。

① 家屋の壁の塗替え

② 家屋の床の損傷部分の取替え

③ 破損した瓦の取替え

④ 破損したガラスの取替え

⑤ 自動車のタイヤの取替え

⑥ 機能を維持するためのオーバーホール費用

⑦ 医療器械の移設費用

これらの費用は，支出額の大小にかかわらず実質が修繕費となりますので，その支出額全額が必要経費に算入されます。したがって，見積書や請求書に修繕目的や内容が明確にわかるように記載してもらうことも大切です。

ただし，修理，改良等で，固定資産の使用期間が延長した場合や価値が増加した場合，その延長や増加した部分に対する金額は，修繕費とならず，資本的支出として固定資産となります。

すなわち，長持ちするようになったとか，機能や品質が従前よりアップした場合は，一時の費用でなく，資産価値の増加（＝資本的支出）として取り扱われます。資本的支出として取り扱われた場合は，以後，耐用年数の期間にわたり減価償却を通じて徐々に費用化されることになります。

57

(2) 修繕費と資本的支出の区分

修繕費か資本的支出かは，修繕費，改良費等の名目によって判断するのではなく，その実質によって判定します。したがって，次のような支出は修繕費にならず資本的支出として固定資産の取得価額となります。

① 建物への避難階段の取付け等，物理的に付け加えた部分の金額

② 用途変更のための模様替え等，改造や改装に直接要した金額

③ 医療機器の部品を特に品質や性能の高いものに取り替えた場合で，その取り替えた金額のうち，通常の取替えの金額を超える部分の金額

変圧器のキャパシティの変更，エレベーターの駆動モーターの交換，医療器械の主要構造部分となる部品の交換等の支出は資本的支出となります。ただし，通常の部品交換や整備費用は修繕費として取り扱われます。

(3) 修繕費か資本的支出かの判断

税法では，資本的支出と修繕費の具体例が示されていますが，これはあくまでも例示にすぎず，現実には判断に迷うケースが多々あります。そこで実務的には，次のような形式基準で判定します。

① 少額又は周期の短い費用の必要経費算入

修繕や改良のために支出した費用が次のいずれかに該当すれば修繕費として経費計上することができます。

・ 支出額が20万円（税込処理のときは消費税込の金額）未満のとき。

・ おおむね３年以内の周期で修理や改良が行われている場合。

② 形式基準による修繕費の判定

修繕費であるか資本的支出であるかが明らかでない金額で次のいずれかに該当するものは，修繕費として経費計上することができます。

・ 支出額が60万円（税込処理のときは消費税込の金額）未満のとき。

・ 支出額が修理・改良した固定資産の前期末取得価額のおおむね10％相当額以下である場合。ただし，前期末取得価額とは「当初の取得価額＋前期末までに支出した資本的支出の額」であり，前期末の帳簿価額ではありません。

③ 修繕費と資本的支出の区分の特例

修繕費であるか資本的支出であるか明らかでない場合には，継続適用を条件として，支出額の30％相当額とその固定資産の前期末取得価額の10％相当額とのいずれか少ない金額を修繕費として必要経費に算入することができます。

【資本的支出と修繕費】

```
                    ┌─────────────────────────┐
                    │   修理・改良等のための支出    │
                    └────────────┬────────────┘
         No     ┌────────────────────────────┐
        ┌───────┤       災害による支出         │
        │       └────────────┬───────────────┘
        │                    │Yes
        │          ┌──────────────────────────┐ Yes
        │          │  原状回復・被災前の効用維持   ├────→
        │          └────────────┬─────────────┘
        │                       │No
        │   Yes ┌──────────┐ Yes ┌──────────────┐ Yes ┌──────────┐ Yes
        │  ┌────┤70％相当額│←────┤ 割合区分方法の採用 ├────→│30％相当額├────→
        │  │    └──────────┘     └───────┬──────┘      └──────────┘
        │  │                No            │
        │  │         ┌──────────────────┐
        │  │         │                  │ Yes
        │  │         │   20万円未満       ├────────→
        │  │         └────────┬─────────┘
        │  │                  │No
        │  │         ┌──────────────────┐ Yes
        │  │         │ 周期がおおむね３年未満 ├──────→
        │  │         └────────┬─────────┘
        │  │                  │No
        │  │   Yes   ┌──────────────────────┐
        │←─┼─────────┤ 明らかに資本的支出として認められる│
        │  │         │  （価値増大・耐久性の向上）  │
        │  │         └────────┬─────────────┘
        │  │                  │No
        │  │         ┌──────────────────────┐ Yes
        │  │         │ 明らかに修繕費として認められる ├────→
        │  │         │（通常の維持管理・原状回復費用）│
        │  │         └────────┬─────────────┘
        │  │                  │No
        │  │         ┌──────────────────┐ Yes
        │  │         │  60万円未満又は前期末  ├────→
        │  │         │  取得価額の10％以下   │
        │  │         └────────┬─────────┘
        │  │  Yes(注2)        │No
        │←─┼─────────┌──────────────┐ Yes(注1)
        │  │         │ 割合区分方法の採用 ├────→
        │  │         └────────┬─────┘
        │  │  Yes             │No
        │←─┴─────────┌──────────────────┐ No
        │            │ 資本的支出であるか（実質判定）├────→
                     └──────────────────┘
```

（注１）　支出金額の30％と前期末取得価額の10％とのいずれか少ない金額

（注２）　支出金額－（注１）の金額

税法上，修繕費か資本的支出かの判断は複雑に規定されています。大きな修繕や改良があった場合は，必ず現場を検証し，工事関係者からコメントをもらい，発注書や見積書を参照し，前頁に示すフローチャートをたどりながら修繕費か資本的支出かをしっかりと区分する必要があります。

12 リース料

(1) リース取引の種類

　リース取引には，観葉植物のレンタル等のオペレーティングリース取引とファイナンスリース取引があります。ファイナンスリース取引とは，次の要件を満たすものをいいます。

① 途中解約ができないこと
② リース料の総額がリース資産の取得価額（付随費用を含む）のおおむね全部に相当すること

　ファイナンスリース取引には，リース期間終了後，リース資産の所有権が借手に移転する「所有権移転ファイナンスリース取引」とそれ以外の「所有権移転外ファイナンスリース取引」に区分されます。通常の医療機器や事務用機器等のリースは，「所有権移転外ファイナンスリース」に当たります。

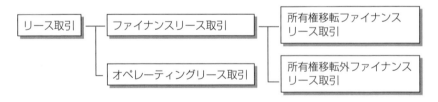

　「所有権移転外ファイナンスリース取引」は，その要件からわかるように，リース会社からお金を借り資産を取得したのと実質的に何ら変わりがないため，会計上は本来，売買処理（物件を資産計上，リース債務を負債に計上する）すべきです。しかし，我が国の税法では所有権がリース会社にあるという理由から賃貸借処理を認めていたため，多くの上場会社でも，賃貸借処理を採用してきました。しかし，リース資産とリース債務がオフバランス（貸借対照表に表示されていない）

第❷章　医療業務と実践税務

であることは，国際会計基準からは不適格な会計処理であるとの強い批判がなされていました。その結果，我が国でも，国際会計基準に準拠し，公認会計士又は監査法人の監査が行われる企業等に対して，「所有権移転外ファイナンスリース取引」について，平成20年4月1日以後開始事業年度から売買処理が強制されるようになりました。

(2)　税法上の取扱い

　税法も平成20年4月1日以降締結するリース契約から「所有権移転外リース取引」に対しては，売買があったものとして取り扱われることになりました。売買処理にすると，リース資産も自社の資産として減価償却することになります。

　売買取引とされる要件は，次の通りです。

　次のいずれかに該当する取引

①　リース期間終了時又はリース期間の中途において，リース資産が無償又は著しく低い価額で賃借人に譲渡される場合

②　リース期間終了時又はリース期間の中途において，賃借人に対して著しく低い価額で買い取る権利を与えている場合

③　リース資産の種類，用途，設備状況等に照らし，リース資産がその使用可能期間中賃借人だけに使用されると見込まれる場合又はリース資産の識別が困難と認められる場合

④　リース期間が法定耐用年数に比べて，相当差異があり，かつ，賃借人又は賃貸人の所得税又は法人税の負担を著しく軽減することになると認められる場合。例えば，リース期間がリース資産の耐用年数の70％（耐用年数が10年以上のリース資産については60％）に相当する年数（1年未満の端数切捨て）を下回る場合

　金融取引とされる要件は，次の通りです。

①　譲受人から譲渡人に対する賃貸を条件に資産の売買を行っている場合（リースバック）

②　リース資産の種類，売買及び賃貸に至るまでの事情が，実質的に金銭の貸借であると認められる場合

61

(3) リース資産の償却方法

リース取引が売買取引又は金融取引になる場合は、減価償却をすることになりますが、その償却方法は次の通りです。

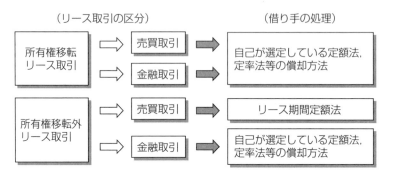

(4) リース期間定額法

$$（リース資産の取得価額 - 残価保証額）\times \frac{その年のリース期間の月数}{リース期間の総月数}$$

残価保証額とは、リース期間終了時のその資産の処分価額が所有権移転外リース取引契約で定められている保証額に満たない場合に、その満たない部分の金額を、その資産の賃借人（利用者）がその資産の賃貸人（リース会社）に支払うこととしている場合の保証額のことをいいます。ほとんどの場合、残価保証額はゼロとされています。

(5) 売買処理と賃貸借処理方法

売買処理と賃貸借処理の違いを、次の例題で見てみることにします。

【例 題】 リース料総額 1,200　　リース期間 60か月

(売買処理)	(借　　方)		(貸　　方)	
① 開　始　時	リース資産	1,200	リース債務	1,200
② 毎月支払時	リース債務	20	現　預　金	20
③ 毎月の減価償却費	減価償却費	20	リース資産	20

第❷章　医療業務と実践税務

（賃貸借処理）

　　　毎月支払時　　　　　賃　借　料　　　20　　　現　預　金　　　20

このように，売買処理は，賃貸借処理と比べて会計処理が複雑になります。

(6)　消費税の取扱い

　「所有権移転外リース取引」は，売買処理になったため，リース資産の受渡しのあった課税期間において一括控除することになります。例えば，リース総額が1,296万円（うち仮払消費税96万円），リース期間5年とすると，受渡しのあった事業年度に原則として仮払消費税96万円全額を仮受消費税から一括控除します。賃貸借処理の場合では，毎年度支払う仮払消費税は月額1.6万円であるので，仮受消費税から控除できる仮払消費税は年間で19.2万円です。売買処理すると，受渡しのあった事業年度に，96万円を一括控除できるメリットがあります。

　個人病医院や医療法人の場合，会計士や監査法人の監査が要求されていないので，「所有権移転外リース取引」について，リース税制改正後も簡便な方法として賃貸借処理による会計処理が認められております。消費税についても同様に，経理実務が煩雑化しないために，賃貸借処理による会計処理を行っている場合に限り，リース料支払時に属する課税期間の課税仕入とする「分割控除」も認められています。すなわち次のようになります。

【例　題】　リース料総額　1,296　（うち消費税96）　　リース期間　60か月

（賃貸借処理）

　①　一括控除方式の仕訳

　　　　　　　　　　仮払消費税　　　96　　　未　払　金　　　96
　　　毎月支払時　　賃　借　料　　　20　　　現　預　金　　　21.6
　　　　　　　　　　未　払　金　　　1.6

　②　分割控除方式の仕訳

　　　毎月支払時　　賃　借　料　　　20　　　現　預　金　　　21.6
　　　　　　　　　　仮払消費税　　　1.6

63

税法でも「所有権移転外リース取引」は，資産の取得とみなしますが，リース料（賃借料）を必要経費にしていれば，その金額を償却費として計上したものとみなす取扱いになっています。リース資産の減価償却方法は「リース期間定額法」であるため，通常，リース料と減価償却費は同額になります。

　なお，平成20年4月1日以降リース契約したものに対して，リース料は税法上減価償却費としてみなして判断するため，リース料を短期前払いする従来の節税対策はとれなくなりました。

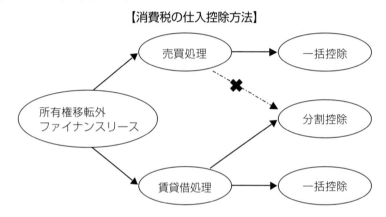

【消費税の仕入控除方法】

(7)　仕入税額の一括控除と分割控除との併用

　リース資産Aは売買処理，リース資産Bは賃貸借処理と異なった会計処理を採用することができます。また，消費税の仕入税額控除については，売買処理したリース資産については一括控除，賃貸借処理したリース資産については分割控除するといった処理も認められます。ただし，あるリース資産をリース期間の初年度は分割控除，2年目にその課税期間に支払うべきリース料と残額の合計額について仕入税額控除を行うといった処理はできません。

(8)　その他の留意すべきこと

　税法上，所有権移転外リース取引は原則として資産計上することになりますが，次のような点に留意してください。

第❷章　医療業務と実践税務

① 償却資産税は課税されない

所有権は，リース会社にあるので，賃借人に償却資産税は課税されません。

② 少額償却資産（取得価額10万円未満）に該当しない

本来リースであるのでリース料総額が10万円未満であっても少額償却資産にはならず，20万円未満であっても一括償却資産にはなりません。ただし，30万円未満であれば中小企業者等の少額減価償却資産の特例の適用があります。

③ 税額控除の適用

所有権移転外リース取引は，原則として資産に計上されることになりますが，リース取引であるため特別償却の適用はありません。ただし，中小企業等が電子計算機やデジタル複合機等の機械・器具備品等をリースした場合には，税額控除の対象になります。

税額控除限度額：①　リース料総額×7％

②　控除前の法人税額×20％

①と②のうち少ない金額

13 貸 倒 損 失

(1) 窓口未収金

お金を持たずに診療を受け，後日いくら催促をしても支払いに来ないという患者さんがいます。「診療に従事する医師は診療の求めがあった場合には，正当な事由がなければ，これを拒んではならない（医療法19②）」の規定（応召義務）があり，受診の際に金銭の持ち合わせが無いことは診療拒否をする正当な事由には該当しないとされています。

診療収入は診療を行った日を基準に収入計上され，窓口で支払いが行われた日に収入計上するわけではありません。そのため，未収のまま年をまたいでしまった場合，入金が無いにもかかわらず，その収入に関する所得税や法人税を支払わなければなりません。

65

⑵　貸倒損失を計上できる要件

　不良債権になった窓口未収金も，下記の要件を満たせば貸倒損失として必要経費に算入することができます。

①　電話番号や住所が不明である場合，入院中死亡し，連帯保証人や家族等が行方知らずになっている場合など，窓口負担分を回収することができないことが明らかである場合は，窓口負担金の全額を必要経費に算入できます（法基通9-6-2）。

　　税法の規定上，支払いの催促を行う必要はないが，電話等を行った記録を残しておいた方が税務調査の際により安全といえます。

②　内容証明等で窓口負担分の取立ての放棄を相手に通知した場合は，窓口負担金の全額を必要経費に算入できます（法基通9-6-1）。

　　遠方の患者さんが窓口負担金を支払っていない場合に，窓口未収分の総額とその取立てにかかる費用を比べて，取立費用の方が多い場合は，取立てに労力を費やすだけ損失が拡大するとの考えのもとに実務的に規定されたものです。

③　次のいずれかの場合

ⅰ　患者との診療終了日以後1年以上経過した場合

ⅱ　同一地域の診療債権の総額より取立費用の方が多額でかつ支払いを催促しても弁済がない場合

　　窓口負担金-1円（備忘価格）＝必要経費算入額（法基通9-6-3）

14　短期前払費用の特例

⑴　短期前払費用の特例とは

　一定の契約に基づき継続的に役務の提供を受けるために支出した金額のうち，その事業年度の終了時において未だ提供を受けていない役務に対して支払った部分は，前払費用として取り扱われて必要経費に計上することができません。役務の提供を受ける前に支払った金額は原則として資産に計上し，役務の提供を受け

第❷章　医療業務と実践税務

たときに初めて費用にすることとなるわけで，現金を支払っていても役務の提供を受けていないときには，税務上，必要経費に計上することができないことになっています。

しかしながら，その支払った日から1年以内（＝「短期」）に提供を受ける役務に対しては，その支払った金額を毎期継続してその事業年度の費用に計上すれば，その支払時をもって必要経費の額に算入することが税法上認められています（所基通37-30の2，法基通2-2-14）。これを「短期前払費用の特例」といい，この特例を活用することで，例えば決算月に年払契約に変更する等して向こう11か月分の家賃を前払いすると，その事業年度において12か月＋11か月＝23か月分の金額を全額費用計上できます。

医療経営環境は今後ますます厳しさを増すものと思われますが，たまたま予想以上の利益が出ると見込まれる場合にこの短期前払費用の特例を利用すると，一時的ではありますが，節税効果があります。また消費税においても，短期前払費用に該当する課税仕入れはその支出した日の属する課税期間において行ったものとして取り扱うことが定められていることから，支出事業年度の課税仕入れとなります。

(2)　特例適用の要件

短期前払費用の特例を適用する場合の要件は，以下の通りです。

① 　時の経過に伴い，継続的に受ける役務の提供であること

② 　実際に支払っていること

③ 　1年以内に役務の提供を受けること

④ 　収益に個別対応する費用でないこと

⑤ 　契約書において支払条件が「一括前払」等となっていること

⑥ 　毎期継続適用すること

短期前払費用は，支払日から1年以内に受ける役務の提供であることが条件であるため，1年を超える前払費用を支払った場合には，この特例の適用は受けられないことになります。そしてその場合，支払った事業年度において税務上必要経費に算入できなくなるのは支払日から1年を超える部分のみならず，翌期以降

67

にかかる部分がすべて対象外となってしまいます。したがって，この特例を利用する際にはあらかじめ支払日と役務提供期間をきちんと把握しておかなければなりません。

　この特例は一度適用したらその後も継続して適用することが義務付けられており，会計処理を正当な事由無くして従前の方法に戻すことはできません。ただし，会計処理を変更せざるを得ない正当な理由がある場合にはこの限りではありません。この正当な理由としては，例として経営悪化に伴う資金繰りの悪化から前払いが困難になった場合等が考えられますが，これが認められない場合は利益操作とみなされ，税務調査で否認される可能性があります。短期前払費用の特例を利用した場合は，実務上少なくとも3年間は一括前払方式を継続されることをお勧めします。

(3) 留 意 点

　この特例に該当した翌期以降は毎事業年度支払う金額が経費となるだけで特別な節税効果はなくなります。つまり特例適用によって節税できるのは適用した事業年度のみであるため，予想以上の利益が発生すると見込まれる事業年度や翌期以降になると診療報酬の改訂等で収益が大幅に落ち込むと見込まれる場合等，ここぞというタイミングで利用することがこの特例の上手な利用の仕方です。

　さらに決算時において契約変更し家賃やリース料等をまとめて支払った場合，その後短期間での途中解約がしにくくなってしまうこと，また年払い等をやめて月払いに戻した場合，変更した事業年度に発生する費用はすでに前事業年度に支払っているので，その事業年度の費用は発生しないこと等も留意しなければなりません。

　なお，役務を提供する側は，役務の提供をしていない期間に対しては，受け取った対価については収入に計上せず，前受収益として負債に計上することができます。

第❷章　医療業務と実践税務

【短期前払費用】

	要　件	解　　説
①	時の経過に従い，継続的に受ける役務の提供であること。	家賃，保険料，利息の支払い等が該当します。役務の提供に限定されていることから，物品の購入費等は除かれます。あくまでも等質等量の役務でなければなりません。
②	実際に支払っていること。	手形や小切手の振出しによる支払いも認められています。
③	1年以内に役務の提供を受けること。	支払日から1年を超える役務の対価に対する支払いは認められません。
④	収益に個別対応する費用でないこと。	借入金を預金や貸付金，有価証券等に運用している場合の支払利息については，そこから生じる収益との対応関係を重視するため適用できません。また賃貸物件を又貸ししている場合などの支払家賃についても適用できません。
⑤	契約書において支払条件が「一括前払」等となっていること。	契約書が「月払」になっている場合には，「一括前払」等を支払条件とする契約に変更する必要があります。
⑥	毎期継続適用すること。	一度適用したら，翌期以降も継続適用することが条件となります。利益の出た事業年度にだけ一括支払いする方法は税務否認されます。

例　　示	適　用	解　　説
税理士等の顧問料	否	毎月の税理士のサービスは等質等量であるとはいえない
雑誌の購読料	否	雑誌の購読料は物品の購入に該当するため
生命保険料	可	保険料のほか，地代家賃，リース料（資産計上しないもの），借入金利息，会費等が適用可能
5月から加入する生命保険料（3月決算法人）	否	3月に役務の提供がなされていないから適用不可。4月に掲載される広告料金を3月に支払った場合も同様に適用不可
株式投資のための借入利息	否	株式投資の収益が計上されないため

69

15 雇用促進税制と税額控除

(1) 概　　要

　企業や事業主に雇用の維持と促進を促し，景気回復の足がかりとするため，平成23年4月より新設された制度（措置法42の12の2）です。各事業年度の末日における雇用者の数が，前事業年度の末日における雇用者の数と比べて5人以上（中小企業者等については2人以上）かつ，率にして10％以上増加した等の要件を満たした場合に，その増加した雇用者1人につき40万円の税額控除が受けられる制度です。

　ただし，控除できる税額はその適用年度における法人税の額（個人事業主の場合は所得税の額）の10％（中小企業者等の場合は20％）が限度となります。

　またこの制度は，次の所得拡大促進税制との選択適用となりますので，どちらか有利な制度を選択することとなります。

(2) 適用期限

　期限が延長され，個人は平成27年1月1日から平成28年12月31日まで，法人は平成28年3月31日までの間に開始する事業年度となっています。

(3) 適用要件

　次の要件をすべて満たしていることが必要です。

雇用促進税制の適用要件
　① 前期及び当期において事業主都合による離職者がいないこと
　② 基準雇用者数≧5人（中小企業者等については2人）
　　基準雇用者数＝当期末の雇用者の数－前期末の雇用者の数
　③ 基準雇用者割合≧10％
　　基準雇用者割合＝基準雇用者数÷前期末の雇用者の数

第❷章　医療業務と実践税務

④　給与等支給額≧比較給与等支給額

　㋑　給与等支給額＝雇用者に対する当期の給与等の支給額

　㋺　比較給与等支給額＝前期の給与等の支給額

$$+（前期の給与等の支給額×基準雇用者割合×30％）$$

※１　雇用者……法人の使用者のうち雇用保険一般被保険者であるものをいい，役員
　　の特殊関係者（役員の親族等）及び使用人兼務役員は除く。

※２　中小企業者等……医療法人の場合は，出資金の額が１億円以下で常時使用する
　　従業員の数が1,000人以下の法人をいう。ただし，基金拠出型医療法人については
　　従業員の数で判定する。また，個人事業主の場合は，常時使用する従業員が1,000
　　人以下のものをいう。

※３　事業主都合……人員整理等による解雇，ただし労働者の責めに帰すべき重大な
　　理由による解雇や天災のなどにより事業の継続が不可能となったことによる解雇
　　を除く。

※４　給与等支給額……法人の所得の金額の計算上損金の額に算入される給与等で，
　　雇用者に対して支給するものに限る。

(4)　必要な届出

　この制度の適用を受けるためには，まず，適用を受けたい事業年度の開始後２
か月以内に，管轄のハローワークに雇用促進計画を提出することが必要です。
その後，事業年度終了後２か月以内に，雇用促進計画の達成状況についてハロー
ワークの確認を受ける必要があります。

　なお，雇用促進税制の適用を受けるには，適用年度ごとにその都度，適用要件
を満たしていることが必要となりますので，雇用促進計画に関しても毎年提出す
ることとなります。

　雇用促進計画は簡単に作成でき，また未達成でも罰則等はないので，まずは事
業年度開始後２か月以内に雇用促進計画を作成し，ハローワークに提出しておく
ことをお勧めします。

(5)　設例による説明

　新規雇用者は３人，自発的離職者が１人いるため，基準雇用者数は２人となり
ます。よって，税額控除額は２人×40万円＝80万円となります。

71

【具体的な設例（中小企業等の場合）】

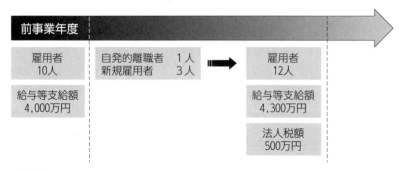

★要件のチェック

基準雇用者数	12人−10人＝2人≧2人（要件充足）
基準雇用者割合	2人÷10人＝20%≧10%（要件充足）
給与等支給額	4,300万円≧比較給与等支給額4,240万円（要件充足）
（※比較給与等支給額	4,000万円＋4,000万円×20%×30%＝4,240万円）

★税額控除額

基準雇用者数を基に計算した税額控除額　2人×40万円＝80万円
　　　　　　　　　　税額控除限度額　500万円×20%＝100万円≧80万円
　　　∴　実際の税額控除額　80万円

(6) 改正と延長

　景気を浮揚させるために，適用期限を平成30年3月31日まで延長し，次のような改正がなされます。

① 対象となる増加雇用者の範囲が，同意雇用開発促進地域内にある事業所における無期雇用かつフルタイムの雇用者に限定されます。

　同意雇用開発促進地域……有効求人倍率が低い地域として地域雇用開発促進法に定める一定の地域（平成27年10月1日現在28道府県100地域）

　大都会にある事業所は対象からはずれることになります。

② 所得拡大税制との併用が可能になりますが，調整計算をする必要があります。

第❷章　医療業務と実践税務

16　所得拡大促進税制と税額控除

(1) 概　　要

　個人の給与が増え，消費が拡大すれば景気が回復するというアベノミクスから
創設された税制です。青色申告書を提出している法人又は個人事業主が，国内の
雇用者に対して給与等を支給した場合に，その支給額が基準となる事業年度と比
較して一定割合増加しているなどの要件を満たせば，一定の範囲内の金額を法人
税額又は所得税額から控除できます（措置法42の12の4）。ただし，前述した雇用
促進税制との併用はできず，いずれかの有利な制度を選択適用することとなりま
す。なお，雇用促進税制と異なり，本税制は申告時に計算明細を記載した書類を
添付するのみで適用を受けることができます。

(2) 適 用 期 限

　平成25年4月1日から平成30年3月31日までの間に開始する各事業年度

(3) 適 用 要 件

　次の要件をすべて満たすことが必要になります。
　①　給与等（賞与を含む）支給額が基準年度(注1)の給与等支給額と比較して
　　5％(注2)以上増加していること
　②　給与等支給額が前期の給与等支給額以上であること
　③　平均給与等支給額(注3)が前期の平均給与等支給額を超えること

　（注1）　基準年度とは，平成25年4月1日以後に開始する事業年度のうち最も古い事
　　　　　業年度開始の日の前日を含む事業年度をいいます。
　　　　　　例えば事業年度が4月1日～3月31日までの法人の場合，平成25年4月1日
　　　　　以後開始する最も古い事業年度となる平成25年4月1日～平成26年3月31日の
　　　　　開始日の前日となる平成25年3月31日を含む事業年度，すなわち平成24年4月
　　　　　1日～平成25年3月31日が基準年度となります。
　（注2）　中小企業者等は，平成27年4月1日前に開始する事業年度については2％，
　　　　　平成27年4月1日から平成30年3月31日までの間に開始する事業年度について
　　　　　は3％とされています。

73

(注3) 平均給与等支給額 = $\dfrac{給与等支給額}{給与等支給者数}$

(4) 税額控除額の計算方法

税額控除額は，以下の算式により計算します。

雇用者給与等支給増加額(注4)×10％＝税額控除額

ただし，控除額は法人税額又は所得税額の20％（一定の大規模な法人は10％）相当額を限度とします。

(注4) 雇用者給与等支給増加額とは，適用する事業年度の給与等支給額から基準年度の給与等支給額を控除した金額をいいます。

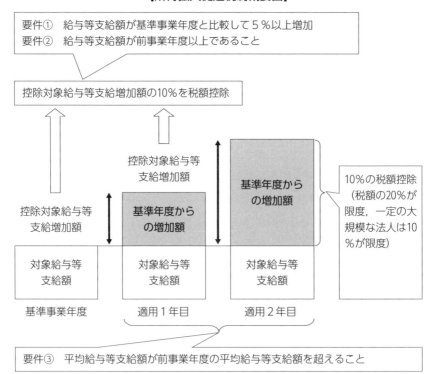

【所得拡大促進税制概要図】

第❷章　医療業務と実践税務

(5)　設例による説明

基準事業年度における給与等支給額	2,280万円
前事業年度における給与等支給額	2,460万円
前事業年度における給与等支給者延べ人数	100人
適用事業年度における給与等支給額	3,000万円
適用事業年度における給与等支給者延べ人数	120人
法人税額	500万円

・検討結果

要件①　3,000万円(適用事業年度)÷2,280万円(基準事業年度)＝1.31

→31％≧5％

要件②　3,000万円≧2,460万円　(前事業年度)

要件③　適用事業年度の平均給与等支給額　3,000万円÷120人＝25万円

前事業年度の平均給与等支給額　2,460万円÷100人＝24.6万円

25万円＞24.6万円

よって，3つの要件を満たしていることになる。

税額控除額は，給与等支給増加額の10％であるので，(3,000万円－2,280万円)×10％＝72万円(＜500万円×20％＝100万円)となります。

17 生産性向上設備投資促進税制

(1)　概　　要

　日本経済を再生し産業競争力を強化する目的や消費税が8％に引き上げられることに伴う反動などに対応するために創設された税制です。この制度は，民間投資を活性化するための政策税制で，一定の要件を満たせば，特別償却あるいは税額控除が可能となります(措置法42の12の5)。税制の名称が「生産性向上」となっていますが，医療法人及び個人病医院でも適用が受けられます。

75

【生産性向上設備投資促進税制の概要】

類　　型	A：先　端　設　備	B：生産ラインやオペレーションの改善に資する設備
対象設備	器具備品，建物，建物附属設備，ソフトウェアのうち，下記要件をすべて満たすもの ① 最新モデル ② 生産性向上（年平均1％以上） ③ 最低取得価額以上	器具備品，建物，建物附属設備，構築物，ソフトウェアのうち，下記要件をすべて満たすもの ① 投資計画における投資利益率が年平均15％（中小企業者等は5％以上） ② 最低取得価額以上
確　認　者	工業会等	経済産業局
税制措置	通常のリースによる投資は税額控除のみとなります。 また，税額控除における税額控除額は，当期の税額の20％が上限となります。	

＊　中小企業投資促進税制によって，出資金3,000万円以下の医療法人及び個人病医院は，特別償却と税額控除10％の選択適用が，また出資金3,000万円超1億円以下の医療法人には，特別償却と税額控除7％の選択適用ができます。

　この制度には，上記のように先端設備（A類型）と生産ラインやオペレーションの改善に資する設備（B類型）の2種類があり，A類型とB類型では，対象設備や要件及び対象となる設備であるかどうかの確認者が異なります。ただし，受けられる税制措置はA類型でもB類型でも同じです。

(2)　適用期限

　(イ)　平成26年1月20日から平成28年3月31日までに取得した場合
　　　　即時償却と税額控除5％（ただし建物，構築物は3％）の選択適用

　(ロ)　平成28年4月1日から平成29年3月31日までに取得した場合
　　　　特別償却50％（ただし，建物，構築物は25％）と税額控除4％（ただし，建物，構築物は2％）の選択適用

(3)　適用要件

　A類型投資には用途や細目が定められており，病医院の場合，冷蔵用又は暖房

第❷章　医療業務と実践税務

用機器，電気冷蔵庫や電気洗濯機等が該当します。ただし，Ａ類型設備投資の要件は病医院にはなじみにくいので，適用できるケースは少ないかも知れません。

　一方，Ｂ類型は用途や細目の制約がなく，器具備品，建物，建物附属設備，構築物，ソフトウェアのすべての設備投資が該当します。例えば，医療法人であれば分院の設置，歯科医院であればユニットチェアの増設など設備投資によって患者数が増えると見込まれるときや，高度な医療器械，例えばデジタルレントゲン，鮮明度の高いMRIなど，保険点数がアップする医療器械の導入によって利益の増加が見込まれる場合が該当します。ただし，最低取得価額要件が次のように定められています。

【最低取得価額要件（金額は税抜きの金額）】

	取得価額要件（①又は②のいずれかを満たしているもの）	
	①　1台若しくは1基の取得価額	②　1台若しくは1基及び1事業年度における取得価額の合計額
器具備品	120万円以上	30万円以上で，かつ，1事業年度における取得価額の合計額が120万円以上
建　　物	同　上	―
建物附属設備	同　上	60万円以上で，かつ，1事業年度における取得価額の合計額が120万円以上
構　築　物	同　上	―
ソフトウェア	70万円以上	30万円以上で，かつ，1事業年度における取得価額の合計額が70万円以上

⑷　Ｂ類型設備投資と必要な手続き等

　生産ラインやオペレーションの改善に資する設備（Ｂ類型）とは，自院で策定した投資計画で，設備投資による効果として年平均の投資利益率が15％以上（中小企業者等の場合は5％以上）となることが見込まれることについて経済産業大臣の確認を受けた設備投資をいいます。なお，年平均投資利益率とは次のように算出します。

77

【投資利益率の算定方法】

$$\frac{「営業利益＋減価償却費※1」の増加額※2}{設備投資額※3}$$

- ※1　会計上の減価償却費
- ※2　設備の取得等をする年度の翌年度以降3年度の平均額
- ※3　設備の取得等をする年度におけるその取得等をする設備の
　　　取得価額の合計額

　具体的には，「設備投資計画の確認申請書」（以下，単に申請書という）を作成し，税理士や公認会計士にその申請書の内容を確認してもらったうえで「事前確認書」を発行してもらい，その申請書及び事前確認書を経済産業局に提出します。すなわち，設備投資をする前に，確認書を取得しなければなりません。経済産業局においては，申請書が投資利益率15％（中小企業者等5％）以上の要件を満たしているかなどを確認したうえで，「生産性向上設備等確認書」（以下，単に確認書という）を発行します。この確認書が発行されてから，設備投資をすることによってB類型の税制の適用を受けることができます。また，申請書の実施状況を確定申告後3か月以内に経済産業局に提出する必要があり，年1回，3年間にわたって実績を報告することになります。なお，設備投資をして税制措置を受け，申請した投資利益率が達成できなかったとしても，特に問題はありません。この税制は，民間の設備投資を活性化させるため，設備投資をした事業者に税の特典を与えるというものです。そのため，設備投資をする段階で要件を満たしていれば適用でき，税の特典を受けることができます。したがって，最低取得価額以上の設備投資計画があれば，設備投資をする前に顧問会計事務所等と相談され，投資計画書を作成してもらい，経済産業局から確認書の交付を受理することが何よりも大切になります。なお，申請が個人病医院で，3年以内に医療法人成りした場合も，制度を適用することができます。

第3章

個人病医院特有の実践税務

1 課税所得と税金

(1) 個人所得の種類と内容

　個人の所得には所得税が適用されます。所得税を計算する場合，個人が得た所得を10種類に区分したうえ，それぞれの所得の種類別に所得金額を計算します。

　所得の計算期間は，死亡・出国の場合を除き1月1日から12月31日までの1年間（暦年単位）です。

　10種類の所得とその内容は，次の通りです。

所得の種類	そ　　の　　内　　容
事　業　所　得	医業又は歯科医業の事業から生ずる所得
不 動 産 所 得	不動産（土地・建物等）の賃貸から生ずる所得
給　与　所　得	給与から生ずる所得
退　職　所　得	退職金から生ずる所得
利　子　所　得	預金利息等の利息から生ずる所得
配　当　所　得	株式の配当から生ずる所得
譲　渡　所　得	不動産等を売った場合に生ずる所得
一　時　所　得	生命保険の満期保険金等から生ずる所得
山　林　所　得	山林を売った場合に生ずる所得
雑　　　所　　　得	原稿料や厚生年金等上記の所得以外の所得

(2) 所得金額の計算

　所得金額の計算は，所得の種類によって次のように異なります。

80

第❸章　個人病医院特有の実践税務

所得の種類	所　得　の　計　算
事　業　所　得	収入金額－必要経費＝所得金額
不　動　産　所　得	収入金額－必要経費＝所得金額
給　与　所　得	収入金額－給与所得控除額＝所得金額
退　職　所　得	（収入金額－退職所得控除額）×$\frac{1}{2}$＝所得金額
利　子　所　得	収入金額＝所得金額
配　当　所　得	収入金額－株式等を取得するために要した支払利息＝所得金額
譲　渡　所　得	収入金額－（取得費＋譲渡費用）－特別控除額＝所得金額
一　時　所　得	収入金額－収入を得るために支出した金額－特別控除額＝所得金額
山　林　所　得	収入金額－（取得費，植林費等＋伐採費等）－特別控除額＝所得金額
雑　　所　　得	収入金額－必要経費＝所得金額

　総所得金額を計算するときは，譲渡所得のうち長期譲渡所得と一時所得はその2分の1相当額を総所得金額に算入します。

(3)　損益通算の手順

　各所得の金額に損失がある場合，他の黒字の各所得と損益の通算ができます。

　ただし，損益通算できる損失は次の所得の計算上生じた損失に限られます（所法69②，所令198）。

　①　不動産所得（土地等取得のための借入金利子相当額は通算の対象外）

　②　事業所得

　③　総合譲渡所得

　④　山林所得

　また，趣味・娯楽・保養等の目的で所有する不動産等「生活に通常必要でない資産」については，所得の計算上生じた損失についても損益通算できないことになっています。

　損益通算は，下記図のように一定の順序に従って通算することになります。

81

【損益通算の順序】

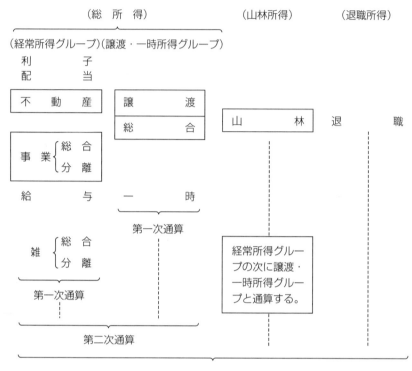

（注） □で囲んだ所得の計算上生じた損失についてのみ，その損失額を他の所得金額と通算できます。

① 第一次通算

利子所得・配当所得・不動産所得・事業所得・給与所得及び雑所得を「経常所得グループ」とし，不動産所得や事業所得の損失が生じた場合はまずこのグループ内で損益通算を行います。次に総合譲渡所得の損失と一時所得（「譲渡・一時所得グループ」）を通算します。これらは特別控除後，2分の1適用前の金額に対して行います。この「経常所得グループ」内と「譲渡・一時所得グループ」内で行われる通算をそれぞれ第一次通算といいます。

② 第二次通算

イ 経常所得グループの赤字……第一次通算で引き切れない損失の金額がある

ときは，次の各所得の金額から順次差し引きます。
1．総合短期譲渡所得の金額（特別控除後）
2．総合長期譲渡所得の金額（特別控除後）
3．一時所得の金額（特別控除後・2分の1適用前）
ロ　譲渡・一時所得グループの赤字……第一次通算で引ききれない損失の金額は「経常所得グループ」の金額から順次差し引きます。

③　第三次通算

第二次通算で引き切れない損失の金額があるときは，次の各所得の金額から順次差し引きます。
1．山林所得の金額（特別控除後）
2．退職所得の金額（2分の1後）

また，「分離譲渡所得」の計算上生じた損失については以下の点がポイントとなります。

①　分離譲渡所得の計算上生じた損失は原則としてその他の所得と損益通算できません（居住用の建物・敷地の譲渡損失については要件を満たせば損益通算可能なケースもあります）。

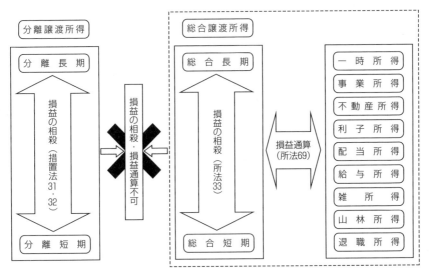

② 土地・建物の譲渡を複数行い，譲渡益若しくは譲渡損が生じた場合にはこ
れを相殺することは認められます。しかし，総合譲渡所得の計算上生じた譲
渡損益や株式等譲渡損益と損益通算はできません。

③ 株式等を譲渡した場合に生じた譲渡損益についても，株式間の譲渡益と譲
渡損は相殺できますが，不動産譲渡による譲渡損益や他の所得との損益通算
はできません。

(4) 所得合計額

各種所得の金額をそれぞれ算出し，その各種所得の金額に損失がある場合は損
益通算のルールに従い黒字の各種所得金額と通算を行います。一時所得・総合長
期譲渡所得の金額は損益通算された後に2分の1の適用を受けて総所得金額を計
算することになります。このようにして所得の合計額を算出します。

第❸章　個人病医院特有の実践税務

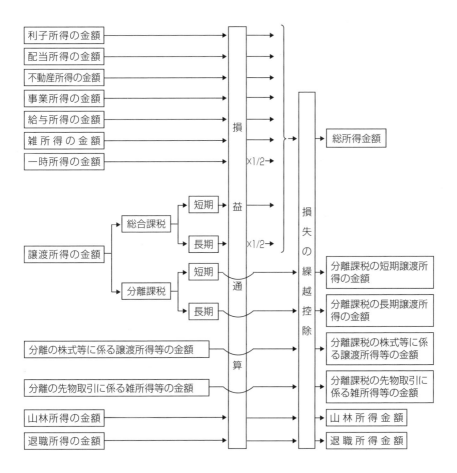

(5) 所得控除

　所得税の計算は，各種所得金額を計算し，その合計額から所得控除の合計額を控除します。所得控除合計額を差し引いた後の所得（課税所得）に対して税率をかけ税額を算出するので，所得控除額が多いほど課税所得が減り，その結果税額も減少することになります。よって該当する所得控除の項目があれば，必要書類をしっかりと準備し，漏れなく控除をすることが大切です。

85

区分	控除名	控除できる事由	控除額（平成27年）
物的控除	雑損控除	火事による住宅焼失，現金の盗難等があった場合	「（被害を受けた資産の損失発生直前時価－直後時価）＋災害等関連支出－保険金等の額」のうち一定の足切額を超える金額
	医療費控除	年間10万円超の医療費支出があった場合	（一定の医療費－保険金等）－（10万円又は課税標準の合計額×５％の少ない金額） ＊　200万円までが控除額の上限
	社会保険料控除	国民年金保険料や健康保険料等を支払った場合	支払額・給与天引額の全額
	小規模企業共済等掛金控除	小規模企業共済掛金等を支払った場合	支払額全額
	生命保険料控除	一定の生命保険料を支払った場合	一定の計算により算出した金額（最高10万円） ＊　平成24年１月１日以降契約締結したものは最高12万円まで
	地震保険料控除	一定の地震保険料等を支払った場合	一定の計算により算出した金額（最高５万円）
	寄附金控除	特定の寄附をした場合	特定寄附金（総所得金額等×40％が上限）－２千円
人的控除	寡婦（夫）控除	配偶者との死別・離婚等をし一定事由を満たす場合	特定の寡婦35万円　寡婦（寡夫）27万円
	勤労学生控除	本人が一定の学校等に通う学生・生徒である場合	27万円
	障害者控除	本人又は家族が障害者である場合	特別障害者40万円　障害者27万円 ＊　同居特別障害者については75万円
	配偶者控除	一定の要件を満たす配偶者がいる場合	16〜69歳まで38万円　70歳以上48万円
	配偶者特別控除	一定の要件を満たす配偶者がいる場合	配偶者の所得に応じ３〜38万円まで段階的に控除
	扶養控除	一定の要件を満たす扶養親族がいる場合	一般扶養親族38万円・特定扶養親族63万円・同居老親等58万円（同居特別障害者の場合は75万円を加算）
	基礎控除	本人分の控除	38万円

第❸章 個人病医院特有の実践税務

(6) 所得税の計算

所得税の計算手順は，以下のようになっています。

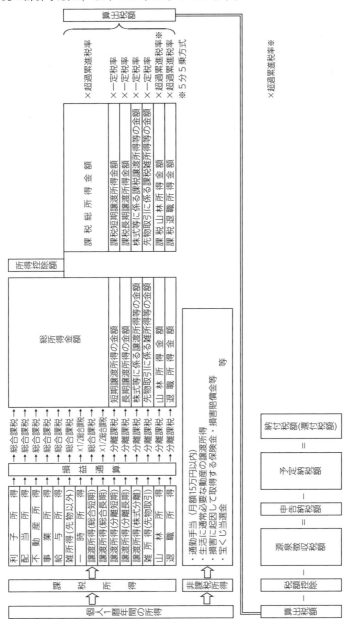

10種類の所得は「総合課税」される所得と「分離課税」される所得に区分されます。

　「総合課税」は所得を合算して課税所得を計算する課税方式です。「総合課税」される所得は利子所得・配当所得（申告分離課税を選択しないものに限る）・不動産所得・事業所得・給与所得・雑所得（先物取引に係るものを除く）・一時所得・総合譲渡所得となります。

　一方「分離課税」は他の所得とは合算せずにその所得だけに一定税率を掛けて税額を計算する課税方式です。「分離課税」される所得は不動産・株式等の売却に係る譲渡所得・先物取引に係る雑所得・山林所得・退職所得となります。どうしてこのような区分をするのかというと分離課税が適用される所得は「毎年確実に入ってくる所得ではない」という認識がなされているためです。給与所得や不動産所得・事業所得等は毎年発生する所得であり，経常的な所得といえます。しかし，不動産の譲渡所得や退職所得等の非経常的な所得を経常的な所得と合算すると，その年の所得が一時的に増えてしまい，超過累進税率によりその年の所得税額が極端に増加してしまう恐れがあります。そこで課税区分を分けて所得税の税負担を軽減しているのです。

　所得税の税率は，以下のようになっています。

【所得税の税率と速算表】　　　（単位：円）

課税総所得金額等		税率(%)	控　除　額
超	以　　下		
	1,950,000	5	0
1,950,000	3,300,000	10	97,500
3,300,000	6,950,000	20	427,500
6,950,000	9,000,000	23	636,000
9,000,000	18,000,000	33	1,536,000
18,000,000	40,000,000	40	2,796,000
40,000,000		45	4,796,000

第❸章　個人病医院特有の実践税務

【分離課税される所得の税率】

所得の種類	所得の内容	区　　分	税率（％）		備　　　考
			所得税	住民税	
分離課税の譲渡所得	土地・建物譲渡所得	所有期間5年以下	30	9	
		所有期間5年超10年以下	15	5	
		所有期間10年超	10	4	軽減税率特例の要件に該当する場合に限る
	株式等の譲渡所得	上場株式等	15	5	
		未公開株式等	15	5	
雑　所　得	先物取引に係るもの		15	5	
山林所得		超過累進税率適用			5分5乗方式（課税山林所得金額×1／5×超過累進税率×5）
退職所得		超過累進税率適用			課税退職所得金額×超過累進税率

※　復興特別所得税（所得税額×2.1％）が別途加算される。

2　個人病医院の所得

(1)　個人病医院の収入と所得区分

　個人病医院を営む場合に生ずる収入としては，①事業所得になるもの，②給与所得になるもの，③雑所得になるもの，④一時所得になるもの，⑤譲渡所得になるもの等があります。

①　事業所得

　事業所得になる収入には，社会保険診療収入，自由診療収入，雑収入の3つがあります。

②　給与所得

　給与所得になるものには，地方公共団体の依頼により地方公共団体の設置した

89

病院・保健所等に出向いて行う予防接種等の診療手当，夜間診療，成人病検診，学校医・嘱託医・幼稚園医・産業医等の派遣医手当（自己の病医院以外で行うものに限る）や地方自治体等の委員手当等があります。

③ 雑 所 得

雑所得には，原稿料，講演料，日本医師会年金制度に基づく終身年金や厚生年金等の公的年金，還付加算金等があります。

④ 一 時 所 得

生命保険や損害保険の満期保険金や解約返戻金，日本医師会年金制度等に基づく中途脱会一時金等があります。

⑤ 譲 渡 所 得

医療用器具・備品の譲渡代金，事業用固定資産（土地・建物等）の譲渡収入，ゴルフ会員権や株式等の譲渡収入

(2) 収入金額と税務処理

① 保険等査定増減と税務処理

個人病医院の場合，社会保険の診療収入に対して源泉税（審査確定金額から20万円控除した金額に対して10.21％の源泉税）が徴収され，控除後の金額が指定銀行に振り込まれてきます。そして，社会保険診療報酬支払基金から１年間のレセプト決定金額と徴収された源泉税額が記載された支払調書が翌年の２月下旬ごろ各医療機関と所轄税務署に送付されます。個人病医院の確定申告は，この支払調書を添付するため，11，12月のレセプト請求額に査定増減があると，この査定増減を決算で修正しないと，年間の収入計上額と支払調書の支払額とが一致しないことになります。税法上，診療報酬の収入計上時期は，その診療行為等の役務の提供等を完了したときとされていますが，11月，12月分に再請求できるレセプトがあっても，11月，12月のレセプト入金額をもって診療収入を計上し，支払調書の収入金額と決算書の収入金額を一致させて申告しても，実務的には大きな問題はありません。もちろん，11月，12月分の再請求金額を収入に計上し，支払調書より，決算の収入計上金額の方が多ければ，税金は若干多くなりますが，より税法に準拠した収入金額となります。

第❸章　個人病医院特有の実践税務

② 窓口徴収過不足の税務処理

イ　社会保険診療報酬

　レセプト請求額について増減通知があった場合，それに伴い窓口負担金について過不足が生じます。これについては，患者に対して超過分を返金するか，不足分を徴収しなければならないとされていますが，ほとんどの医療機関では返金や徴収がなされていません。また，レセプト請求時，改めてレセプト内容を点検し，誤り等を修正して支払基金等に請求するため，診療時点のレセプト点数と請求時のレセプト点数が若干違っていることも実際には多く見られます。さらに，職員，家族，友人等に対して，窓口負担金を一部免除していることもあります。そのため，ほとんどの場合，実際の入金金額は，レセプト決定通知書から算出される窓口負担金額の理論値より少ない金額になっています。実額で申告する場合，理論値との差額が若干の違いであれば，大きな問題はありませんが，無視できない差額がある場合は，収入を計上し，差額の要因によって，次のように経理処理します。

差　額　の　要　因	経　理　処　理
職員への免除	福利厚生費
家族・親戚	店主貸
友人や知人	交際費
原因不明	診療値引き，雑損

　なお，概算経費の特例を適用し，申告するときは，徴収不足額は必要経費には計上できないので，窓口負担金の金額は理論値の金額となります。

ロ　自由診療収入

　家族や親戚に行った自由診療について，あえて計上する必要はありません。

　ただし，診療に際して薬品材料等を使用している場合は，一般患者からもらう金額の70％以上を収入に計上してあれば税務上，問題ありません。

91

(3)　必要経費とは

　収入から必要経費を控除して所得金額を算出しますが，この場合の必要経費とは，収入を得るために直接的にかかる経費のことです。例えば，薬品や診療材料等のように診療収入に係る売上原価や，検査委託費のように診療収入を得るために直接要した費用ということです。収入に直接的に結びつかない間接的な費用は，原則として必要経費にはなりません。ロータリークラブの会費や仕入業者とのゴルフ代は，収入を上げるために直接必要な費用ではないので必要経費にはなりません。経営税制が適用される医療法人の場合は，収入を上げるために間接的に必要な費用も税務上の費用として認められますが，個人病医院の場合は，生活税制である所得税が適用されるため，税法上認められる費用の範囲がかなり厳しくなっている点に留意してください。そのため，家事関連費用についても，取引の記録等に基づいて事業所得を生ずべき業務の遂行上直接必要であったことが明らかにされる部分に相当する経費及び減価償却費が必要経費に算入され，これら以外の経費は必要経費に算入しない旨が規定されています。したがって，必要経費を計上する場合は，収入を上げるために直接かかった費用であることがわかるように書類等を整備しておかなければなりません。

(4)　事業用資産の譲渡

　事業用資産の譲渡は事業所得ではなく，譲渡所得になります。

　原則として，医療器械や乗用車等の業務用資産を譲渡した場合，その資産の売却益や売却損は事業所得ではなく譲渡所得として計算します（所法33②）。ただし，薬品材料等の棚卸資産を譲渡した場合や事業用資産でも10万円未満のもの，一括償却資産で処理したものを譲渡した場合は事業所得として計算します。

　なお，業務用資産の譲渡所得は次のように算出します（所法33③）。

　　　収入金額－必要経費（取得費＋譲渡費用）－特別控除（50万円）

　　　　＝譲渡所得（総合課税）

　したがって，譲渡益が出ても特別控除を適用すると譲渡所得が生じないことがあります。医療器械や乗用車を売却するときは，このことを理解して売却価額を交渉すると節税ができます。

第❸章　個人病医院特有の実践税務

3 青色申告とその特典

(1) 青色申告とは

　青色申告とは毎日の取引をきちんと帳簿に記帳し，その帳簿に基づいて正しく税額を計算し，青色の申告書で申告する制度です。青色申告をするためには，必要な帳簿を備え付けるとともに「青色申告承認申請書」を青色申告をしようとする年の３月15日までに（１月16日以降，新たに事業を開始したときは，始めた日から２か月以内）に税務署へ提出しなければなりません。

(2) 記帳の仕方

　青色申告者には記帳とその帳簿の７年間の保存が義務付けられています。記帳方法には，２つの種類があります。
　　①　正規の簿記に基づく複式簿記
　　②　簡易簿記
　個人病医院の場合，正規の簿記に基づく複式簿記により損益計算書と貸借対照表を作成できる記帳を行えば，65万円の青色申告の特別控除が受けられます。損益計算書の作成のみで，貸借対照表を作成しない簡易簿記の場合は，青色申告の特別控除は10万円となります。

(3) 青色申告の特典

　青色申告をすると税法上多くの特典が受けられるので，白色申告に比べて税金が安くなります。現在約50項目ある特典のうち，主なものは次の通りです。
　　①　青色申告特別控除
　　　　次の２種類の控除の適用があります。
　　　イ　10万円　　　ロ　65万円
　　②　青色専従者給与，家事関連費が必要経費に算入できる
　　③　損失が出たときは，翌年以降３年間に繰り越して損失額を控除できる
　　④　医療器械の特別償却ができる

93

⑤　30万円未満の少額減価償却資産を累計300万円まで全額必要経費に算入できる

⑥　帳簿調査に基づかない推計課税による更正が行われない

⑦　更正通知書に，更正の理由の付記がなされる

⑧　更正があった場合，異議申立て又は直接審査請求の選択ができる

ほとんどの個人病医院は経理を顧問税理士に委託して，青色申告をしているため，実務的には青色申告の特典をいかに上手に利用するかが節税のポイントとなります。

4　措置法26の概算経費率

(1)　概算経費の特例制度

個人病医院の事業所得の経費を計算する場合，実額計算だけでなく，社会保険診療報酬の「概算経費の特例」を適用することができます。「概算経費の特例」とは，措置法26に規定する「保険診療報酬に対して計上できる経費」の特例計算をいいます。具体的な内容としては「社会保険診療報酬が年間5,000万円以下の場合に，その社会保険診療報酬に対して一定の計算による概算金額を必要経費等とすることができる」というもので，下表に掲げるように，社会保険診療報酬の額に応じて57％から最高72％の経費を，実際に支出した金額にかかわらず所得の計算上控除することができます。

ただし，平成25年の改正により，その年の医業及び歯科医業に係る収入金額が7,000万円を超える場合は，適用対象から除外されることとなりました。

【概算経費率の速算表】

社会保険診療報酬の総額（年間）	概算経費率の速算式
2,500万円以下の場合	社会保険診療報酬×72％
2,500万円超～3,000万円以下の場合	社会保険診療報酬×70％＋500千円
3,000万円超～4,000万円以下の場合	社会保険診療報酬×62％＋2,900千円
4,000万円超～5,000万円以下の場合	社会保険診療報酬×57％＋4,900千円

第❸章　個人病医院特有の実践税務

　この特例制度は，医療機関に対する細かな経理事務の負担を軽減することを目的に制定されたもので，昭和29年から昭和53年までは一律72％概算控除の特例が設けられていましたが，昭和54年度の税制改正で概算経費率が段階的（72～52％の５段階）に改められ，さらに昭和63年度の改正において収入金額が5,000万円を超える医療機関には適用できなくするという経過をたどって現在に至っています。

　なお，社会保険診療報酬の範囲は限定されており，次の通りです（措置法26②各号）。

①　健康保険法，国民健康保険法，共済組合法，高齢者医療確保法，母子保健法，児童福祉法等

②　生活保護法等

③　精神保健及び精神障害者福祉に関する法律等

④　介護保険法

⑤　障害者自立支援法

⑥　児童福祉法

　したがって，保険診療と同等の基準で徴収した診療報酬や療養費であっても，措置法26②各号に掲げる法律によらない収入は，税務上は自由診療収入として取り扱われます。

(2)　措置法26の仕組み

　クリニックの事業所得の収入金額の種類により計算方法が，以下のように異なります。

①　社会保険診療報酬のみの場合

　　社会保険診療報酬額×概算経費の速算表（上表）＝概算経費

②　社会保険診療と自由診療報酬がある場合

95

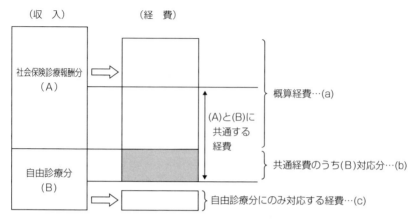

(a)+(b)+(c)=経費

イ 固有経費の把握

　事業所得の収入に社会保険診療報酬分と自由診療分がありますが，その場合，いずれの収入に係る経費であるか明らかにわかる経費（固有経費という）をまず，把握します。

　固有経費としては，

　　事業税及び消費税（自由診療分）

　　レセプト請求事務委託料（社会保険診療分）

　　未収金の貸倒損失（社会保険診療分，自由診療分が個別にわかる）

　　ワクチン代等の自由診療のみ用いる薬品費

　　個別管理をしている外注費（社会保険診療分，自由診療分）が挙げられます。

ロ 自由診療割合を計算

　社会保険診療報酬分と自由診療分のいずれの収入に係る経費であるかの区分が明確でない共通経費については，使用薬価の比率，延べ患者数の比率等の適正な基準により区分します。しかし，実務上は，こうした比率を出すことは極めて煩雑になるため，通常，社会保険診療報酬収入（窓口収入も含む）と自由診療収入の合計額に占める自由診療収入の割合を算出します。

ハ 調整率と自由診療分の経費の算出（図(b)の計算）

　共通経費に自由診療割合と調整率を乗じて自由診療分の経費の額を計算し

第**❸**章　個人病医院特有の実践税務

ます。

【自由診療に対する診療科目別調整率】

診　療　科　目	調　整　率	診　療　科　目	調　整　率
内　　　　　　科 耳 鼻 咽 喉 科 皮　　膚　　科 呼 吸 器 科 等 右記記載以外の診療科目 　（「美容整形」は除く）	85%	眼　　　　　　科 外　　　　　　科 整 形 外 科	80%
		産 婦 人 科 歯　　　　　　科	75%

なお，診療科目が２つ以上ある場合の調整率はそれぞれの収入割合を加重平均して求めます。

（計算例）　内科の収入割合…60%，眼科の収入割合…40%の場合

　　　　　　　　　　（調整率）　　（収入割合）

　　　　内　科　　85%　　×　　60%　＝　51%　①

　　　　眼　科　　80%　　×　　40%　＝　32%　②

　　　　　　　　　　　　　　①＋②＝　　83%　（加重平均後調整率）

⑶　措置法26と青色申告特別控除

　青色申告者が，社会保険診療報酬の所得計算の特例（措置法26）の適用を受ける場合の青色申告特別控除額の計算は，社会保険診療報酬に係る所得を除外したところ，つまり，自由診療に係る所得金額を基に限度額を計算して控除します。社会保険診療報酬に係る所得は，措置法の適用で有利に算出されているので，社会保険診療報酬に係る所得には，青色申告の特別控除はできないということです。

　　　自由診療に係る所得＝自由診療に係る収入－自由診療に係る経費

　　　　　　　　　　　　　　－青色申告特別控除額

⑷　具体的な節税額

　Ａクリニック（皮膚科）は保険診療がほとんどです。本年の保険診療収入と保険外収入，またそれぞれに係る経費は下記表の「実額による場合」のようになっています。

97

	【年間収支計算】 （単位：千円）	
実額による場合	項　　　目	概算経費特例
45,000	保 険 診 療 収 入	45,000
1,000	自 費 収 入 等	1,000
46,000	計	46,000
25,000	保険収入にかかる経費	30,550
500	自 費 固 有 経 費 自 費 配 賦 経 費	500 460
25,500	経　　　費　　　計	31,510
20,500	利 益 金 額	14,490
7,454	税 金 額*	4,695

＊　所得税，住民税のみ。所得控除は考慮しない。

このように，概算経費を選択した場合には，実額の計算による場合と比べ計上できる経費が601万円も増え，結果として税金が276万円ほど節約になります。

一般に経費の少ない比較的小規模なクリニック等がこの制度を利用すると有利になりますが，仮に多額の経費が発生した場合でも，その都度比較検討し，実額経費の方が有利であれば通常通り実額計算による申告をするようにします。

(5)　適用上の注意点

①　収受していない患者負担金

現実の窓口会計においては，従業員の診療費の減免等，種々の事情で患者負担金を満額受け取らないケースも少なくありません。しかし，概算経費の特例を選択した場合は，理論上の窓口負担額を算出し，この特例を適用することになります。

②　保険診療請求を故意に遅らせた場合

社会保険診療報酬は，診療行為完了主義及び発生基準で計上しなければなりません。したがって，診療行為が行われていながらレセプト請求だけ翌年回しにすることは，請求事務の単なる遅れにすぎないと判断されます。税務調査では，様々な記録から特に12月や翌年の1月窓口収入等を理論的に集計分析し，これを

申告収入金額，及び保険請求の内容と突き合わせる等のチェックが行われます。適用限度額の5,000万円を超えないために，故意の請求遅れをしたこと等が発覚した場合にはペナルティも重くかかってくることになります。

③　申告後の変更

実額経費で申告したが，税務調査で費用の一部が否認され，その分所得が増えたため，概算経費の特例を適用した方が有利になったとしても，概算経費の特例への変更申告は認められません。同様に，概算経費の特例を適用して申告したが，申告後，経費の漏れが見つかり実額経費による申告の方が有利になったとしても変更はできません。

(6)　経営上の留意点

①　収入を恣意的に調整しないこと

この制度は年間の社会保険診療報酬が5,000万円を超えると全く適用できなくなるため，この基準点を超えないよう休診して"調整"する先生もいらっしゃいます。しかし，この制度に拘泥するあまり極端な調整をすると，逆に意図せざる患者数の減少に陥るおそれがあります。特に年末は患者さんにとって医療機関に対するニーズが高まる時期であることも多く，そのような時期に休診すれば，地域での評判を落とす危険性もあります。ただ，使えるはずだった有利な制度をわずかの金額の差で使えなくなるということのないよう工夫することも経営上必要なことです。したがって，普段から自院の収入状況等について的確に把握しておくことが大切です。なお，保険収入の額はその年の収入で判定するため，法人成りした年の個人経営期間の事業所得の計算に，この特例制度を利用すると節税できるケースがよくありますので臨機応変に利用するとよいでしょう。

②　経営上必要な経費は使うこと

支出する経費を極力抑えることがこの制度を有利に使ううえで極めて重要になります。しかしその点にこだわるあまり，本来必要な投資に対しても消極的になりがちです。無駄なコストは削減すべきですが，設備や人材・研修等への投資は，「選ばれる医療機関」となるうえで不可欠な要素であり，節税のために競争力が失われていってしまったのでは本末転倒といえます。高齢になったので多額の設

備投資は控えていきたいとか，積極的な投資をして勝ち抜いていきたいとか，自院の経営方針を最優先して，結果的にこの制度をうまく活かしていくことが肝要です。

5　青色専従者給与と税務上の取扱い

(1)　専従者給与

　所得税では，事業主と「生計を一にしている親族」へ支給する給与は，原則として必要経費にはなりません。「生計を一にする」とは，簡単に言えば同じ財布のもとで生活していることをいいます。しかし，事業主と生計を一にしている15歳以上の親族で，その従事期間がその年を通じて事業期間の半分を超える場合には，専従者として（以下「事業専従者」といいます），その労働に対して支払う給与は，その事業主の必要経費に算入することができます。ただし，専従者に対する退職金は必要経費にはなりません。

　事業主が白色申告者である場合と青色申告者である場合とで，必要経費にできる金額が異なります。事業主が白色申告者の場合は，その事業に従事した事業専従者について50万円（配偶者の場合は86万円）までの控除額が認められています。一方，青色申告者の場合は，「青色事業専従者給与に関する届出書」を税務署に提出し，その支給した給与の額が適正額である場合に限り，必要経費に全額算入することが認められます。ここでいう適正額とは税法では，次の要件を満たすものをいいます。

　① 　税務署へ提出した届出書に記載されている方法と金額の範囲内で，青色事業専従者が支払いを受けた給与であること

　② 　その給与の額が，次に照らして，労務の対価として相当と認められる金額であること

　　イ 　労務の従事期間，労務の性質及び提供の程度

　　ロ 　自院の使用人に対する給与の支給状況との比較，同地域の類似規模の医院との比較

　　ハ 　自院の規模，収益の状況等

100

第❸章　個人病医院特有の実践税務

　なお，未払金で計上された専従者給与は，速やかに支払われないと，その部分は専従者給与として認められないこともあります。

　白色申告者の場合については給与額に上限があるので特に問題は発生しませんが，青色申告者については，上限が規定されていないため，専従者給与を多く支給すれば院長の所得が分散され，全体としての税金が少なくなります。そのため，税務調査では，専従者が無資格であると，専従者給与の額が適正であるか否かでよくもめます。否認されるとその過大部分の金額は経費に認められず，超過分は，事業主の所得に加算され，一方，専従者には贈与税が課税されます。

　否認されないためには，日頃の経理，給与計算，業者への支払業務だけでなく，銀行との打ち合わせ，経営税務セミナーへの参加等，従業員ではできない多大な貢献をしていることが分かる証拠をそろえておくことが大切です。

　なお，青色事業専従者給与の適正額の目安は，次の通りです。

①　専従者が医師である場合

　専従者の給与額は，事業主の所得と同じくらいか，若しくは若干低く定めます（レセプトの金額の比率を基に専従者の給与を決めるとより客観的になります）。

②　専従者が薬剤師等の資格を有している場合（事務経理を兼ねる場合）

　病医院の規模にもよりますが，薬剤師の給料プラス事務員の給料を総合的に勘案し決めることになりますが，年間800万円〜1,000万円ぐらいが妥当な金額と思われます。

③　専従者が特に資格を有していないが，事務員として働いている場合

　病医院の収益性等によりますが，院長の事業所得が2,500万円以上なら年間700万円〜800万円ぐらいが妥当な金額と思われます。

　専従者給与は，賞与という形で支給することも可能なので，経営状態を把握して，夏や冬の賞与額をはずむ等して節税を図ることも大切です。また生計を一にしていない親族に対する給与は，他の従業員と同様に必要経費となります。すでに家を出ているご子息にクリニックの事務等を手伝ってもらう場合は，勤務状況がしっかりわかる資料を残し，給与を支給すると節税対策にもなります。

101

⑵　親族に対する経費

①　生計を一にする場合

　所得税においては，生計を一にする親族に地代家賃や利息を支払っても，その経費は事業主の必要経費にはなりません。例えば，生計を一にする親族が所有する病医院の敷地や建物に対して地代家賃を支払っても，事業主の必要経費にはなりません。また，支払われた地代家賃は，その親族の不動産所得として扱われることもありません。つまり，実際に地代家賃のやりとりがあったとしても，税務上はその支払いはなかったものとして取り扱われます。ただし，生計を一にしている親族から借りている土地建物についての固定資産税，修繕費，減価償却費等は，地代家賃を支払っているかどうかに関係なく，自分の事業所得の必要経費にすることができます。また，親族から借りている建物取壊しにより生じた損失についても，自分の事業所得の必要経費にすることができます。

②　生計を一にしていない場合

　生計を一にしていない親族から病医院の敷地や建物を借りて支払う地代家賃や，運転資金等を借りた場合に支払う支払利息は，事業主の必要経費になります。また，受け取った親族については，地代家賃の場合は不動産所得の収入として，受取利息の場合は雑所得となります。つまり，親族であっても生計を一にしていない場合には，一般の貸し借りの場合と同じ取扱いを受けることになります。

6　家事関連経費と実践税務

⑴　家事関連費とは

　1階は診療所，2階は自宅としているような場合，水道光熱費，固定資産税，地代家賃，火災保険料等は，家事用部分と事業用部分が混在して請求され，支払いがされています。このような経費を家事関連費といいます。家事関連費を必要経費にするには，明らかな区分がなされ，その費用が事業に直接必要であることを立証する必要があります。

第❸章　個人病医院特有の実践税務

(2)　合理的な按分基準とは

　家事関連費を，合理的な按分基準によって必要経費になる金額を算出できれば，その金額が必要経費になります。

　合理的な按分基準として，次のような基準があります。

①　使用面積の割合で按分する

　設計図を基に，まず，事業で使用している部分の面積，家事に使用している部分の面積を区分し，その面積の割合で事業用部分の占める割合を算出し，金額を按分します。

　（例）　地代，家賃，修繕費，固定資産税，損害保険料，借入金利息，減価償却費

②　使用時間や頻度で按分する

　事業のために何時間使用したか，また，事業のためにどのくらいの頻度で使用したかを，ある一定期間測定し，事業用と家事用のおおよその割合を把握し，金額を按分します。

　（例）　電気料，水道料，ガス料，電話料

③　使用量割合で按分する

　車両の走行距離のように使用した量がわかるものであれば，使用した総量のうち事業のために使用した量の占める割合を算出し，金額を按分します。

　（例）　車両費，ガソリン代，自動車保険料・取得税・重量税

　このように按分基準を定めて，事業用の割合と家事用の割合を把握することになりますが，定めた割合が客観的に適正であることを立証しなければなりません。したがって，実務的には無理せず，説明して納得してもらえる割合にとどめておくことがポイントといえます。

(3)　紛らわしい家事関連費の取扱い

①　借入れの際に加入した生命保険料

　クリニックの建築資金を銀行から借り入れる際に締結した生命保険（契約者・被保険者＝院長，受取人＝院長夫人）の保険料は，事業設備投資のために強制的に加入された生命保険といえます。しかし，仮に院長が死亡され，保険金が受取人

103

の院長夫人に入ってくれば，妻子に承継された債務がその分軽減されるので，税務上は個人的な目的のために支払った費用とみなされ，事業のための必要経費とは認めていません。つまり，個人的にメリットを受ける費用は，たとえ，事業のために支出されたものでも事業用経費にはならず，全額が家事用として取り扱われます。

②　専従者しかいない場合の慰安旅行や残業食事代

従業員が妻である専従者しか在籍していなければ，税務上はサラリーマン家庭が行う通常の家族旅行と何ら異なる点はないとみなし，必要経費には認めてくれません。必要経費に認められるためには，客観的にみて事業遂行上必要であることを立証しなければなりません。この場合は，知人等の診療所の視察や経営相談を兼ねた研修旅行とし，証拠写真や報告書をしっかり残すことにより，診療所の運営や発展に必要不可欠な費用であることを立証できれば，必要経費になります。

第三者の従業員1人と院長夫婦が慰安旅行した場合は，従業員1人のため，海外慰安旅行はやはりご夫婦の個人的な慰安を兼ねたものとみなされる危険性があります。少なくとも従業員が2人以上，すなわち従業員の参加者が50％以上を占めていなければ，個人的な要望で行われた旅行とみなされると考えてください。この類の費用として残業食事代があります。通常，残業食事代は，業務遂行のために直接かかった費用とされ必要経費になります。また，通常の金額であれば食事をした者にも現物給与課税はされないことになっています。しかし，専従者のみしかいない場合は，税務上は日常生活の夕食代とみなされ，必要経費とは認められません。この場合も，従業員が2人以上在職し，残業のため食事をしたのでなければ必要経費にならないと考えてください。

③　医学部同窓会主催の旅行の参加費用

医学部同窓会であるので参加者は医師であり，旅行中に医学的な情報の交流や経営上の交換や経営アドバイスもあるかもしれませんが，個人的な親睦目的もあります。そして，参加費用のうち，業務遂行上直接必要な部分を明らかにすることができないため，参加費用は税務上家事費と判断せざるをえません。このような費用として，同窓会費，英会話研修費，共済負担金が挙げられます。しかし，同窓会主催の旅行でも，視察研修会を目的にしたもので，業務遂行上直接必要な

第❸章　個人病医院特有の実践税務

費用と親睦のための費用が明確に区分できるようになっており，事業用費用と家事用費用が明らかにわかれば，事業用費用の部分は必要経費にすることができます。

④　ロータリークラブの会費

所得税において，家事関連費が必要経費とされるには，業務上の必要性とその必要である部分が客観的に明らかでなくてはなりません。ロータリークラブの会員になり，地域の各種職業の経営者と親睦を深め，社会的信用を高めることは自院に何らかの利益をもたらすものと考えられます。しかし，ロータリークラブに加入していない院長も多数おり，業務上必要であるとはいいきれないこと，また，その必要である部分が不明確であるため，所得税の計算上は必要経費にはなりません。しかし，医療法人の理事長が加入するロータリークラブの会費は，交際費として取り扱われます。法人の場合は，直接必要でなくても，間接的に法人の事業に貢献する支出であれば損金として認める扱いになっているからです。ただし，交際費として取り扱われるため，損金算入できる限度額を設け，全額が損金になることがないように歯止めをかけています。

⑤　博士号取得のための授業料

博士課程の授業を受けることにより知識や技能がさらに高められたり，博士号の肩書きを取得することにより現状より信頼性が増し，患者数も増え，収入も増えることが見込まれたりするため，事業遂行上必要な経費になるという考え方もあります。しかし税務上は，博士課程の授業を受けることは，院長個人の自己研鑽に過ぎず，博士号を取って患者数が増えたとしても，その関連性は間接的なものであるとして，業務遂行上直接かつ通常必要なものとは認められず，必要経費とはなりません。一方，診療に直接必要な特定の技術や知識の習得のための研修費は，たとえ患者数が増えなくても必要経費として認められます。

⑥　子息の医学部授業料

子息の医学部の入学金や授業料は，必要経費にはなりません。事業を継続していくためには，息子さんを医学部に入学させ教育を受けさせる必要がありますが，確実に子息が院長の事業を継ぐかどうか不確定であること，また，それが確実であったとしても，院長が事業を行っていくうえで直接必要であるとはいえません。

105

税務上の取扱いを云々する前に，子供の就学費用は扶養義務者である親の子への教育費です。ただし，一般企業において海外留学制度があるように，医療法人であれば，常勤医師の息子さんが知識や技能をさらに高めるため，海外の医療機関に留学した場合の費用は，海外研修費として損金に算入することはできます。

7 交際費と必要経費

　交際費は，事業関係者等に対する接待，慰安，贈答等のためにする支出です。個人病医院の税務調査では，「経営に直接必要な交際費はないはず，交際費のほとんどは実質的には院長の個人的な経費であり，一歩譲ったとしても，間接経費である」と頭から決めつける調査官もいます。しかし，患者さん紹介のお礼，レントゲン読影のお礼，税理士へのお礼等のために支出される交際費は，収入増加，的確な診療実施，節税による経営資金の増加等，個人病医院の経営に直接結びついて経費として認められるものです。

　個人病医院の場合は間接的な経費は必要経費には認められないため，実務的には，接待飲食代の領収書に「患者甲の診療判断にアドバイスをもらったＡ先生に対するお礼」等と記載し，経営に直接必要な経費であることがわかるようにしなければなりません。

8 所 得 控 除

　個人の税金は，所得金額から扶養控除や生命保険料控除等各個人の状況に応じた金額を控除（所得控除）して算出されます。個人病医院の場合，この所得控除を上手に活用すると思わぬ節税効果があります。ここでは，老後の人生に役立ち，かつ節税にもなるものを紹介します。

(1) 小規模企業共済掛金

　小規模企業共済は，個人事業主や中小企業の役員が廃業し，退職した後の生活資金を予め用意しておくための共済制度です。加入できるのは常時使用する従業

員が20人以下（商業とサービス業は5人以下）の個人事業主と会社役員等です。院長や専従者が加入できます。ただし，医療法人の役員は加入資格がありません。

　加入すると月額1,000円から70,000円の掛金を納付することになりますが，この掛金は全額が「小規模企業共済等掛金」として所得金額から差し引くことができるため，限度額（月額70,000円）を毎月掛けた場合，年間84万円を所得から控除できます。最高税率に達している院長の場合には，所得税・住民税で年間47万円超の節税となります。掛金の前納制度を利用して1年分を前払いすれば，支払った年の所得控除になるため，決算間際の節税対策の特効薬にもなります。

　共済金の受取りは一時払い又は分割払いを選択することができ，税法上，一時払いの共済金は退職所得として，分割払いの共済金は公的年金等の雑所得として取り扱われ，受取時も税制上優遇されています。また，12か月以上掛金を納付していると，納付した掛金総額の範囲内で融資を受けることもできます。

(2)　国民年金基金掛金

　国民年金基金は，自営業者等国民年金の第1号被保険者を対象に，国民年金（老齢基礎年金）に上乗せした年金を受け取るための公的な年金制度です。院長や専従者が加入できます。厚生年金や共済組合の加入者（第2号被保険者）やその扶養者（第3号被保険者）は加入することができません。掛金は月額68,000円（年間816,000円）が限度額で，その掛金全額を「社会保険料控除」として，所得金額から差し引くことができます。また，年金受取時は公的年金等の雑所得の取扱いとなり，税制上優遇されています。

(3)　確定拠出年金掛金

　確定拠出年金は，平成14年にスタートした新しい年金制度です。あらかじめ拠出額（支払金額）を定めてその年金資産を加入者自身が選択した金融資産で運用し，その運用成績によって将来受け取ることができる年金額が変動するというものです。

　加入できるのは20歳以上60歳未満の国民年金第1号被保険者と一定の厚生年金保険の被保険者（第2号被保険者）です。掛金は月額5,000円以上，上限は国民年

金第1号被保険者の場合，国民年金基金の掛金あるいは国民年金の付加保険料と合わせて月額68,000円，第2号被保険者の場合は月額23,000円となります。掛金は「小規模企業共済等掛金控除」として，全額が所得控除の対象となります。給付については60〜70歳までの間に年金で受け取る場合は公的年金等の雑所得の取扱いとなり，一時金で受け取る場合は退職所得の取扱いとなります。この制度も年間最大で816,000円の所得控除を受けることができ，節税効果が大きいですが，運用リスクがあり，また加入者本人が死亡するか高度障害になった場合等を除いて途中での引出しはできないことに留意してください。

9 住宅ローン控除

住宅ローン控除とは，建物の床面積が50㎡以上であること等，一定の要件を満たす新築若しくは既存住宅を取得し，又は一定の増改築をして，取得又は増改築の日から6か月以内に居住の用に供した場合に，その住宅の取得又は増改築に係る住宅借入金に対し，居住の用に供した日の属する年ごとに定められた控除率を乗じて計算した金額を，その年の所得税額から控除することです。ただし，下記の①〜③の場合は住宅ローン控除の適用はありません。

① 合計所得金額が3,000万円超である場合

制度の適用を受けるためには法人化を行い，合計所得金額を3,000万円以下になるように役員報酬等の調整を行う必要があります。

② 住宅を配偶者や生計を一にする親族等から取得した場合

③ 居住年前後2年以内に，以前居住の用に供していた住宅を売却したことにより3,000万円の特別控除等の適用を受けた場合

売却したことにより損失が出た場合等については住宅ローン控除の規定は適用されます。

なお，居住の用に供した日が，2013年1月1日から2017年12月31日までである場合の控除率は1％，控除期間10年で最大400万円（その住宅が認定長期優良住宅に該当する場合には最大1.2％，控除期間10年で最大500万円）の控除が受けられます。

診療所併用住宅の場合，下記②の事項を満たせば，②の住宅借入金を控除額の

計算の基礎として，住宅ローン控除を受けることができます。

① その家屋の床面積の2分の1以上が専ら自己の居住の用に供されていること

例えば，1階の診療所が80㎡，2階の自宅が75㎡である場合には住宅ローン控除は受けられません。ただし，このような場合は自宅に外部から直接出入りできるように自宅部分を分離設計すると住宅ローン控除が適用されます。

② 控除額の計算の対象となる住宅借入金の金額は，借入金の年末残高にその家屋の総床面積に占める居住用部分の床面積の割合を乗じて計算した金額であること（図参照）

つまり，住宅借入金のうち，診療所の事業の用に供されている部分については，住宅ローン控除の対象にならないということです。

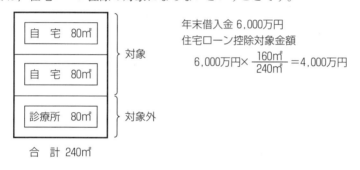

10　事業税

(1) 事業税とは

事業税は，個人及び法人が行う事業そのものに対して課税される税金です。地方税法により都道府県の課税条例に基づき課税されます。個人及び法人がその事業を営むためには，各都道府県の行政サービス（道路，警察，防災，環境保全等）等の恩恵を受けていることから，そのサービスに対し必要な経費の一部を負担すべきであるという応益的な考え方に基づき課税される税金といえます。事業税は，所得税，法人税，道府県民税，市町村民税等とは違い，租税公課として必要経費（損金）に算入することができます。

個人事業税の対象となる業種は全部で70業種に法定列挙されており，第１業種，第２業種，第３業種のいずれに分類されるかにより，それぞれの税率が課されます。

業 種 区 分	業 種 内 容	税 率
第 １ 業 種	物品販売業，製造業等	5％
第 ２ 業 種	畜産業，水産業等	4％
第 ３ 業 種	医業，歯科医業，薬剤師業，税理士等	5％
	あんま，はり，灸等医業に類する事業	3％

　医業は第３種事業に属し税率は５％です。事業税は申告納税制度をとっていますが，所得税の確定申告書あるいは住民税の申告書を提出した場合には，確定申告書を基に事業税を算出し，納付書を送付しますので，個人事業税については申告書を提出する必要はありません（地法72の55の２）。なお，個人事業税の納期は通常８月と11月となっています。税額が一定額（おおむね１万円）以下の場合は，いずれかの納期に一括して納付することになります。なお，税務調査で過年度の事業税が追徴された場合，追徴税額が確定した年の必要経費になります。

(2)　事業税の算出方法

①　税 額 計 算

　社会保険診療報酬は，公共性・非営利性の高い事業であることから，医業，歯科医業，薬剤業，その他医業に類する事業を行う個人の事業税の計算に当たっては，社会保険診療報酬から生じる所得に対して非課税措置が講じられています。つまり，社会保険診療以外の収入から生じる所得に対して事業税が課されることになっています。個人開業医の事業税は，下記の算式により計算されます。

　　　個人事業所得－社会保険診療報酬に係る所得※－事業主控除（年290万円）

　　　　＝課税標準（千円未満切捨て）

　　　※　社会保険診療に係る所得＝事業所得×（社会保険診療収入÷医業収入）
　　　　　課税標準×５％＝税額

【個人事業税の計算方法】

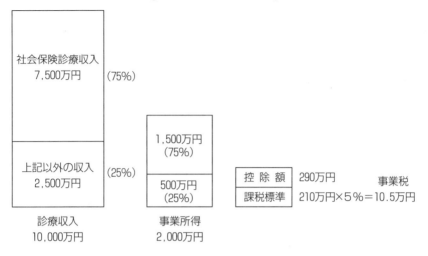

② 非課税対象になる社会保険診療収入

措置法26が適用される社会保険診療収入と事業税の非課税となる社会保険診療収入は同じ範囲のもので，限定列挙されています。限定列挙された以外の収入は課税の対象になります。

【非課税となる社会保険診療収入】
　　ⅰ　社会保険分の医療収入
　　ⅱ　精神保健及び精神障害者福祉に関する法律に係る収入
　　ⅲ　介護保険法に係る収入
　　ⅳ　障害者自立支援法に係る収入
　　ⅴ　児童福祉法に係る収入等

確定申告書に，非課税対象になる社会保険診療収入と課税の対象となる収入が明記されていないと税額を計算できないため，都道府県より「医師及び歯科医師等の社会保険診療等に係る収入金額等の明細書」が送付されてきます。社会保険等診療分と自費診療分及び診療分以外の収入金額を通知することになります。

③　その他の留意事項
　　ⅰ　事業専従者給与の控除
　　　　事業税では，所得税でいうところの青色事業専従者給与（その給与支給額

及び白色専従者給与（配偶者の場合は86万円，その他の場合は1人当たり50万円が限度）が認められています。また，「青色事業専従者給与に関する届出書」を所轄税務署長に提出していない場合にも，事業税においては全額経費に算入することが認められています。

ⅱ 青色申告特別控除は不適用

　個人事業税には，所得税の青色申告特別控除の適用はありません。

　特別控除する前の所得金額から計算します。

ⅲ 事業主控除

　税負担能力が比較的弱いといわれている個人事業主のために設けられた制度で，事業主の給与相当分を含んだ基礎控除的なものといわれています。控除額は年間290万円（事業期間が1年未満の場合は月割額）です。

ⅳ 繰 越 控 除

　イ 損失の繰越控除

　青色申告者で，事業の所得が赤字（損失）となったときは，翌年以降3年以内に生じた事業の所得からその損失額を差し引くことができます。

　ロ 譲渡損失の控除と繰越控除

　a 事業に使っていた医療器械や什器備品等を譲渡したために生じた損失額についても事業の所得の計算上，控除することができます。

　b 青色申告をした方は，翌年以降3年間繰越控除ができます。

11 個人病医院と相続税対策

　事業承継には，生前承継と相続承継があります。相続発生前に院長の座を後継者に譲ることを生前承継，相続が発生したため，院長の座が後継者に代わることを相続承継といいます。

(1) 生前承継と税務問題

　院長が交代すると，後継者であるご子息が開設者，管理者となり，診療報酬の医療機関番号も変わり，事業所得はご子息に帰属することになります。所轄税務

署への各種届出（事業開始の届出，青色申告の届出など）が必要になります。開設者（事業主）を変更する場合，父親が所有する診療所の土地建物や医療器械などの事業用財産をどのように扱うかが問題になります。事業用資産をご子息に移転するには，贈与や売買が考えられますが，贈与の場合は，贈与額が年間110万円を超えると贈与税が，売買の場合には買取資金や譲渡所得税が必要になるので，生前に事業用資産をご子息に移転することは，あまり得策とはいえません。そのため，通常はご子息に事業用財産を無償なり有償で使用させることになります。事業用財産を使用させる場合，ご子息と生計を一にしているか否かで税務上の取扱いが大きく違ってきます。

① 生計が一である場合

生計が一であるとは，生活費を同じ財布から使いあって暮らしているということです。ご子息が結婚していれば，通常は，生計を別にしているということになります。生計が一である場合は，父親に賃貸料を支払っても，必要経費にはなりませんが，無償（固定資産税程度以下の有償額も含む）で父親の事業用資産を借りた場合，事業用資産の減価償却費や父親が負担した維持費は，ご子息の事業所得の経費に取り込むことができます。したがって，生計が一である場合は，通常，事業用資産の賃借は使用貸借（無償）にします。また，診療に従事する前院長に支払う給与は専従者給与に該当するため，所轄税務署に専従者給与の届出書を提出しなければなりません。

② 生計が別である場合

生計が別で，事業財産を有償で借りる場合は，支払った賃借料はご子息の必要経費に，父親が受領した賃貸料は収入，父親が所有する事業用財産の減価償却費や維持費などは父親の必要経費になり，父親に賃貸による事業所得が発生します。無償で事業用財産を使用させる場合は，父親が所有する事業用財産の減価償却費や維持費などは必要経費にはなりません。なお，親がすでに契約しているリースや借入金などは中途解約が難しいため，通常，親から子への転借という形態を採り，ご子息が実質的に負担し，ご子息の取引とします。なお，診療に従事する前院長へ支払う給与は，一般職員と同様に必要経費になります。

113

【事業用財産を子供に貸す場合の取扱い】

	有償による賃貸借	無償による使用
生計が一	賃借はないものとされる	事業用財産の減価償却費や維持費は子の必要経費になる
生計が別	父親に賃貸による事業所得・不動産所得が発生	事業用財産の減価償却費や維持費等は子の必要経費にならない

　したがって，生計が別の場合には，事業用財産は有償で賃貸借し，生計が一の場合は，無償で使用させることがポイントになります。

(2)　相続承継と税務問題

①　承継前の事前準備

　相続が発生するまで，後継者である子が副院長として勤務すれば，副院長としての給与を受けることができます。院長と後継者が生計を一にしていれば，専従者給与に関する届出を所轄税務署に提出することにより，院長の必要経費とすることができます。また，生計を別にしていれば，通常の職員と同様に副院長の給与は，院長の必要経費になります。院長の高齢化に伴い後継者が診療のほとんどを行っていれば，後継者の給与が院長である父親の給与を上回ったとしても，税務上否認されることはありません。

②　効果抜群の後継者への退職金

　事業主である院長先生や院長夫人には退職金を支給できませんが，院長と後継者である副院長が生計が別であり，「院長の死亡に伴い副院長が退職する場合には退職金を支払う」旨を記した退職金規程があれば，副院長への退職金を必要経費とすることができます。生前承継より在籍期間が長くなるため，生前承継よりも多くの退職金を支給することができます。この退職金は相続税の納税資金や代償分割の原資として活用できます。

③　相続承継が有利

　税金の視点から生前承継と相続承継を比較すると，下記の理由から相続承継の方が有利となります。

　ⅰ）相続が発生するまで，後継者へ給与を支給することができるので，それだ

け相続承継の方が有利となります。

ⅱ）相続発生までの期間に応じた退職金を後継者へ支給することができるので，退職金の額も多くなります。

ⅲ）相続承継の場合，病医院の敷地に対する小規模宅地等の特例が使えます。

【個人病医院の承継方法】

項　　　目	生前承継する場合	相続承継する場合
承継方法	相続が発生する前に承継者が院長になる	承継者が副院長として勤務し相続が発生してから院長になる
開設者の変更	生前に変更する	不要，相続発生後にする
税務署等への手続き	新規開業として諸手続きが必要	不要，相続発生後にする
医療施設の承継	譲受けもしくは賃借する等の契約が必要になる	不要，相続発生後に相続して使用する
承継者への退職金	退職金は支給できない	退職金規定を設ければ，支給は可能
シームレスな医業の承継	容易	遡及措置が必要
相続税上のメリット	特になし	小規模宅地等の特例の適用が可能

第4章

医療法人特有の実践税務

1　医療法人の種類

(1)　医療法人と一般会社との違い

　医療法人は，医療法に基づいて，診療所や病院の開設を主な目的として設立される法人であるのに対して，株式会社等の一般会社は会社法で規定されている法人です。法人という意味においては，一般の会社が営利を目的として設立される営利法人であるのに対し，医療法人は診療行為を目的にした非営利法人であり，剰余金の配当や残余財産の分配が禁止（平成19年4月1日以降設立の社団医療法人）されていること，議決権が1人1票であることから，営利法人とは異なった税務上の取扱いがあります。したがって，株式会社の形態で診療行為をすることは医療法で違反とされています。しかし，医療法人といえども収益を上げることは変わりがないので，税務上，ほとんどの医療法人は原則的には営利法人と同様，普通法人として取り扱われます。

【医療法人の特徴】

	医療法人	株式会社	社会福祉法人
代　表　者	理事長（原則として医師・歯科医師）	代表取締役	理事長
情　報　開　示	社員・債権者に情報開示	株主・債権者に開示 貸借対照表を公告	利害関係者等に開示
監　査	通知で指導	資本金5億円以上の会社等については監査を受ける義務	通知で指導
主な業務内容	・医療保健業 ・本来業務に支障のない範囲内で行う一定の付帯業務 ・収益業務は不可	規定なし	・医療保健業 ・本来業務に支障のない範囲での公益事業 ・本来事業等の経営に充てることを目的に行う収益事業
法　人　税	課税	課税	原則非課税

第❹章　医療法人特有の実践税務

(2)　医療法人の形態

　医療法人は大きく分け，社団と財団があります。社団は，特定の目的をもった構成員（社員）の集合をもって運営される団体で，財団は，特定の目的のために提供された財産を設立者の意思に従って運営する団体です。

【形態とその数】

医　療　法　人			特定医療法人		社会医療法人	
財　団	社　団 （持分有）	社　団 （持分無）	財　団	社　団	財　団	社　団
386	41,027	9,453	48	328	34	205

平成27年3月31日現在　　資料：厚生労働省調べ

【医療法人の形態と特徴】

	財　団　法　人	特定医療法人	社会医療法人	社団医療法人 （持分有）	社団医療法人 （持分無）基金制度
根 拠 法 規	医療法39条	租税特別措置法67条の2	医療法42条の2	医療法39条 医療法附則10条	医療法施行規則30条の37
設　　　立	都道府県知事の認可	国税庁長官の承認	都道府県知事の認可	都道府県知事の認可	都道府県知事の認可
出 資 持 分	無	無	無	有	無
相続税評価	無	無	無	原則：評基通194-2	拠出時の金銭相当額
役員, 社員, 評議員の同 族要件	無　ただし実務上は3分の1以下	3分の1以下	3分の1以下	無	無
法　人　税	一般税率	軽減税率	原則非課税	一般税率	一般税率

2　持分なし医療法人の創設と意義

(1)　出資額限度法人の限界

　医療法人制度は，資本の集積と経営の永続性を目的に昭和25年に創設されました。しかし，旧厚生省のモデル定款のもと，持分がある医療法人として運営され

てきたため，相続税の問題や持分の払戻請求権の行使によって，医療法人の運営に大きな障害となっていました。そこで，考え出されたのが出資額限度法人です。

出資額限度法人とは，「持分あり」の社団医療法人で，定款に下記の規定がある医療法人です。

① 社員が退社するときに出資持分の払戻しを請求しても，払込出資額を限度とした金額しか払戻しを請求することができない
② 医療法人が解散するときの残余財産に対して払込出資額を限度とした金額しか分配を請求することができない
③ 払戻し後に残った財産は国や地方公共団体等に帰属する

しかし，出資額限度法人は「持分あり」の法人であるので，定款を変更して，出資持分に応じた払戻請求権や分配請求権を復活させることができます。国税庁はこの点を指摘し，出資額限度法人に対して通達を発表しました（平成16年6月8日付）。

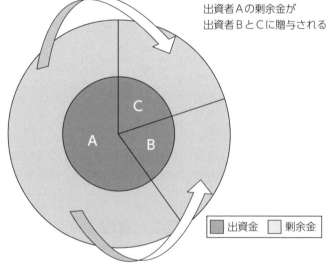

【剰余金の課税】

<出資額限度法人の税務上の取扱い>

① 従来型の医療法人から出資額限度法人へ移行しても，移行時には課税関係

は生じない

② 出資者が退社又は死亡した場合，本人又は相続人が出資額だけ払戻しを受けた場合は，他の出資者は払戻しを超える部分の財産の贈与を受けたとみなし，他の出資者に贈与税を課税する

③ 出資者が死亡し，相続人がその出資持分を相続した場合は，出資持分の相続税評価額の財産を相続したとみなし相続税を課税する

④ ただし，医療法人が下記の4要件をすべて満たす場合は，他の社員に対するみなし贈与税はなかったものとし，また，相続人は出資額のみを相続財産として相続したとみなす（医療法人のガバナンスに恣意性がないかを判断）。

　i 同族関係者の出資割合が50％以下

　ii 同族関係者の社員割合が50％以下

　iii 同族関係者の役員割合が3分の1以下

　iv 役員，社員，同族関係者に特別の利益の供与がない

しかし，これでは，多くの同族関係者から設立されている医療法人は，出資額限度法人に移行しても，相続税や持分の払戻し請求権の問題は解決できません。

(2) 持分なし医療法人創設の背景

厚生労働省は，第5次医療法改正で，「持分なし医療法人」以外の社団医療法人の設立を平成19年4月1日以降認めないことにしました。持分なし医療法人には，基金拠出型医療法人と基金のない一般の持分なし医療法人があります。持分なし医療法人は，残余財産が国や地方公共団体等に帰属することが定款に規定されています。基金に対しては，拠出した基金相当額しか返還することができない規定があります。また，「持分あり」から「持分なし」への移行は認められますが，「持分なし」から「持分あり」への移行は認められないため，国税庁の指摘する問題をなくしました。すなわち，新しい「持分なし医療法人」の創設により，社員は剰余金に対して何ら財産権を持たないため，出資額限度法人に対して国税庁が課している非課税の4要件を満たさなくても，剰余金に対する相続税や贈与税の問題はなくなりました。

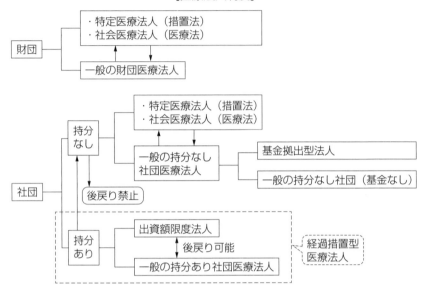

(3) 基金について

「持分なし」の社団医療法人であっても、設立時において純資産がプラス（資産が負債より大きいこと）でなければ、健全な運営はできません。設立時に拠出した純資産に対する取扱いについて、医療法は「基金」という概念を採り入れ、その取扱いを次のように規定しています。

① 基金の定義

「基金」とは、社団医療法人に拠出された金銭その他の財産で、拠出者に対して、定款に定めるところにより返還義務（金銭以外の財産は、拠出時の当該財産の価額に相当する金銭で返還する）を負うものです。つまり、基金制度は、剰余金の分配を目的としないという医療法人の基本的性格を維持し、かつ、その活動の原資となる資金を調達し、その財産的基礎の維持を図るという趣旨で設けられました。

また、基金は出資金とは違い、金銭消費貸借に近いものですが、法人の活動の原資となる資金で、返済期間もなく利息もつかない点で金銭消費貸借とも異なり、会計上も借入金などが計上される負債の部ではなく、純資産の部に計上されます。

第❹章　医療法人特有の実践税務

②　基金の返還

基金拠出型医療法人は，拠出者に対して，拠出時の価額に相当する金銭の返還義務を負っているため，基金を返還する場合は，定時社員総会の決議によって行わなければなりません。ただし，基金を返還するには，返還する金額に相当する剰余金が蓄積されていなければなりません。なお，特定医療法人や社会医療法人に移行する時は，基金を拠出者に返還若しくは放棄し，定款から基金に関する定めを削除することになります。

③　基金の売却損益と課税問題

基金は，有価証券ではなく劣後債権と見るのが相当であるため，基金を譲渡したときに拠出額より高く売却されたときの所得は，譲渡所得には該当せず，雑所得として課税するのが相当と思われます（所基通33−1）。また，売却で損が出たときや解散により拠出金の一部が返済されないことにより生ずる損失は，基金に利息を付さないことから，業務の損失から生じた損失に該当する余地がないので，所得の計算上，なんら考慮されない損失であると捉えるのが相当であると思われます。

(4)　基金拠出型医療法人のメリット・デメリット

【メリット】

①　基金拠出者に制限がない

　　基金拠出者は，個人・法人を問わないため基金拠出者を広く募集することができます。また，基金拠出者には非同族要件が付されていないため，理事長及び理事長親族のみが基金拠出を行うことも可能です。

②　相続税評価額が確定していること

　　基金は基金拠出時にその拠出金額が確定しており，相続発生時の拠出した基金の相続税評価額は，拠出した金額以上になることはありません。したがって，事業承継も容易に行えます。

③　使途に制限がない

　　資産の取得あるいは運転資金の調達として，基金を募集することが可能です。また，基金の返還条件をクリアしていれば現金預金が不足していても，

123

銀行から調達した資金を返済資金に充てることもできます。

④ 拠出額に制限がない

　基金の使途には制限が付されていないため，医療法人は土地や建物等不動産，医療機器，インフラ整備，運転資金等，必要とする資金を基金として調達することができます。

⑤ 利息を支払う必要がない

　医療法人は，拠出された基金に対して，利息を支払う必要がありません。

⑥ 基金の返還を無理なく行える

　基金は，借入金のように必ず返済しなければならないものではないため，安定した運営ができます。また，返還したときも，拠出者には課税関係が発生しません。

【デメリット】

① 拠出した基金には利息がつかない

② 余剰金が発生しても，持分がないので拠出しても財産価額が増えない

③ 医療法人が解散する場合に，債務超過になっていれば拠出した基金が戻ってこない

(5)　税務上の取扱い

① 基金拠出の取扱い

イ　現金預金を拠出した場合は，拠出者・医療法人とも，課税関係は生じません。

ロ　土地・建物を拠出

　土地・建物等を拠出した場合は，その資産の時価が受入価額として評価されるので，含み益のある資産を拠出した場合は，拠出したときに含み益が実現されたとして，拠出者に譲渡所得課税がなされます。

② 基金と相続税について

　基金の拠出者に相続が発生した場合，基金の相続税評価額は払込金額が限度となります。例えば，拠出した基金が100万円であれば，医療法人の財産価値が5億円になっていても，基金の相続税評価額は100万円と評価され，医療法人の財

第❹章　医療法人特有の実践税務

産価値が基金の額を下回り，60万円となれば，基金の評価額は60万円として評価されます。

③　法人税及び消費税の取扱い

　基金は，法人税法上資本金等の額の算出基礎となる「資本金の額又は出資金の額」に該当せず，出資ではなく劣後債務として取り扱われるため，基金拠出型医療法人は，「資本金ゼロの出資持分の定めのない法人」とされます。その結果，次のように従来の医療法人とは異なる取扱いを受けます。

イ　寄附金の損金不算入額は，所得金額のみで計算される

　　資本等の基準がないので，損金算入限度額は通常，従来の医療法人より大きくなり，有利になります。

ロ　交際費の損金不算入については，期末純資産の100分の60の金額を出資に準ずる額とみなして，損金算入限度額が計算される

　　基金拠出型医療法人の純資産が1.67億円超にならなければ，資本金1億円以下の従来の医療法人と同等の取扱いを受けることができます。

ハ　消費税が2年間不適用

　　消費税については，出資金がないため，特定期間の規定が適用されなければ設立後2年間納税義務がありません。従来の持分あり医療法人は，出資金が1,000万円以上であれば課税事業者として取り扱われ，設立一期目でも課税売上に対して消費税を納税しなければなりませんでした。

ニ　地方税の均等割については，各税率表の最低金額が適用される

　　従来の医療法人は出資金等の大きさで均等割の税金が決まりますが，出資金がゼロとして取り扱われるため，均等割の税金は通常少なくなり，有利になります。

3　医療法人のメリット・デメリット

(1)　医療法人特有の税制

　税法上，医療法人は，一般会社と比べ，次のような特徴があります。

125

① 留保金課税の不適用

同族会社が，利益が生じているにもかかわらず株主に配当せず，会社内部に利益を留保している場合，法人税法ではその留保金に対して特別に課税する規定があります。しかしながら，医療法人は余剰金の配当が禁止されているため留保金課税は適用されません。

② 中小企業事業承継の非上場株式の猶予制度の不適用

中小企業の後継者が，同族関係のある先代経営者から相続により株を取得し，承継した事業を継続した場合には，相続した株式の80％に相当する額の相続税が納税猶予となる規定があります。しかしながら，医療法人は中小企業基本法上の中小企業者ではないため，対象にはなりません。

(2) 医療法人の税務上のメリット

税法上，医療法人は，個人病医院と比較し，次のようなメリットがあります。

① 税率の構造の違いによるメリット

出資金１億円以下の医療法人の場合，現行800万円までの所得には15％，それを超える部分の所得には23.4％の法人税率が適用されます。これに対して，所得税の税率は５段階税率となっており，最高税率は4,000万円超に対して45％となっています。厳密には法人への法人住民税や個人への住民税等の影響を加味したうえで，個人形態が有利か，医療法人形態が有利か判断する必要がありますが，病医院の専従者給与前の所得が3,500万円以上になれば，税率の違いによるメリットが大きくなるので医療法人化を検討する必要があります。

【医療法人と中小企業者との関係】

区　　　　　分	税　　　　率	中小企業事業者
出資金１億円以下の医療法人又は持分のない医療法人で従業員常時1,000人以下	年800万円まで15％	適用できる
出資金１億円超の医療法人又は持分のない医療法人で従業員常時1,000人超	23.4％	適用できない

② 課税ベースが軽減するメリット

個人病医院の場合には，年間の事業から生じた所得に応じて事業主である院長

第**4**章　医療法人特有の実践税務

は所得税を負担します。これに対して，医療法人の場合には法人から役員報酬という形で収入を得るため，個人事業の場合の事業所得とは異なり，給与所得となり給与所得控除を受けることができます。給与所得控除の金額は役員報酬の金額によって異なります。ただし，平成28年分は給与収入が1,200万円を超える場合には230万円が上限となります（平成29年分以後は，1,000万円超は上限220万円）。したがって，3,000万円の利益がある場合，個人形態ですと3,000万円がそのまま課税対象になりますが，医療法人から役員報酬として3,000万円を得ている場合には，2,770万円が課税対象になるわけです。

【医療法人成りの検討シミュレーション】

法人化以前の事業所得	30,000千円
法人化以前の不動産所得	0千円
法人化以前の個人課税所得	30,000千円
法人化以前の個人所得税	9,397千円
法人化以前の個人住民税	3,000千円
法人化以前の税金合計	12,397千円

			ケース1	ケース2	ケース3	ケース4	ケース5
	報　酬　率		0.3	0.6	0.7	0.8	0.9
	報　酬　額		9,000	18,000	21,000	24,000	27,000
国　　　税	法　人		4,242	2,136	1,434	900	450
	個　人		973	3,722	4,782	6,008	7,233
	合　計		5,215	5,858	6,216	6,908	7,683
住　民　税	法　人		804	440	318	226	148
	個　人		690	1,570	1,870	2,170	2,470
	合　計		1,494	2,010	2,188	2,396	2,618
負　担　税	合　計		6,708	7,867	8,404	9,303	10,301
節　税　額				5,689	4,530	3,993	3,094	2,097

③　経費化できる金額が増える

個人病医院では必要経費とならなかったもので，医療法人になると経費化できるケースが多くあります。

127

イ　借入金の利息

　　個人病医院の場合は税金を支払うための借入金の利息は経費になりません。所得税は院長の個人的な支出であり，事業とは直接関係ないからです。これに対して，医療法人の場合は，納税も法人がその目的のためになす行為の1つであるので，税金を支払うための借入金の利息も，当然損金になります。

ロ　生命保険料が損金に

　　個人病医院の場合に，生命保険料は院長の家計費となるため必要経費とはならず，わずかに，生命保険料控除として最大12万円が所得から控除されるだけです。しかし，医療法人の場合には，契約者及び受取人を法人にすると掛捨て保険部分は法人の損金になります。

ハ　家族役員で所得を分散化

　　個人病医院の場合，親族に対する給与は原則として必要経費になりません。ただし，半分以上の時間を病医院の仕事に従事している場合は，その旨を所轄の税務署に届出することにより対価である給与（専従者給与）を必要経費にすることが認められます。そのため，専従者給与の額は厳しく取り扱われています。しかし，医療法人の役員報酬は，その事業に専従していなくとも職務を全うしていれば，その医療法人の収益性や他の同規模の医療法人の実態等を踏まえ，その額が相当であれば法人の損金として取り扱われます。その意味で，院長を含め親族が理事になれば個人時代より多くの金額を所得分散することができるようになります。

ニ　退職金も支給できる

　　個人病医院の事業主や専従者に対する退職金は必要経費にはなりませんが，適正な退職金規程に則った医療法人の役員退職金は損金となります。退職所得は勤続年数に応じた金額を控除して算出されるうえ，退職所得にかかる税率も低いので，大きな節税が図れます。なお，税法上認められている限度額いっぱいの弔慰金や（死亡）退職金が支給できるよう，生命保険等を利用し原資を作っておくことがポイントとなります。

ホ　交際費が増える

　　個人病医院の場合，交際費の必要経費の算入限度額は特にありません。し

かし，医療法人の場合，出資金の額により損金として認められる限度額が決まっています。このことだけを考えると，法人化は不利と思いがちですが，個人病医院では，家計費と事業費との線引きが明確にできない費用（飲食費やゴルフ代等）は，税務調査時において，事業に直接必要な経費ではないと判断され，否認されることがよくあります。一方，医療法人の支出する交際費については，基本的に法人業務遂行上の支出と考えるため，明確に個人の支出であるとわかる場合を除き，その経費性を否認されることは少ないといえます。

　ヘ　車両関係費は全額経費

　　車両関係費は個人病医院の場合，休診日等があるため全額必要経費にすることは困難です。しかし，自動車が医療法人名義であれば，減価償却費やガソリン代等の車両関係費は，原則として全額法人の経費として認められます。

　ト　出張手当が支給できる

　　内部的に旅費規程を作成することで，院長の出張の場合でも，定額の宿泊代や諸経費の実費のほか日当を支給することができます。日当は相当の額である限り旅費交通費として計上でき，支給を受けた側も非課税となります。

　チ　寄附金が計上できる

　　個人所得税において一般寄附金は必要経費となりませんが，医療法人が支払った寄附金については，所得金額等に応じて決められた限度額の範囲内であれば損金とすることができます。

④　**繰越損失が９年になる**

赤字が発生した場合，赤字の金額を９年間（平成30年４月１日以後に開始する事業年度は10年間）繰越しができるので，その後発生する黒字額と相殺し，各年度の課税所得を少なくすることができます。個人事業の場合は，赤字金額は３年間しか繰越しが認められません。

⑤　**事業承継が容易になる**

持分なしの医療法人はもちろんのこと，持分ありの医療法人でも財産権の承継が出資持分の承継でできるため，比較的容易に事業承継対策をとることができます。また，病医院を第三者に譲渡する場合，出資持分を譲渡すればでき，しかも

129

譲渡益に対する税率が20.315％の分離課税で済みます。

⑥ **事業税も大幅に軽減される**

個人病医院の場合は，病医院の全体利益をベースに事業税が算出されますが，法人の場合は，役員報酬を支払った残りの法人利益について事業税が算出されますので，医療法人になると事業税は大幅に軽減されます。産婦人科や自賠責等の自費が多い整形外科等が法人化すると，大きなメリットがあります。

(3) その他のメリット

① 財務の側面

イ　事業部門と家計部門が明確になるため，資金管理が容易になります。

ロ　社会保険診療報酬から控除されていた源泉所得税が控除されずに入金されますので，その分，期中の資金繰りが楽になります。

ハ　法人として社宅や保養所等の施設を所有することができるので，個人の資金を使わずに施設を利用することができます。

ニ　法人が所有する不動産を担保に融資が受けられるので，個人の不動産を担保に供する必要がなくなります。

② 経営の面

イ　分院やサテライトクリニックのような多店舗展開ができるようになります。

ロ　理事長に相続が発生しても，開設者は医療法人であるため新たに開設許可を受けることなく診療を継続することができます。

ハ　比較的容易に事業承継対策をとることができます。

(4) 医療法人のデメリット

デメリットとしては，次のようなことがあります。

① 医療法人になると，個人事業の時より税務調査が多くなる可能性があります。

② 医療法人も営利法人と同様に捉えるため，役員や従業員への貸付けは，利息を取らなくてはなりません。

③ 事業部門と家計部門が明確に区分されるため，事業資金を勝手に家計部門

に利用することができなくなります。

④　理事長も含め社会保険の加入が強制となるため，社会保険料の支払負担が増えます（ただし，医師国保の継続加入は可能で，法人成り前に医師国保に加入することがポイントです）。

⑤　持分ありの医療法人の場合は，剰余金の配当が禁止されているので，含み益の発生した資産や剰余金の留保が多額に発生していると，出資持分に対する相続税が多額になります。

(5)　残余財産とは

　持分なし医療法人は，解散時に残余財産がある場合，その残余財産は拠出者に帰属させることはできず，国や地方公共団体等に渡さなければなりません。この規定を表層的に理解して，持分なし医療法人には魅力がないと決めつけている院長もおられますので，ここで「残余財産」とは何かをしっかり理解するようにしてください。「残余財産」とは，理事長等が解散を思い立ち，社員総会で法人としての解散意思決定し，その後，債務を返済し，すべての債務を完済したのちに残った財産です。したがって，解散を思い立ってから債務の完済までには相当の時間を要します。この過程で，残余財産がゼロになっていれば，国や地方公共団体等に渡す財産はないことになります。また，そもそも解散とはどのようなときに意思決定されるものであるかも考える必要もあります。医療法人の解散事由としては，後継者がいない，赤字で運営を継続できない，不祥事等による解散命令等が挙げられます。赤字で経営が継続できなければ，通常，残余財産はマイナスになっています。また，後継者がいない理事長は解散時点を自分で決めることができます。それゆえ，事前対策を行えば残余財産が大きな問題になることは実際にはあまりないのです。

(6)　持分なし医療法人を上手に使いこなす方法

　剰余金の配当が禁止されているため，経営が順調にいけばいくほど，また所有する土地等の含み益が増大するほど，剰余金が増大し，持分あり医療法人では，出資持分の評価額も増大するため，相続税や払戻請求権行使の問題で大きな負担

が強いられるというデメリットがありました。しかし，「持分のない」基金拠出型医療法人であれば，拠出された基金の額を限度とした負担しか強いられないため，医療法人の永続性を阻害する大きな障害物はなくなりました。

したがって，医療事業を積極的に展開し，長く将来にわたって継続していきたいという考えであれば，医療事業にかかわる建物や敷地等は医療法人で所有し，事業規模を拡大していくことが新しい医療法人制度によってやりやすくなりました。また，出資持分の払戻請求問題や相続税問題を回避するために，非同族関係者割合を高めた社員や役員の構成にする必要もないため，理事長を中心とする一族が強い団結力で医療法人を運営して，厳しさを増す競争時代に勝ち残ることもできます。

一方，医療事業は後継者がいないため一代で終わる予定の場合は，残余財産が残らないように経営を展開することがポイントとなります。そのためには，医療事業にかかわる建物や敷地は法人ではなく個人で所有し，また，法人利益を予測しながら賃貸料や役員給与を調整し，毎年発生する剰余金があまり大きくならないようにします。なお，医療法人を解散するときは，残余財産がゼロになるように理事長や各理事に税務否認されない役員退職金を支給します。持分なし医療法人は，MS法人との取引も税務上認められるので，MS法人を利用することによって合法的な節税対策を展開することもできます。

4 届 出 手 続

医療法人を設立した後には，各機関ごとに様々な書類を提出しなければなりません。

提出書類内容と提出期限は，以下の通りです。

(1) 保健所に提出するもの

① 病院・診療所開設許可申請

② 診療所開設届……開設許可後10日以内

③ 診療所廃止届け（個人診療所分）……開設許可後10日以内

④　登記事項の届出書……登記日より2週間以内

(2)　厚生労働省地方厚生局に提出するもの

①　保険医療機関指定申請書……開設届提出後

②　保険医療機関遡及指定願……開設届提出後

③　保険医療機関廃止届（個人診療所分）……①と同時

(3)　社会保険診療報酬支払基金，国民健康保険団体連合会に提出するもの

・　保険医療機関届

(4)　社会保険事務所に提出するもの

・　健康保険・厚生年金保険新規適用届……事業開始後5日以内

(5)　労働基準監督署に提出するもの

①　労働保険関係成立届……事業開始後10日以内

②　労働保険概算保険料申告書……事業開始後10日以内

(6)　ハローワークに提出するもの

・　雇用保険適用事業所設置届……社員雇用後10日以内

(7)　税務署等へ提出するもの

①　法人設立届出書……登記日から2か月以内

②　青色申告承認申請書……最初の事業年度終了の日の前日又は設立日から3か月を経過した日の前日のいずれか早い日

③　棚卸資産の評価方法の届出書……設立後最初に到来する確定申告期限

④　減価償却資産の償却方法の届出書……設立後最初に到来する確定申告期限

⑤　給与支払事業所等の開設届出書……事務所開設日から1か月以内

⑥　源泉所得税の納期の特例の承認に関する申請書……提出時期の定めなし

（提出した日の翌月に支払う給与から適用）

　このように，医療法人設立後には，各機関に対し多くの書類を提出しなければ
ならず，さらに，提出の際，添付書類が必要な場合もあります。届出に漏れが生
じないよう，提出期限，添付書類等を事前にしっかり確認をすることが必要です。

【発信主義と到達主義】

発信主義が適用されるもの	法人税等の確定申告書
	開　業　届
	青色申告承認申請書
	償却方法の変更申請書
	源泉所得税の納期の特例承認申請書
	消費税課税事業者選択・選択不適用届出書
	消費税簡易課税制度選択届出書　等
到達主義が適用されるもの	青色事業専従者給与に関する変更申請書
	消費税課税事業者届出書　等

【期限の特例】

　申告，申請，請求，届出その他書類の提出，通知，納付又は徴収に関する期限
が，土日や祝日の場合は，国税通則法10条（期限の特例）によりこれらの日の翌
日をもってその期限とみなされます。

　ただし，提出期限等が課税期間の初日の前日までとされている届出書について
は，該当日が日曜日等の国民の祝日に当たる場合であっても，その日までに提出
がなければそれぞれの規定の適用を受けることができません。例えば，消費税簡
易課税制度選択届出書は，適用事業年度の前日までに提出しなければなりません
ので，期限の特例の適用はありません。

5　医療法人成り時点の実践税務

(1)　個人病医院を廃止した年

　法人成りに伴い個人病医院を廃止した場合，法人成りした年の1月1日から個
人事業を廃止した日までの事業所得に，医療法人から受け取った役員報酬（給与

所得）を加え，廃止した年の確定申告をします。その際，次のような税務上の問題が発生します。

① 廃止時における貸倒引当金の戻入れのみを行い，廃止時の貸金等に対して貸倒引当金を計上することはできません。

② 従業員について退職金規程があれば，原則として個人事業廃止時に退職金が支払われることになります。従業員は法人成り後も医療法人の従業員として就業することになるので，個人時代の勤続年数を法人に継続し，退職金を支払わない方法を選択することもできます（法基通9－2－39）。どちらの方法を採るかは，経営者と職員の合意によりますが，法人成り後，1～2年以内で多額の退職金が発生した場合は，法人の損金ではなく，個人病医院時に発生した債務であるとして，個人の確定申告を更正するよう求められることもあります。

③ 法人成り後に支給した賞与は，個人病医院を廃止するまでの期間と法人成り後の期間に按分して計上することができます。

④ 個人病医院を廃止するまでの社会保険診療報酬の収入が5,000万円以下で，かつ，社会保険診療報酬とその他の収入の合計額が7,000万円以下であれば，概算経費が認められます。

⑤ 廃止した年にかかる事業税の金額を推定し，廃止した年の必要経費に算入することができます。

⑥ 廃止した年の前年分に純損失が発生し，当年の所得と通算しても純損失が残る場合は，その純損失額を前々年に繰り戻して，所得税の還付請求ができます。

⑦ 医療法人に引き継ぐ資産は，法人に資産を譲渡したものとみなされ，譲渡金額は，消費税法上の課税売上高とみなされます（法人成り後，理事長個人が引き続き課税事業者である場合には，基準年度の課税売上高の関係に留意する必要があります）。

(2) 設立初年度の医療法人の税務

初年度，医療法人側には，次のような税務上の問題が発生します。

① 登記上の設立年月日から最初の決算日までが医療法人の第１期事業年度となります。医療法人としての診療開始日は，登記日より後になりますが，交際費の損金算入限度額や法人住民税の均等割り等を計算する場合の期間は，登記日から決算日までの月数となります。また，最初の決算日までに医療法人としての診療行為を行っていなくても，申告する必要がありますが，実務上は，収入ゼロ，財産の引き継ぎゼロということで申告することになります。

② 個人から引き継ぐ資産の価額は，引き継ぐ時点の時価とされますが，引継価格が時価より過大である場合は，その差額は役員への賞与や寄附金に相当するものとして，課税関係が発生します。

③ 個人から引き継ぐ償却資産は医療法人が個人から取得したということで，中古資産としての耐用年数が適用されます。また，簿価が30万円未満（年間300万円の月割りを限度とします）の償却資産は一時に損金計上することができます。

④ 設立時に引き継ぐ資産と負債の差額である純資産が拠出基金の金額に満たない場合は，その差額は理事長への貸付金となります。したがって，その返済が長期になる場合は，貸付金利息を計上しなければなりません。

⑤ 基金拠出型医療法人は，持分のない医療法人であるので，基金の額が1,000万円以上でも，特定期間の規定が適用されなければ設立以後２年間，免税事業者として取り扱われ，消費税の納税義務はありません。

⑥ 医療法人でも措置法26条が適用できるように開始時期や決算期を決めると個人，法人でダブルの節税が可能になります。

6 役員給与と実践税務

(1) 医療法人の役員報酬とは

　医療法人の役員報酬は，勤労の対価であり，適正額である限り損金として認められます。医療法上，医療法人は非営利性を原則としており，剰余金の配当が禁止されているため，役員給与が配当とみなされないようにしなければなりません。なお，不相当に高額な部分の金額や利益調整のための報酬は損金にならず，その

役員に対する賞与とみなされます。

適正な役員報酬とは，税法上，役員報酬が適正であるか否かは次の2つの基準から判断されます。

① 形式基準

定款の規定又は社員総会の決議による報酬の限度額を超えていないこと。

② 実質基準

上記②のほかに，個々の役員ごとに次の事項に照らしその職務の対価として相当であると判断されること。

イ　その役員の職務の内容，従事する程度，経験年数

ロ　その法人の業種・規模・所在地，過去数期間の収益の状況

ハ　自院の使用人に対する給与の支給状況との比較，同地域の類似の規模の病医院の役員に対する報酬の支給状況

実務的に問題になるのは，税務当局の「実質基準」による判断です。税法では，類似規模の法人と横並びでなくてはならないとされていますが，中小医療法人の場合，法人の収入は，理事長である院長の腕に大きく依存しており，単なる医療機関の規模による比準ができないのが現実です。経営的にみた場合，大袈裟にいえば「理事長である院長が自院の命」であるともいえます。また，個人の所得税の最高税率が45%（現行）に対して，法人税率の最高税率が23.4%（現行）と，法人税率の方が低いこともあり，実質基準で理事長報酬が過大であると判断され，否認された例はほとんどありません。ただし，医療法人が赤字で，その原因が理事長の役員報酬額に大いに関係する場合には，否認されても致し方ないといえるでしょう。

役員報酬額でよく問題になるのは院長夫人の役員報酬額です。役員報酬は役員の職務執行に対する対価であるので，職務執行の内容に対し，その報酬額が適正であるかどうかが判断されます。経営にあまり関与していないにもかかわらず，多額の役員報酬が支給されていれば過大報酬として否認されます。院長夫人の場合はあらぬ疑いがかけられやすいので，専従者給与の時と同様に，実務にかかわっていることを証明する証拠（帳簿書類等）を残しておくことが肝要です。

137

【医療法人の理事報酬と個人事業の専従者給与との比較】

	医 療 法 人	個人の医療機関
	理事報酬（役員報酬）	青色専従者給与
契 約 形 態	委任契約	雇用契約
条　　　件	理事会出席	労務の提供
職　　　務	委任された業務の遂行が必要	1日の2分の1以上就業時間の労働が必要
賞　　　与	原則，損金不算入。事前確定の届出をした場合には損金として求められる。	経費として認められる。
金 額 改 定	年1回，期首から3か月以内の改定のみ。	税務署に届け出れば1回とは限らない。
支 給 方 法	未払いであっても計上が必要。	未払計上は認められない。原則として現金支出が必要。
退職金の支給	認められる。	認められない。

(2)　役員給与の設定方法

　役員給与は原則として，規則的に定額が支給されるものについて損金算入が認められてきましたが，事前に支給額及び支給時期が確定している給与（特定時期の支給額が増額されていても損金算入が可）についても，新たに損金算入が認められるようになりました。しかし，その反面，役員給与の設定の仕方について厳格な取扱規定もできました。すなわち，規則的な定額支給とは「定期同額給与」であること，特定時期の支給額を増額するときは，所轄税務署に事前にその額等を届出（「事前確定届出給与」）することが必要になります。

(3)　定期同額給与とは

　定期同額給与とは，「1か月以下の一定期間ごとに，毎回同額が支給される役員給与」です。1事業年度の期首から12か月間，毎月同額の給与を支給していれば，もちろん「定期同額給与」となります。問題は，新たな事業年度を迎え，役員給与を変更する場合です。例えば3月決算の場合，5月の定時社員総会で前年度の役員給与月額100万円を150万円に変更承認された場合，従来は4月から遡っ

第❹章　医療法人特有の実践税務

て150万円に変更して，年間1,800万円（150万円×12＝1,800万円）とすることができました。しかし，改正によって，一度支給した給与を遡って変更することは，定期同額でないため認められなくなりました。

(4)　改定の時期の制限

　期首から3か月以内，かつ，改定前後で同額支給されれば，定期同額の給与として取り扱われます。例えば，3月決算であれば100万円から150万円に増額する場合（図Ⅰ），6月までに改定が行われて，かつ，増額前（100万円）と増額後の金額（150万円）がそれぞれ毎月同額である場合には，定期同額給与に該当し，支給総額1,700万円（100万円×2か月＋150万円×10か月）が損金になります。ただし，定期同額給与とされるには，改定後の最初の支給時期（図Ⅰの場合6月）から改定後の金額（150万円）を支給しなければなりません。改定だけを3か月以内に行い，支給は後回しとすると定期同額給与には該当しなくなりますので注意が必要です。また，改定時に減額する場合も増額と同様に，3か月以内の減額で減額後が毎月同額であれば問題ありません。

(5)　改定の否認とその額

　(4)の時期要件を満たさない給与については，一部が損金不算入となります。すなわち，改定前と改定後でそれぞれ毎月同額であった場合，改定前と改定後の差額が損金不算入となります。図Ⅱ，図Ⅲのように，11月に改定を行い12月の支給額から変更するケースでは，増額の場合（図Ⅱ）は，支給総額1,400万円のうち200万円（50万円×4か月）が損金不算入となります。また，減額の場合（図Ⅲ）は，総額1,600万円のうち400万円（50万円×8か月）が損金不算入とされます。このように，7月以降に改定を行うと増額の場合も減額の場合もそれぞれ全額損金とはなりませんので，期首から3か月を経過した日以降の増減はしないことが鉄則となります。ただし，経営状況の著しい悪化等によりやむを得ず減額せざるを得ない場合，役員の職制上の地位や職務内容の重大な変更があった場合には，その改定が期首から3か月以内に行われたかどうかにかかわらず，定期同額給与として扱われます。やはり，この場合も改定前後で毎月同額でなければなりません。

139

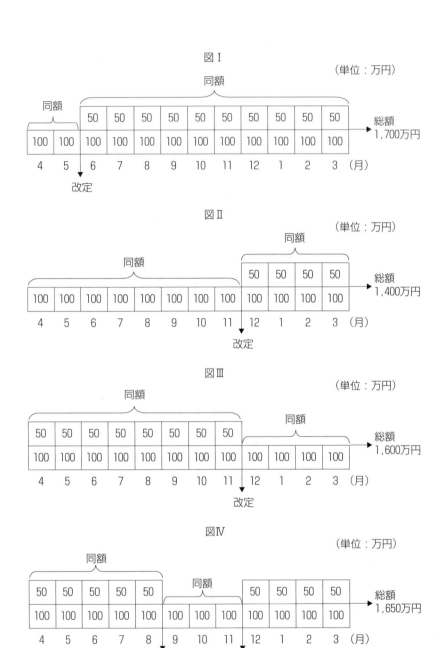

第❹章 医療法人特有の実践税務

図Ⅴ （単位：万円）

10か月に配付　同額

4月・5月に充当 100

4	5	6	7	8	9	10	11	12	1	2	3 (月)
		50									
		10	10	10	10	10	10	10	10	10	10
		50	50	50	50	50	50	50	50	50	50
100	100	100	100	100	100	100	100	100	100	100	100

改定

　なお，8月に経営状況の著しい悪化により支給額を150万円から100万円に引下げその後12月に支給額を150万円に戻した場合（図Ⅳ），8月の改定直後の支給額100万円がその事業年度の期末までの定期同額給与とされます。よって，（150万円－100万円）×4（12月～3月）＝200万円が損金不算入とされます。このようなケースでは，減額ではなく，一部を未払いにするか，若しくは，いったん支給したうえで返金するといった手法であれば，定期同額給与に該当します。ただし，このような場合にも源泉所得税を徴収しなければなりません。増額分を一括支給したとき，例えば，図Ⅴのように，期首まで遡って6月に一括支給をすると増額前と増額後の金額が同額ではなくなってしまうため，一括支給した4月分と5月分は損金になりません。このような場合は，損金不算入となる100万円を残りの10か月に均等に配分し，6月以降に10万円ずつ組み込む等，支給方法を工夫しなければなりません。

(6)　事前確定届出給与

　事前確定届出給与とは，所定の時期に確定額を支給する旨を定め，それに基づいて支給する給与のことです。盆暮れのボーナスのように，役員に支給する賞与の額を事前に確定し届け出る給与のことです。定期同額給与以外にこのような臨時の給与を支給するために，一般的には定時社員総会で支給額を決議し，1か月以内に所轄の税務署長にその旨を届け出なければなりません。確定額には，現物により支給するもの，支給額の上限のみを定めたもの，一定の条件を付すことにより支給額が変動するようなものは含まれませんので注意が必要です。

141

届け出た支給額と実際の支給額が異なる場合は，事前確定届出給与に該当しないため，実際の支給額の全額が損金不算入となります。事前確定届出給与は，事前に確定額を届出させることにより，思ったより利益が出たから多めに支給する等の利益操作を排除することを目的としています。届け出た確定額と実際の支給額との差額を損金として認めてしまうと，そもそも事前に確定額を届出させる意味がなくなってしまいます。そのため，実際の支給額の全額が損金になりません。もし，資金繰りの都合により届出額全額でなく一部を減額支給すると支給額総額が損金不算入となりますので，その事業年度の支給額をゼロにするか，いったん届け出た確定額を支給し（源泉徴収は必要）返金してもらうようにします。未払計上することも考えられますが，一時的な未払いならともかく，大幅に支払いが遅れてしまうと，支給額が事前に確定していたかの事実認定の問題になり，支給額の全額が損金不算入と税務当局が判断することもあります。

(7) 役員給与と歩合給

いわゆる平理事の医師等に対して，手術手当等の歩合給，当直手当等を支給している場合には，定期・定額ではない臨時的な給与となりますが，使用人と同一の基準で支給している場合には，たとえその支給額に変動があったとしても，役員報酬として損金算入が認められます。ただし，平理事の医師のみに適用されている場合は損金とは取り扱われません。また，役員報酬として認められる諸手当を，役員報酬に加算した結果，役員報酬限度額を超える場合にはその超えた金額は損金にはなりません。なお，年俸額を毎月定額で支給せず，例えば年俸を16か月で割り，4か月分の報酬を夏と冬の賞与時期に支給した場合には，たとえ適正な年俸額であっても賞与時期に支給した給与は臨時給与とみなされ，事前確定届出をしていないと損金には認められませんので注意しなければなりません。

(8) 使用人兼務役員の賞与等

税法上，使用人としての職務を有する役員（いわゆる使用人兼務役員）を定義し，使用人兼務役員に対しその使用人分として支給した賞与や他の使用人と同一の基準で，手術手当等の歩合給，当直手当等を支給した臨時給与は損金算入が認めら

第❹章　医療法人特有の実践税務

れる扱いになっています。この場合の使用人兼務役員とは，役員のうち，医長，事務長その他その法人の使用人としての職制上の地位を有し，かつ，常時使用人としての職務に従事するものをいいます。職制上の地位とは係長，課長，部長等の管理職をいいます。ただし，診療所のように規模が小さく職員数が少ないと，職制上の地位を有していないと判断されます。ただし，常時従事している職務が他の使用人の職務の内容と同質であると認められるものについては，使用人兼務役員として取り扱うことができるとされています（法基通 9 - 2 - 6）。また，理事長，常務理事，専務理事，監事等は，使用人兼務役員にはなれないため，これらの役員に支給した賞与は損金算入できません。

7　役員退職金と実践税務

(1)　役員退職金の取扱い

　医療法で剰余金の配当が禁止されていますが，役員退職金は過去の就労に対する対価の後払いと解され，医療法上も認められるものです。ただし，税法上，理事長の退任に伴い退職金を支給する場合には，次の点に留意してください。

①　支給金額の妥当性

　支給した退職給与がその役員の在職年数，退職の事情，同規模医療法人の役員退職給与支給状況等を勘案して不相当に高額な場合には，過大部分については損金の額に算入されません。適正な退職金の算定方法はいろいろありますが，最も多く用いられている方法は功績倍率方式と呼ばれるもので，次のように計算されます。

　　役員退職金＝直前月額報酬×役員在職年数×功績倍率

　例えば，直前月額報酬250万円，役員在職年数15年，功績倍率 3 倍とすると，

　　250×15× 3 ＝11,250万円

となります。

　功績倍率は，その役員の貢献度によって違ってきます。一代で診療所から大病院を築き上げてきた理事長と 2 代目として医療法人を引き継いだ理事長ではその功績倍率は当然違ってきます。通常，医療法人の場合は， 2 ～ 4 倍といわれてい

143

ます。

　なお，役員の死亡に際し，遺族に支給される弔慰金については，税法上，次の
ように取り扱われます。

【役員の弔慰金】

死　亡　原　因	損金になる範囲
業務上の死亡	死亡当時の月額報酬の3年分以内
業務上の死亡でない	死亡当時の月額報酬の6か月以内

　弔慰金は，お悔やみ料であるため，相続税の課税対象にならず，支給する医療
法人においては損金になります。

②　社員総会の決議と損金経理

　退職給与は，原則として社員総会の決議によりその額が具体的に確定した日の
属する事業年度に損金となります。ただし，法人がその退職給与を支給した日の
属する事業年度にすることも認められています。いずれの場合も，退職金を計上
すること（損金経理）が必要です。なお，弔慰金を支給する場合は，死亡退職金
と別のものであることを明確にするため，議事録でそれぞれの金額を別々に記載
しておくことが大切です。

(2)　打ち切り支給の取扱い

　理事長・理事を退任し　その後，一般の医師として勤務する場合に支給される
役員退職金は，それまでの職務期間をいったん打ち切って退職金を支払うという
意味で，「打ち切り支給」の退職金といわれます。通常，退職金は退職に伴って
支給されるものであるのに対して，「打ち切り支給」は現実に法人を退職してい
ないのにもかかわらず支給する給与であるため，税法上は原則として役員賞与と
みなされます。しかし，理事長から非常勤理事になった場合等，その分掌変更に
より役員としての地位や職務の内容が大幅に変更となり，下記①～③の要件を満
たすような実質的に退職したと同様の事情があると認められる場合には，その支
給は退職給与として取り扱うことができます。

　①　常勤理事が非常勤理事（常時勤務していないものであっても，代表権を有する

第❹章　医療法人特有の実践税務

　者及び代表権は有しないが実質的にその法人の経営上主要な地位を占めていると認め
　られる者を除く）になったこと

②　理事が監事となったこと

③　その分掌変更等の後における報酬が大幅に減額（おおむね2分の1以上の減
　少）したこと

　したがって，理事長時代の報酬が，年間3,000万円であれば，上記の要件を満
たすには，理事も辞任し，給与を1,500万円以下にしなければならないというこ
とになります。

(3)　同族会社のみなし役員規定

　法人税法では，同族会社の使用人のうち，特定株主等（所有持分の割合が5％超
等）に該当し，その会社の経営に従事している者は役員として取り扱われます。
多くの株式を有する者が，経営に対する支配力を有し，かつ現実に会社の経営に
従事している場合には，たとえ肩書きが使用人であっても，役員に含めるという
規定です（法令7）。

　同族関係者が役員や社員の多数を占める同族医療法人も多数ありますが，医療
法人は会社ではないこと，また持分に関係なく，1人1票の議決権制度である医
療法人には，特定株主等の規定の適用はないと考えられます。しかし，持株を人
数に置き換えて，人数割合でこの規定を解釈する場合は，身内で固めた医療法人
の場合，規定の趣旨や，最近の判例等の傾向からみて同族会社の規定が準用され
る可能性があると考えられます。

　他の医師の給与と比べて相当なら，給与がたとえ退職前の給与の50％を超えた
給与であっても税務上否認されないのではという意見もあります。しかし，退職
後の給与が，他の医師の勤務状況や業績状況と比較して，客観的に妥当であると
いうことを立証することはかなり難しいため，50％を超えている場合は，お手盛
り給与であり，まさに退職後も経営の意思決定に影響を与えている証拠であると
いった理屈をいわれる危険性もあります。

145

⑷　発想の転換

　理事長が健康で勤務続行が可能であるなら，理事を退職することなく理事長にとどまり，長男に院長を譲るか，あるいは，理事長を退任し名誉理事長になり，長男に理事長・院長を譲り，事業承継をされるかの，いずれかをお勧めします。医療環境が厳しくなっている時期に，役員退職金を支給するとかなりの資金が法人から流出するうえ，税金もかかりますので，手持ち資金で賄うと法人の財務体質が悪化しかねません。役員退職金は，生命保険等で資金が賄えたときに支給するのが理想といえます。保険金が満期になったとき，保険金支給の事由（死亡や高度障害）が発生したときに，退職金を支給するようにしたいものです。例えば，院長の報酬を上げるため，理事長の報酬を下げ，その後，理事長への退職金を10年後に支給する予定であれば，退職金を次のように算出することも可能であり，今時点で退職するケースよりも多額になります。

【理事長から理事になって退職する場合の役員退職金】

- ・　理事長時代の役員退職金

  250万円(理事長の月額給与)×15(勤続年数)×3(功績倍率)＝11,250万円

- ・　理事時代の役員退職金

  200万円(理事の月額給与)×10(勤続年数)×3(功績倍率)　＝　6,000万円

  　　　　　　　　　　　　　　　　　　　合　　計　17,250万円

8　役員のフリンジ・ベネフィット

　医療法人が役員や職員に対して金銭以外の物や権利等の経済的利益を供与することをフリンジ・ベネフィット，つまり現物給与といいます。フリンジ・ベネフィットは，基本的には給与所得として課税され源泉徴収の対象となりますが，税法上の取扱いをクリアしていれば給与所得として課税されることはありません。ただし，役員に対する個人的な経済的利益の供与とみなされると，役員の給与所得に加算され，さらにそれが役員賞与とみなされると，全額損金不算入として法人側も課税されることになり，いわゆるダブルパンチ課税を受けることになりますので注意しなければなりません。

第❹章　医療法人特有の実践税務

(1)　役員社宅

　法人所有の家屋を役員社宅として貸与することはよく行われますが，役員に貸与する場合には，その役員から適正家賃を受領しなければなりません。役員から徴収する賃料が下記の適正賃料に満たない場合には，税務上，その差額は雑収入として計上され，同額の給与が役員に支給されたとして課税されます。

項　　目	対 象 者	非課税とされる範囲（適正賃料）
①　役員社宅 　　（所基通36－40）	役員（使用人兼務役員を含む）	{敷地の固定資産税課税標準額×6％＋家屋の固定資産税課税標準額×12％（木造家屋以外は10％）}×$\frac{1}{12}$＝家賃(月額)相当額 これ以上を徴収 　ただし上記は木造132㎡，非木造99㎡を超える住宅について適用し，小規模役員社宅は②の従業員と同様の算式になります。
②　従業員社宅 　　（所基通36－41）	従業員（出向者を含む）	敷地の固定資産税課税標準額×0.22％＋家屋の固定資産税課税標準額×0.2％＋12円 　　×$\frac{家屋の床面積(㎡)}{3.3(㎡)}$＝家賃(月額)相当額 この2分の1以上を徴収
③　借上社宅 　　（他人所有） 　　（所基通36－47）	役員（使用人兼務役員を含む）	・小規模借上社宅 　②により計算した家賃相当額の2分の1以上を徴収 ・上記以外 　①により計算した額 　会社支払賃借料×$\frac{1}{2}$ } いずれか低い方の金額以上を徴収 なお上記賃料には権利金並びに敷金償却額も含む。

【豪華な役員社宅に該当する場合】

　役員に貸与した社宅が，社会通念上一般に貸与されている賃貸住宅等に該当しない，いわゆる豪華な社宅に該当する場合には，上記の取扱いを適用することができません。税法上，豪華な社宅とは，床面積が240㎡を超える豪華仕様の社宅，又は床面積が240㎡以下であってもプール等のような設備や役員個人の趣味嗜好が著しく反映した設備等を有するような社宅をいいます。この場合の適正賃借料

147

は，その豪華な社宅を第三者に賃貸したとする場合に収受するであろう賃貸料（時価）ということになります。なお，適正賃貸料は実務的には不動産鑑定士等の専門家に算定してもらうことになります。

【役員社宅のフローチャート】

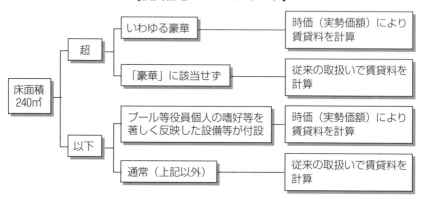

(2) ゴルフクラブの入会金等

　法人の業務遂行上の必要から生じる支出の場合には，ゴルフクラブの入会金は法人で資産計上し，年会費・年決めロッカー料・プレー代等は交際費として取り扱われます。ただし，法人の業務とは全く関係なく，役員の個人的な目的のために支出されたものは，その役員に対する給与として取り扱われます。

	項　目	入　会　金	年会費等	プレー料金
ゴルフクラブ	法人会員として入会	資産計上	交　際　費	① 業務遂行上 　→交際費 ② ①以外は役員給与
ゴルフクラブ	法人会員として入会	個人が負担すべきもの 　→役員給与	給　与	① 業務遂行上 　→交際費 ② ①以外は役員給与
ゴルフクラブ	個人会員として入会	役員給与	給　与	① 業務遂行上 　→交際費 ② ①以外は役員給与
ゴルフクラブ	個人会員として入会	法人が負担すべきもの 　→資産計上可能	交　際　費	① 業務遂行上 　→交際費 ② ①以外は役員給与
レジャークラブ	法人会員として入会	ゴルフクラブに同じ，ただし イ　有効期限あり ロ　脱退しても入会金が返還されない ↓ 繰延資産計上し，償却	使途に応じて ↓ 交際費 福利厚生費 役員給与 に区分	

第❹章　医療法人特有の実践税務

⑶　院長の出身校に対する寄附金

　法人が支出する寄附金であっても，それが個人として負担すべきであると認められる場合には，その負担すべき役員に対する給与とされます。例えば，院長の出身校に対する寄附で，法人とは院長の出身校であるという関係以外に全く関係がないという場合であれば，役員給与としてみなされます。しかしながら，パート医を派遣してもらう等診療面での協力を仰いでいる場合等には交際費とか研修費といった税務処理が認められます。

⑷　披露パーティー費用

　院長が執筆した本の出版披露パーティーや叙勲披露パーティーは，原則的には，院長個人が負担すべきものと取り扱われます。しかしながら，その出版した本が，病院やクリニックとして出版したのであれば，また，その叙勲の対象となった功績が専ら病医院事業に関するものであるならば，今後の病医院の発展に寄与するといった理由もあるため，病医院の経費とすることが可能です。つまり，出版の理由や叙勲の理由，招待客の内訳等からみて病医院の行事として位置付けられれば，その費用を病医院で負担して交際費として処理することも可能となります。なお，招待客が持参した祝金等は，経費と相殺せずに全額を収益として計上する必要があります。

⑸　役員の社葬費用

　故人の経歴やその地位，死亡の事情，生前の功績等からみて社会通念上社葬を行うことが相当であると認められる事情があれば，その要した費用のうち社葬のために通常要する金額は，その法人の福利厚生費等として損金の額に算入することができます。この場合，密葬の費用，墓石，仏壇，位牌等の費用，戒名代，墓地の購入費又は永代使用料，法要に要する費用，香典返礼費用等は，社葬のために通常要する費用には含まれません。また，社葬のために通常要する費用を超えて法人が負担した場合は，その超える負担額が，院長の給与として取り扱われます。なお，社葬に当たって会葬者が持参した香典等は遺族に対する忌慰のしるしとして故人の霊前に捧げるものですから，医療法人の収益に計上しないで遺族の

もの（非課税）とすることができます。

【給与所得課税対象の場合の報酬・賞与の区分】

　フリンジ・ベネフィットが役員給与とみなされた場合，その役員の給与にその金額が加算され，その分税金が追徴されます。一方，医療法人側では，その役員の適正報酬として認められるか，若しくは賞与とされるかによって課税関係が変わってきます。フリンジ・ベネフィットが，家賃のように規則的に，反復的に，継続的に供与されている場合には報酬として，臨時的な供与は賞与と取り扱われます。なお，報酬としてみなされ加算された役員報酬額が適正であれば，法人の課税所得は発生しませんが（ただし，源泉徴収額の不足問題は発生），適正役員報酬額を超える場合や役員賞与とみなされた場合には，損金不算入として法人の課税所得に加算されます。

9　交　際　費

(1)　交際費の範囲

　交際費とは，得意先，仕入先，その他事業に関係のある業者等に対する接待，供応，慰安，贈答，その他これらに類する行為のために支出するもの（専ら従業員の慰安のために行われる運動会，演芸会，旅行等のために通常要する費用，その他政令で定める費用を除く）をいいます。

　交際費について，持分ありの医療法人は，期末出資金の額により，下記のように損金算入限度額が決められています。

期末出資金	年間損金算入限度額
1億円以下	年800万円と接待飲食費の50％相当額のいずれか高い額
1億円超	接待飲食費の50％相当額

　持分のない医療法人の場合は，期末純資産から当期利益を控除した額（当期欠損金の場合は加算した額）の100分の60の金額を出資に準ずる額とみなして，損金算入限度額を計算します。

　交際費であるか否かの判断は実務的には難しく，現場ではたびたびトラブルが

あるため，国税庁より次のような指針が発表されています。

> **【国税庁の指針】**
>
> 　飲食その他これに類する行為のために要する費用（専ら役員若しくは従業員又はこれらの親族に対する接待等のために支出するものを除く。）であって，1人当たりの金額が5,000円以下の費用は，交際費に該当しない。

　ただし，そのためには次に掲げる事項を記載した書類を保存することが必要とされます。

① その飲食等があった年月日

② その飲食等に参加した得意先，仕入先，その他事業に関係のある者等の氏名又は名称及びその関係

③ その飲食等に参加した者の数

④ その飲食等のために要する費用の金額並びにその飲食店，料理店等の名称及びその所在地

⑤ その他参考となるべき事項

　したがって，領収書や請求書等だけでは確認できない人数や接待先の名称や氏名等の事項は書類等に記載しておく必要があります。1人当たり5,000円以下の飲食代が交際費から除外されるという取扱いは，資本金の多寡に関係なく適用することができます。したがって，これまでは資本金が1億円を超えるため，交際費は損金にならないと諦めていた医療法人でも，上記の事項を記載保存しておけば適用することができます。

(2)　会議費との区分

　会議費とは，会議に関連して，茶菓，弁当，その他これらに類する飲食物を供与するために通常要する費用です。通常要する費用とは，医療法人の場合は，「院内又は通常会議を行う場所において，通常供与される昼食の程度を超えない飲食物等の接待に要する費用」とされています。

　したがって，実務的にみて，明らかに会議費に該当するような費用については，1人当たり5,000円超のものであっても，その費用が通常要する費用として認め

151

られるものであれば，交際費に該当しないものとされます。

　ただし，その会議の場所や会議内容が会議としての実体を備えていないとか，例えば懇親会の要素が強いとか，通常要する費用を超える金額であれば会議費とされず，交際費として取り扱われます。このように医療法人の場合は，科目の区分が税務上問題になりますが，個人病医院の場合は，支出そのものの妥当性が問題になることを理解しなければなりません。

(3)　福利厚生費との区分

　福利厚生費とは，福利厚生のために支出する費用をいい，その支出形態は，法定福利費，厚生費，レクリエーション等の行事費，厚生施設負担額及び現物給与等があります。福利厚生費の本質は経済的利益の供与であるため，原則として給与として課税されるものです。しかしながら，経済的利益の供与であっても，その供与が病医院の経営を遂行するために必要なもの，又は，その支出する金額が社会通念上また通常必要と認められる額の範囲内のものであれば，福利厚生の本来の目的のために支出したものと認められ，給与や交際費になりません。そこで，従業員に対する接待等が福利厚生費に当たるか，交際費等に当たるかは，

　①　専ら従業員のためか

　②　支出する金額が通常要する費用か

　③　一定の基準によったものか

によって判断することになります。

　医療法人の場合は，「専ら従業員のために」と考えると一定の役職者だけを対象とした旅行やパーティー，忘年会等は福利厚生費とはならず，交際費（役員だけを対象をした場合は役員賞与）となります。

　また，「通常要する費用」の範囲は，一義的に定められたものではなく，行事の性格，内容，参加人数，開催場所等を総合勘定して判断します。例えば，従業員の慰安のために通常要する費用でなければ交際費となります。すなわち，全従業員を対象とした忘年会であっても，料亭で豪華に遊興した費用であれば，通常の範囲を超えるものとして全額交際費となります。

　一方「一定の基準」によっていれば，従業員の慶弔，禍福に対して支出される

金品は福利厚生費になります。ただし，内規等に定められた「一定の基準」が，社会通念上相当と認められる金額を超えていれば福利厚生費ではなく交際費又は給与等となります。

【飲食代の会議費・交際費・福利厚生費判定のフローチャート】

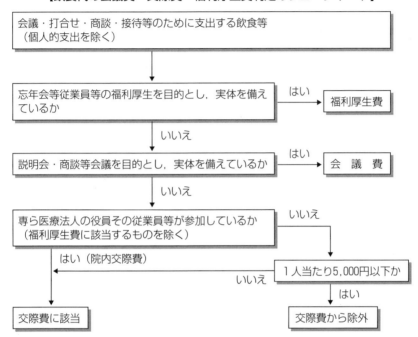

10 使途秘匿金

(1) 使途秘匿金と課税関係

使途秘匿金とは，支出した金銭（贈与，供与その他これらに類する目的のためにする金銭以外の資産の引渡しを含む）の行き先が証書等により証明されないもの及び相当の理由なく金銭を支出した相手方の氏名並びに住所等を帳簿に記載していないものをいいます。使途秘匿金は違法な支出につながりやすく，その支払いを受けた者が課税されないと社会的にも弊害があります。

そのため，使途秘匿金は全額が損金に算入されず，そのうえ，支出額の40％相

当額の法人税が課税されます。さらに，次のような不正事実があると，使途秘匿金に係わる税額に対して重加算税がかけられます。

① 帳簿書類の破棄，隠匿，改ざんがあった

② 取引の慣行，形態等から，その支出金が通常計上すべき勘定科目に計上されていない

したがって，税務調査で使途秘匿金が100見つかると，増加した所得100に対する税金40（実効税率40％とする）のほか，使途秘匿金としての法人税40と重加算税14（40×35％）の合計94が追徴されます。そのうえ，裏金作りのためではないかと疑われ，税務調査も厳しくなります。

(2) 使途秘匿金を避ける方法

追加課税の取扱いを避けるには，まず，帳簿にその取引を記録しディスクローズするとともに，相手方の肩書き，氏名，住所，その取引の内容等を記載した書類を別途作成し保管することにより，その支出が法人の運営上必要であったこと及びその支出に合理性があることを証明する必要があります。また，現金を直接渡すのではなく，商品券を購入して領収書を受領し，その商品券をお礼に渡す方法もあります。ただし，商品券の金額は多額にならない範囲にとどめることも実務上大切です。

なお，税務調査を受け，税務当局が自らの職権により関係先への反面調査を行う場合において，法人が帳簿に記載されている相手先への紹介を拒むようなことがあれば，相手方の氏名等を帳簿に記載していることにはならず，追徴課税の対象になります。

11 寄 附 金

(1) 税法上の寄附金

寄附金とは，金銭，その他資産の贈与，経済的利益の無償供与等をいいます。社会通念上の概念よりその範囲は広くなっています。具体的には，

① 金銭の寄附

第❹章　医療法人特有の実践税務

②　資産の無償又は低額の譲渡

③　貸付利息の免除等

がその対象になります。

　実務上，交際費か寄附金か判断に迷うことがありますが，基本的には，一方的に金銭等を与え，見返り等の反対給付を期待しないものが寄附金であり，交際費は何らかの見返りを期待して金銭等を支出するものです。したがって，門前にある調剤薬局が火事になり見舞金を支払ったときは，見舞金に見返りを期待していませんので，税法上は寄附金と扱われます。

(2)　税務上の取扱い

　寄附金は，事業の収益貢献には直接関係しませんが，経営を展開していくうえで，ある程度必要な費用ともいえます。また，受贈者が国や社会事業団体等であれば，寄附という名目で税金を徴収したのと実質的に同じであるため，ある程度税金が軽減されてもよいはずです。しかし，すべての寄附金に対し，また寄附金の全額を必要費用と認めることは，課税上大きな弊害があるため，寄附金を大きく３つに区分し，また，それぞれの寄附金に対し軽減される税金の限度額を設けています。

①　国又は地方公共団体への寄附金，財務大臣が指定した寄附金

②　特定公益増進法人等（公益法人，社会福祉法人，日本赤十字社，認定ＮＰＯ法人等）への寄附金

③　一般の寄附金

　なお，政治家・政党に対する寄附金，宗教団体に対する寄附金は，一般寄附金に該当します。資金管理団体や公職の候補者への寄附は政治資金規正法で禁止されています。

【損金算入限度額の計算】

①　国又は地方公共団体，財務大臣が指定した寄附金

　　寄附金は全額損金となる。

②　特定公益増進法人等への寄附金

　　次のＡとＢのうちいずれか少ない金額が損金となる。

155

$$(所得基準額 + 資本基準額) \times \frac{1}{2} \cdots\cdots A$$

$$所得基準額 = 寄附金支出前の当期所得金額 \times \frac{6.25}{100}$$

$$資本基準額 = 期末の出資金等の額 \times \frac{当期の月数}{12} \times \frac{3.75}{1,000}$$

特定公益増進法人への寄附金の合計額 $\cdots\cdots B$

(注)　特定公益増進法人等に対する寄附金のうち損金に算入されなかった金額は，一般の寄附金の額（③）に含める。

③　一般寄附金

イ　持分ありの医療法人

$$(所得基準額 + 資本基準額) \times \frac{1}{4} = 損金算入限度額（A）$$

$$所得基準額 = 寄附金支出前の当期所得金額 \times \frac{2.5}{100}$$

$$資本基準額 = 期末の出資金等の額 \times \frac{当期の月数}{12} \times \frac{2.5}{1,000}$$

ロ　持分なしの医療法人

所得基準額のみで計算した金額 ＝ 損金算入限度額

(3)　寄附金の経理処理

　寄附金は，現金主義で判断されます。つまり，未払金で処理された寄附金は，まだお金が支払われていないため，全額が損金の対象にはなりません。実際にお金が支払われたときに寄附金として取り扱われます。したがって，仮払処理されていた寄附金は，お金が支払われているので税法上は寄附金として処理され，損金の対象になります。

12　生命保険と実践税務

(1)　生命保険の種類

　医療法人の場合は，法人が契約者（＝保険料支払者）となり，役員や従業員を被保険者とする生命保険料は，経費として計上することができますが，保険の種類

第❹章　医療法人特有の実践税務

や，保険金受取人によって課税関係が異なります。

生命保険は大きく分けて次の３種類に分類されます。

①　定期保険

一定期間内に被保険者が死亡した場合のみ保険金が支払われるものです。いわゆる「掛捨て」と言われている保険です。保険料は安く，高い保障金額が取れます。法人が支払った保険料は損金に，法人が受け取った保険金は雑収入となりますが，この資金を基に損金となる死亡退職金を支払えば，節税効果があります。

②　終身保険

終身まで保障のある生命保険です。保障が確実な分，保険料は高くなります。支払った保険料は貯金と変わらないということで全額資産計上になり，受け取った保険金額との差額が益金になります。死亡保険金を支払えば，その分が節税効果となります。

③　養老保険

被保険者が死亡した時はもちろん，保険期間満了時に被保険者が生存している場合も満期保険金が支払われるものです。貯蓄と保障の２つの目的に使われます。法人を受取人としたときは全額資産計上となりますが，被保険者又はその遺族を受取人としたときは，被保険者の給料となります。死亡保険金の受取人を被保険者の遺族，満期保険金の受取人を法人としたときは，保険料の２分の１が資産計上，２分の１が損金となります。

【養 老 保 険】

保険金受取人		保険料の税法上の取扱い
死亡保険金	満期保険金	
法　　　人	法　　　人	保険積立金として資産計上
被保険者の遺族	法　　　人	１／２……保険積立金として資産計上 １／２……損金算入

このように生命保険の種類によって税務上の取扱いが違ってきます。「どの種類の商品が良いのか」，というよりも，「どのような目的」で保険に加入するのかが重要なポイントになります。

157

(2)　生命保険と節税対策

①　決算対策型商品

　予想以上の利益が見込まれるとき，新規に定期保険型の保険（契約者：医療法人，被保険者：法人役員，受取人：医療法人）に年払契約で加入すると，1年分の保険料が損金になります。これは，「継続的に支払うもので，1年以内のものであれば支払ったときに全額損金にすることができる」という税法上の規定を適用した節税方法です。しかし，決算対策のために掛捨て保険に急遽入っても，それは単にお金をドブに捨てたと同じではないかという疑問があるため，中途解約すれば保険料の一部が返戻される変形型定期保険が開発されました。その代表的なものとして逓増定期保険と長期平準型定期保険があります。逓増定期保険は，保険料は一定で，保障額が毎年上昇していく掛捨て保険です。長期平準型定期保険は，保険期間を非常に長くして加入するタイプの保険で，95歳，98歳等を満期とする掛捨て保険です。保障期間が長期なので，保険金がもらえる確率が高く，返戻率も高いうえ，少しでも損金になる金額が多くなるように仕組まれた保険といえます。しかし，こうした変形型定期保険は節税効果が大きすぎるということで，国税庁から無条件では全額損金にはならないという通達が出ました。税務上の取扱いは下記のようになっています。

商　品　名	条　　　　　件	
逓　　　増 定 期 保 険	①　保険満了時の被保険者の年齢＞45歳	保険期間の60％までの期間は $\dfrac{1}{2}$ 損金
	②　保険満了時の被保険者の年齢＞70歳 　　　　かつ 　　保険加入時の年齢＋保険期間×2＞95	保険期間の60％までの期間は $\dfrac{1}{3}$ 損金
	③　保険満了時の被保険者の年齢＞80歳 　　　　かつ 　　保険加入時の年齢＋保険期間×2＞120	保険期間の60％までの期間は $\dfrac{1}{4}$ 損金
	④　上記に該当せず	全額損金
長期平準型 定 期 保 険	①　保険満了時の被保険者の年齢＞70歳 　　　　かつ 　　保険加入時の年齢＋保険期間×2＞105	保険期間の60％までの期間は $\dfrac{1}{2}$ 損金
	②　上記に該当せず	全額損金

第❹章　医療法人特有の実践税務

（注）　損金に算入されなかった金額は，資産に計上し，保険期間の60％が経過後，残された期間に順次，損金に算入できる。

②　契約条件の変更で税金が安くなる

イ　終身保険の保険料は全額資産計上されます。払込期間の途中でこの終身保険を「払済み」にすると積立保険金と解約返戻金（解約はしないが計算上の返戻金）の差額を「損失」として損金にすることができます。例えば，積立金が1,000万円，解約した場合の返戻金が800万円であれば，解約せず払済みにすると200万円を損金にすることができます。払済みにすると，保障が残ること，続行したときより返戻率がアップするメリットもあります。保険金を目的以上に掛けていた場合等は払済みにすることも一策です。

ロ　保険金の受け取り方が，分割で受け取る契約に変更すれば，保険金を受け取る都度，その額を収益として計上することができます。例えば，1億円の保険金を10年間で受け取る契約であれば毎年1,000万円を計上すればよいので，決算対策がやりやすくなります。すでに加入している保険でも，年金支払特約を附帯できる場合もあります。

(3)　生命保険の上手な利用の仕方

①　個人の保険を法人に引き継がせる

個人で掛けている積立型保険の契約者を法人，受取人を法人に変更すると，変更時点の解約返戻金分の金銭を法人から無税でもらえます。もちろん，それ以降の保険料は法人が支払いますので，個人の保険料の負担もなくなります。

②　退職金として保険を譲り受ける

法人で掛けてきた保険を退職金として個人が譲り受ける場合，譲受けの時点の解約返戻金が退職金の額になるので，かなり有利な条件で保険の譲受けができます。譲受け後は個人として掛け金を払うか，払済みにする方法があります。

③　ご子息には早めの保険加入

ご子息が役員になっていれば，保険料が損金として計上できる生命保険に早めに加入しましょう。保険料は若ければ若いだけ安くなるうえ，節税効果もあります。ご子息が非常勤の役員の場合，役員報酬額の多寡について税務調査で問題に

159

なりますが，保険料については，保険金の受取人が法人になっているので税務上，特に問題にはなりません。

13 欠損金の繰越控除と繰戻し還付

(1) 欠損金の繰越控除とは

　青色申告を提出した医療法人は，赤字（欠損金）が出ても，その赤字を翌年以降9年間にわたって繰り越すことができます。例えば，当期において赤字が200万円出たとします。翌期に利益が100万円出ても，繰り越した赤字200万円と相殺することにより，翌期の所得はゼロとなります。さらに，翌々年において，利益が200万円出た場合，赤字200万円の残り100万円と相殺し，差引所得の100万円に対してだけ税金がかかる制度です。

【欠損金の控除例】

	当　　　期	翌　　　期	翌　々　期
利　　　益	△200万円	100万円	200万円
欠　損　金	△200万円	△100万円	△100万円
課 税 所 得	△200万円	0万円	100万円

　欠損金を翌年以降9年間（平成30年4月1日以後に開始する事業年度は10年間）の所得で相殺し切れないと，相殺し切れなかった欠損金は切り捨てられてしまうので，10年目に利益が出ると，その利益に対してまるまる税金が課されることになります。欠損金の繰越控除ができる法人は，①欠損金額が生じた事業年度において青色申告書である確定申告書を提出し，かつ，②その後の各事業年度について連続して確定申告書を提出している法人です。欠損金額が生じた事業年度において青色申告書である確定申告書を提出していれば，その後について提出した確定申告書が白色申告書であっても，この繰越控除の規定が適用されます。ただし，中小法人等以外の法人（参照p.126）の場合，控除限度額は繰越控除前の所得の金額に対してそれぞれ次の率を乗じた金額となります。

　平成27年4月1日～平成28年3月31日までに開始した事業年度　65％

第❹章 医療法人特有の実践税務

平成28年4月1日～平成29年3月31日までに開始した事業年度 60%

平成29年4月1日～平成30年3月31日までに開始した事業年度 55%

平成30年4月1日以後開始した事業年度 50%

	内 容	平成27年度	平成28年度	平成29年度	平成30年度
大 法 人	控除限度額	所得×65%	所得×65% →所得×60%	所得×50% →所得×55%	所得×50%
	繰越期間	9年		10年→9年	10年
中小法人	控除限度額	所得 × 100%			
	繰越期間	9年		10年→9年	10年

(2) 欠損金の繰戻し還付とは

当期に欠損金が生じた場合，前期の法人税額の全部又は一部を還付することができる制度です。欠損金の繰戻し還付制度は，平成4年4月以降，一部の法人を除いて停止されていました。しかし，中小企業等の資金繰りが少しでも楽になるようにと復活し，平成21年2月決算法人から適用を受けられるようになりました。例えば，前期に200万円の利益を出し，60万円の法人税を納めた場合，当期で100万円の赤字が生じてしまったときは，その赤字に相当する税額30万円（60万円×$\frac{100}{200}$＝30万円）を還付することができます。

対象となる医療法人には，

① 出資金が1億円以下の経過型医療法人

② 出資持分のない医療法人（従業員常時1,000人以下）

③ 特定医療法人，社会医療法人（従業員常時1,000人以下）

の医療法人が該当します。

また，適用要件としては，

① 前期及び欠損事業年度（当期）ともに青色申告書を提出していること

② 欠損事業年度の確定申告書を期限内に提出していること

③ 欠損事業年度の申告書と同時に欠損金の繰戻しによる還付請求書を提出していること

が挙げられます。

161

なお，繰戻し還付は，法人税にしか適用されず，前期に納めた事業税や住民税は，今期赤字でも還付請求することはできません。事業税や住民税について還付請求ができないのは，地方自治体の財政規模は一般的に小さく，損失の生じた年度において税収が減少するのに加えて多額の還付金が生じると，その地方自治体の財政運営に支障をきたすことになるという理由からです。なお，個人病医院でも，純損失の繰戻し還付規定があるので，前年に納めた所得税を還付することができます。

(3) 繰越控除と繰戻し還付請求との併用

　繰越控除を選択するか，繰戻し還付を選択するかは，原則納税者の自由とされています。欠損金の繰戻し還付の対象となった欠損金額は繰越欠損金から控除され，欠損金の一部について繰戻し還付を受け，残りを繰越控除することもできます。

(事例)　前期　　所得金額　1,000万円

　　　　　　　　　法人税額　　200万円

　　　　　　　当期　　欠　損　金　1,500万円

この事例の場合，次の2つの選択肢があります

①　当期の欠損金1,500万円を全額翌期以降に繰り越す

②　当期の欠損金1,500万円のうち，1,000万円を繰戻し還付に使い，前期の納めた法人税200万円を還付してもらい，残った欠損金500万円を翌期以降9年間に繰り越す

(4) 繰戻し還付と税務調査

　欠損金の繰戻しによる還付請求の手続をすれば，自動的に納めた法人税が還付されてくるものではありません。税法では，税務署長は，還付請求の提出があった場合，その請求の基礎となった欠損金額その他必要な事項について調査してから還付するように規定されています（法法80⑥）。税務調査があっても耐えられる決算申告書の作成をすることが法人の運営には是非，必要とされます。

第❹章　医療法人特有の実践税務

14 　法人事業税と法人住民税

(1) 　法人事業税

　法人に課される事業税を法人事業税といいます。医療法人は地法72の24の 7 に
おいて特別法人に定められており，外形標準課税適用の対象とはならず，また，
普通法人より軽減された軽減税率が適用されますが，個人事業税と異なり，法人
事業税は納税者が自ら申告して納税します。なお，平成20年10月 1 日以後に開始
する事業年度から消費税を含む税体系の抜本的な改革が行われるまでの暫定措置
として，法人事業税の税率を引き下げるとともに，地方法人特別税が創設されま
した。この税金は，法人事業税の納税義務者に対して課税される国税ですが，賦
課徴収は法人事業税と併せて都道府県が行います。また，地方法人特別税の創設
に伴い，地方法人特別税の税収の全額を人口等一定の基準により都道府県へ譲与
する地方法人特別譲与税が創設されました。

　そして，平成26年度の税制改正において，地方消費税の税率が平成26年 4 月 1
日より引き上げられたので，平成26年10月 1 日以後に開始する事業年度から，地
方法人特別税の税率が引き下げられ，一方，法人事業税の税率を引き上げられま
した。それぞれの税率は，次表の右欄のようになりました。

【法人事業税】

法人の区分	所　得　金　額	平成26年10月 1 日前までに開始する事業年度	平成26年10月 1 日以後に開始する事業年度
普通法人	年400万円以下	2.7%	3.4%
	年400万円超年800万円以下	4.0%	5.1%
	年800万円超	5.3%	6.7%
医療法人	年400万円以下	2.7%	3.4%
	年400万円超	3.6%	4.6%

　(注)　上記の税率は都道府県や法人の状況により異なる場合があります。

【地方法人特別税】

　地方法人特別税＝法人事業税×次表の税率

163

法人の区分	平成26年10月1日前までに開始する事業年度	平成26年10月1日以後に開始する事業年度
普通法人	81%	43.2%
医療法人	81%	43.2%

　法人事業税，地方法人特別税の中間申告は不要となっています。なお，消費税等が原則10%となる平成29年4月1日以後は，地方法人特別税は廃止され，法人事業税に復元されます。法人事業税は個人事業税と同様，社会保険診療所得は非課税措置が採られており，法人事業税においても自費診療等に係る所得に対し事業税が課されることになります。自費診療に係る所得部分に課税されるという見地からは消費税の課税区分と類似しています。そこで，消費税の課税区分との相違を含め，事業税の課税区分を図示すると以下の通りとなります。

内容・法律等	収入項目	事業税	消費税
差額ベッド代	室料差額収入	課　税	課　税
歯科自由診療（メタルボンド，アタッチメント義歯，金属床義歯，歯科矯正，保険適用外のブリッジ等）	歯科自由診療収入	課　税	課　税
美容整形，人工中絶	自費診療収入	課　税	課　税
正常分娩の妊婦検診，分娩検査，分娩入院	自費診療収入	課　税	非課税
健康診断，人間ドッグ，予防接種	自費診療収入	課　税	課　税
診断書作成料，保険会社からの審査料	その他の医業収入	課　税	課　税
労働者災害補償保険法	労災収入	課　税	非課税
公害健康被害の補償等に関する法律	公害収入	課　税	非課税
自動車損害賠償責任保険法	自賠責収入	課　税	非課税
地方公共団体から委託を受けて行われる老人保健法の健康診査及び母子保健法の妊婦・乳児の健康診査	自費診療収入	課　税	課　税
高度先進医療の自己負担部分	自費診療収入	課　税	非課税
付添人の給食	患者外給食収入	課　税	課　税
地方公共団体等からの利子補給金・救急医療機関助成資金	補助金収入	課　税	不課税
介護老人保健施設の利用料のうち，利用者が選択した特別食事料，理容料，日常生活サービス料	介護保険施設利用料収入	課　税	課　税
医療機器等償却資産の売却	固定資産売却益	非課税	課　税

第❹章　医療法人特有の実践税務

【介護保険法の規定に基づくサービスの種類による計上区分】

(東京都主税局)

サービスの種類		「介護給付費等支払決定額内訳書」の印字	計上区分	
			社会保険分の医療収入	その他の収入
指定居宅サービス	訪問通所	訪問介護 介護予防訪問介護 （ホームヘルプ）／訪問介護 予防訪問介護		○
		訪問入浴介護 介護予防訪問入浴介護／訪問入浴介護 予防訪問入浴介護		○
		訪問看護 介護予防訪問看護／訪問看護 予防訪問看護	○	
		訪問リハビリテーション 介護予防訪問リハビリテーション／訪問リハビリ 予防訪問リハビリ	○	
		通所介護 介護予防通所介護 （デイサービス）／通所介護 予防通所介護		○
		通所リハビリテーション 介護予防通所リハビリテーション （デイケア）／通所リハビリ 予防通所リハビリ	○注	○注
		福祉用具貸与 介護予防福祉用具貸与／福祉用具貸与 予防福祉用具貸与		○
	短期入所（ショートステイ）	短期入所生活介護 介護予防短期入所生活介護／短期入所生活介護 予防短期入所生活介護		○
		短期入所療養介護 介護予防短期入所療養介護 （介護老人保健施設）／短期入所老健施設 予防短期入所老健施設	○注	○注
		短期入所療養介護 介護予防短期入所療養介護 （介護療養型医療施設等）／短期入所医療施設 予防短期入所医療施設	○注	○注
		居宅療養管理指導 介護予防居宅療養管理指導／居宅療養管理指導 予防居宅療養管理指導	○	
		特定施設入居者生活介護 介護予防特定施設入居者生活介護／特定施設生活介護 予防特定施設介護		○
指定居宅介護支援		居宅介護支援／居宅介護支援		○
指定施設サービス等		介護福祉施設サービス （特別養護老人ホーム）／介護福祉施設		○
		介護保険施設サービス （老人保健施設）／介護保険施設	○注	○注
		介護療養施設サービス （療養病床等）／介護医療施設	○注	○注
地域密着型サービス		グループホーム 小規模多機能型居住介護他／種々		○

(注)　平成17年10月より全額自己負担となった居住費・食費（食材料費と調理費）・滞在費は「その他の収入」です。また，利用者の負担軽減のために介護保険から支給される「特定入所者介護サービス費」・「特定入所者支援サービス費」も「その他の収入」です。

165

なお，施設設備に対する助成金，雇用に関する補助金，借入れに対する助成金，臨床研修費等補助金等は，事業税は非課税の取扱いとなります。ただし，損害保険金及び物的な損害賠償金が，補修費用等実費相当額を超える金額，休業補償・所得補償等の保険金は，事業税は課税の取扱いになります。

また，介護保険法の規定に基づくサービスの種類は多岐にわたりますが，サービスの種類によって，事業税が課税されるものもあります。課税，非課税の区分は，前頁表の掲げた東京都主税局の「介護保険法の規定に基づくサービスの種類による計上区分」を参考にしてください。

法人事業税の計算方法は大きく２つに大別されます。

① **所得配分方式**

事業所得金額全体を社会保険診療部分とその他の収入部分に按分し，その他の収入に係る所得を課税所得金額とする方法です。東京都はじめ多くの県で採用されています。

ポイントは，収入を非課税となる社会保険分の医療収入（A），その他の収入（B）及びその他の収入に含まれないすなわち按分の対象から除外される収入（C）に適法に分けることです。

A　社会保険分の医療収入……………………個人事業税と同じ範囲

B　その他の収入……………………………社会保険分以外の医療収入

　　　　　　　　　　　　　　　　　　　　休日診療委託料・救急協力金

　　　　　　　　　　　　　　　　　　　　保険の返戻金（運用益部分）

　　　　　　　　　　　　　　　　　　　　還付加算金

　　　　　　　　　　　　　　　　　　　　役員の社宅部分の徴収額

C　その他の収入に含まれない収入……従業員の給食収入

　　　　　　　　　　　　　　　　　　　　社宅寮の家賃収入

　　　　　　　　　　　　　　　　　　　　保育料収入

　　　　　　　　　　　　　　　　　　　　債務免除益

　　　　　　　　　　　　　　　　　　　　現金過不足

　　　　　　　　　　　　　　　　　　　　保険の解約・満期返戻金

　　　　　　　　　　　　　　　　　　　　償却資産の売却益

施設や雇用の国庫等補助金収入

還付金

$$課税所得 = 事業所得金額 \times \frac{その他の収入金額}{(社会保険診療収入 + その他の収入金額)}$$

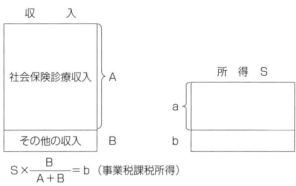

$$S \times \frac{B}{A+B} = b \quad (事業税課税所得)$$
　　＊　Bは，消費税等税抜きの金額

② 経費配分方式

社会保険診療に係る収入と経費を明確に分類し，課税所得を算出する方法です。

　課税所得 ＝ 事業所得金額 － 社会保険診療分の所得Ａ

　Ａ ＝ 社会保険診療収入 － 社会保険診療に係る経費Ｂ

　Ｂ ＝ 社会保険診療の専属経費 ＋ 区分困難な共通経費

$$\times \frac{社会保険診療収入}{(社会保険診療収入 + その他の収入金額)}$$

どちらの方法により計算するかは各都道府県により異なり，北海道等のように①，②の選択適用が認められている県もあります。多くの場合，所得配分方式を採用した方が税額が少なくなると思われますが，選択適用が認められている都道府県では，試算をし，有利不利判定が必要となります。

　医療機関に対し個人事業税及び法人事業税ともに非課税措置等の軽減措置が講じられています。この措置は先にも述べた社会保険診療の公共性，非営利性という観点から昭和27年から導入されています。しかし最近，政府税制調査会において，事業税が課されている他産業との公正性の観点から，この軽減措置を廃止する審議が行われています。2010年度税制改正においては，医療機関に対する事業税の非課税措置を見直す方針が発表されました。厚生労働省「平成22年度税制改正　地方税要望事項」によると，社会保険診療の非課税措置を廃止した場合の税の見込額は1,100億円，医療法人の軽減税率を廃止した場合の税の見込額は10億円とも試算されています。また日本医師会から発表された資料によると，社会保険診療の非課税措置と軽減税率が撤廃された場合，一診療所当たり，個人診療所の場合年間118万円，法人の場合年間43万円程度増額するとの報告がなされております。

(2)　法人住民税

　法人に対して課される道府県民税，市町村民税及び都民税を法人住民税と呼びます。

　法人住民税は，以下の2種類に区分されます。

種　類	内　　容
法人税割額	国に対して納付する法人税額を基礎として課税される地方税
均等割額	法人の利益に関わらず，資本金，従業員数に応じて課税される地方税

　都道府県，市区町村に事務所，事業所を有する法人については，法人税割額と均等割額の両方が課税されます。

第❹章　医療法人特有の実践税務

① 法人税割額

法人税割額は，法人税別表一㊀の法人税額計を課税標準とし，税率を乗じて計算されます。

なお，平成26年度の税制改正において，地方法人課税の偏在性を是正し，地域間の財政力格差の縮小を図るため，法人税割の税率を引き下げ，その引下げ分に相当する地方法人税を創設することとされました。

② 均 等 割 額

法人住民税の均等割額は，次の算式により計算されます。

$$納付額＝均等割額×\frac{事業所等を有していた月数}{12}　\text{(百円未満の端数は切捨て)}$$

都道府県民税の均等割額は，資本金等の金額に応じて税額が定められており，市町村民税は，資本金等の額と従業員数に応じて税額が決められています。

なお，持分のない医療法人の均等割額は，一番少ない金額が適用されます。

区　　分 資本金等 の額	従 業 員 数	市町村民税	道府県民税	東京都23区 の 都 民 税
10億円以下1億円超	50人超 50人以下	400,000円 160,000円	130,000円	530,000円 290,000円
1億円以下1千万円超	50人超 50人以下	150,000円 130,000円	50,000円	200,000円 180,000円
1千万円以下	50人超 50人以下	120,000円 50,000円	20,000円	140,000円 70,000円

(3)　地方法人税

平成26年度の税制改正において，地方法人課税の偏在性を是正し，地域間の財政力格差の縮小を図るため，地方税の法人税割の税率を引き下げ，それに相当する部分を新たに地方法人税として国税化することとなりました。これを地方交付税原資とすることにより，地方法人税相当額を地方交付税として地方団体に交付することになりました。

【法人住民税法人税割と地方法人税】

課税標準額 （法人税額がベース）	× 税率 ＝	法人住民税および地方法人税

	平成29年３月31日まで		平成29年４月１日以後	
① 法人住民税法人税割	標準税率	制限税率	標準税率	制限税率
道府県民税法人税割	3.2%	4.2%	1.0%	2.0%
市町村民税法人税割	9.7%	12.1%	6.0%	8.4%
合　　計	12.9%	16.3%	7.0%	10.4%
② 地方法人税	4.4%		10.3%	
合計　①＋②	17.3%	20.7%	17.3%	20.7%

15 持分なし医療法人への移行と実践税務

(1) 経過措置型医療法人の問題

　平成19年４月に施行された第５次医療法改正によって，新規に設立できる社団形式の医療法人は，すべて「持分なし医療法人」となりました。厚生労働省としては，医療法人の非営利性を徹底するため，既存の持分のある医療法人（一般的に経過措置型医療法人と呼ばれています）から持分のない新医療法人への移行を促進するため，医療法で，「持分あり」から「持分なし」への移行を認めています（医療法50）。しかし，強制的に「持分なし」の医療法人への移行は，財産権の侵害にかかわることから，経過措置型医療法人は今後とも現状のまま存続することになります。しかしながら，出資持分を放棄して，持分なし医療法人へ移行すると，原則として，医療法人は，出資持分の贈与又は遺贈を受けたとしていわゆるみなし贈与規定（相法66④）が適用されます。

第❹章　医療法人特有の実践税務

(2)　移行に対する税務上の取扱い

①　税法上の持分のない法人とは

　公益法人制度改革において，公益目的を問わない一般社団法人や一般財団法人の設立が可能になり，これらの法人が相続税等の租税回避に利用されるおそれが出てきたため，国税庁は，相続税法第66条第4項の対象法人を，「持分の定めのない法人」に改正しました。税法では，「持分の定めのない法人」を，次のように定めています（相続税個別通達13）。

　　・定款等又は法令の定めにより，当該法人の社員等当該法人の出資にかかわる
　　　残余財産の分配請求権又は払戻請求権を行使することができない法人
　　・定款等に，社員等が当該法人の出資にかかわる残余財産の分配請求権又は払
　　　戻請求権を行使することができる旨の定めはあるが，そのような社員等が存
　　　在しない法人

②　持分なし医療法人への移行と課税関係

　「持分ありの医療法人」が「持分なしの医療法人」に移行する場合の課税関係について，税法は次のように定めています。

＜移行と税法の規定＞

①　非課税の要件を満たさない移行は，相続税又は贈与税の負担を不当に減少
　　させるため，医療法人を個人とみなして相続税又は贈与税を課税する（相法
　　66④）。
②　出資持分を放棄した者には，何ら課税問題は発生しない。
③　医療法人に対して，法人税が課税されることはない（法令136の4②）。た
　　だし，法人が所有する出資持分を放棄する場合は，持分なし医療法人への寄
　　附金として取り扱う。
④　医療法人が支払う相続税や贈与税は，法人所得において損金に算入するこ
　　とはできない（法法38②一）。

171

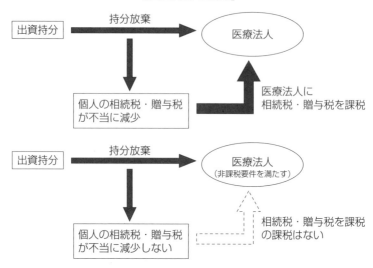

(3) 贈与税と相続税の課税計算

　出資持分を放棄したときの出資持分の時価は，財産評価基本通達194-2の規定による評価額となります。ただし，持分なしの医療法人に法人税が課税されないため，純資産価額の算定において，法人税等の控除はしません。

① 贈与税の課税額

　出資持分を放棄する場合，持分なしの医療法人を個人とみなして贈与税を算出します。つまり，本来個人が負担すべき贈与税が不当に減少したとして，法人に贈与税を課税するということです。不当に減少した贈与税（平成27年以後）は次のように算出します。

＜設　例＞

　持分ありの医療法人甲

出資者	出資金	出資金評価額
A	800万円	8,000万円
B	100万円	1,000万円
C	100万円	1,000万円
合計	1,000万円	10,000万円

不当に減少した贈与税の計算

贈与税における110万円の基礎控除は適用できます。

A：$(8,000-110) \times 55\% - 400 = 3,939.5$万円

B：$(1,000-110) \times 40\% - 125 = \quad 231$万円

C：$(1,000-110) \times 40\% - 125 = \quad 231$万円

合　計　　　　　　　　　　4,401.5万円

医療法人は贈与税の額4,401.5万円を支払うことで，持分なしの医療法人に移行できます。移行後は，A，B，Cに相続が発生しても，持分が放棄されているので相続税は生じません。

② 相続税の課税額

持分なし医療法人に移行する過程において，出資者に相続が発生した場合，医療法人が個人に代わって支払う相続税は，次のように算出します。

＜設　例＞

持分ありの医療法人甲の理事長である高齢のAは，出資金800万円を，また，医業承継者である長男Bと次男の会社員Cは，それぞれ出資金100万円を有しています。持分なし医療法人への移行を社員総会で決議し，県の担当者から定款変更認可のため指導を受けていましたが，持分を放棄する前に相続が発生しました。

Aの相続人：法定相続人B，Cの2人と受贈者医療法人甲

Aの相続財産：

医療法人甲の出資金　　800万円 その相続税評価額　8,000万円

その他の相続財産　　　3億2,000万円

遺産分割：BとC均等に1億6,000万円

・相続税の計算

課税遺産総額：4億円－4,200万円（基礎控除）＝3億5,800万円

B：$3億5,800万円 \times \dfrac{1}{2} \times 40\% - 1,700万円 = 5,460万円$

C：　同上　5,460万円

納税額の合計　$5,460万円 \times 2 = 10,920万円$

Bの納税額：$10,920万円 \times \dfrac{1億6,000万円}{4億円} = 4,368万円$

Ｃの納税額：4,368万円

甲の納税額：$10,920万円 \times \dfrac{8,000万円}{4億円} = 2,184万円$

法定相続人でないので２割加算

$2,184万円 \times 1.2 = 2,620.8万円$

・納税額の合計　11,356.8万円（B，C，甲の合計）

【通常の場合の相続税額】

　持分なしの医療法人への移行を申請しないで，Aに相続が発生した場合の相続税は次のようになります。

・相続税の計算

課税遺産総額：4億円－4,200万円（基礎控除）＝3億5,800万円

Ｂ：$3億5,800万円 \times \dfrac{1}{2} \times 40\% - 1,700万円 = 5,460万円$

Ｃ：　同上　5,460万円

納税額の合計　5,460万円 × 2 ＝ 10,920万円

Ｂの納税額：$10,920万円 \times \dfrac{2億円}{4億円} = 5,460万円$

Ｃの納税額：5,460万円

【不当に減少した相続税額】

　持分なしの医療法人への移行で，ＢとＣはそれぞれ相続税を1,092万円（4,368 －5,460＝△1,092），合計2,184万円を減少させることができます。この不当な減少に対して，医療法人甲は2,620.8万円（2,184×1.2（法定相続人でないので２割加算）＝2,620.8）の相続税をＢとＣに代わって支払うことになります。同時に，持分なしの医療法人に移行するために，ＢとＣは所有する出資持分を放棄することになるので，医療法人甲は，すでに説明したように贈与税として，Ｂの分231万円，Ｃの分231万円の合計額462万円を別途支払うことになります。

【不当に減少した相続税額の算定】

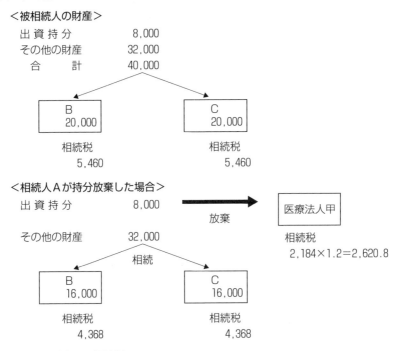

③ 贈与税と相続税の課税時期

(イ) 贈与の課税時期

　　いつの時点で持分なしの医療法人として税法上取り扱われるかについては，相続税法第66条第4項に規定する「持分の定めのない法人」に，「定款等に，社員等が当該法人の出資に係る残余財産の分配請求権又は払戻請求権を行使することができる旨の定めがあるが，そのような社員等が存在しない法人も該当する」(平成20年7月25日付国税庁資産課税課法令解釈第2－13(2))とされているので，出資持分を放棄した時点と解釈できます。

　　持分あり医療法人は経過措置型医療法人であり，行政上も持分なし医療法人への移行を勧めているので，持分なし医療法人への定款変更は当然認可されます。定款変更の申請は，出資持分の放棄が行われていなければ，原則と

して受理しません。それゆえ，実務的に，出資持分の放棄より定款変更認可日が先行することはありません。したがって，医療法人は，出資持分の放棄がなされた年の翌年3月15日の確定申告期限までに，「人格のない社団または財団に課される贈与税額の計算明細書」（第1表の付表2）を添付して，贈与税の申告をすることになります。

㈩　相続税の課税時期

　出資持分を放棄し，その結果，相続人の相続税が不当に減少するため，医療法人に相続税を課税するケースとしては，次のようなケースが想定されます。

①　社員総会で，持分なし医療法人への移行が承認されたが，出資持分を放棄する前に出資者に相続が発生した場合

②　出資者の遺言書に，持分なし医療法人への移行の意思とそれに伴う出資持分の放棄が記載されており，当該出資者の相続発生後，相続税の申告期限までに開催された社員総会で，持分なし医療法人への移行が承認され，出資者全員の出資持分放棄がなされた場合

③　出資者に相続が発生したが，申告期限までに認定医療法人の認可を取得し，いったん相続税の納税猶予を受けたが，課税要件で持分なし医療法人に移行した場合　など

　なお，課税時期は，当然，出資者に相続が発生した時となります。

(4)　厳しすぎる非課税要件

　非課税で移行できないかという問題に対して，税法は，非課税の要件を次のように厳しく定めています。

【非課税とされる法人の要件（相令33③）】

①　運営組織が適正であり，定款等にその役員等のうち親族等の占める割合を3分の1以下とすることが定められていること（なお，社員は親族等の占める割合が3分の1以下という規定はない）

②　社員，役員等に特別な利益供与がないこと

③　定款等で，解散した場合に残余財産を国，地方公共団体，持分の定めのな

第❹章　医療法人特有の実践税務

い法人等に帰属する旨を定めていること

④　仮装隠蔽等の法令違反がないこと

なお，運営組織が適正であるための判断基準について，次のように定めています。

【運営組織が適正であるための主な判定基準】（相続税個別通達15の要約）

①　法人の態様に応じて，理事・監事等の員数などの機関設計に関する事項が一定の要件を満たすこと。

②　贈与等を受けた法人の事業の運営及び役員等の選任等が，法令及び定款，寄附行為又は規則に基づき適正に行われていること。

③　役員等に，その地位にあることのみに基づき給与等を支給していないこと。

④　医療法人の場合，次のi又はⅱの要件を満たすこと。

　i　以下の要件をすべて満たすもの

　　イ　理事・監事・評議員の報酬等の支給基準を明示していること

　　ロ　社会保険診療に係る収入金額等（介護保険法の規定に基づく保険給付に係る収入金額を社会保険診療に係る収入に含めて差し支えない）の合計額が，全収入金額の100分の80を超えること

　　ハ　自費請求が社会保険診療報酬と同一基準により計算されること

　　ニ　医療診療により収入する金額が，医師・看護師等の給与，医療の提供に要する費用等患者のために直接必要な経費の額に100分の150を乗じて得た額の範囲内であること

　　ホ　その開設する医療提供施設のうち1以上のものが，その所在地の都道府県が定める医療計画の4疾病5事業に規定する医療連携体制に係る医療提供施設として記載及び公示されていること

　ⅱ　法人が特定医療法人の基準を満たすもの

　　非課税要件は上記のように大変厳しい内容になっているうえ，個別通達17項で，「相続税法第66条第4項の規定を適用すべきかどうかの判断は，贈与時を基準としてその後に生じた事実関係を勘案して行う」とされています。したがって，非課税で移行する場合は，税務当局と事前相談し，非課税要件を満たしていることを確認してもらい，また，出資持分放棄後に，

177

税務調査を受けて，移行についての是認を取り付けておくことが必要とされます。

(5) 特定医療法人の認可要件との比較対比

移行時に非課税となる要件と特定医療法人の認可要件との比較は，次の通りです。

要　　件	移行時の非課税要件	特定医療法人の認可要件
親　族　割　合	理事・監事・評議員その他役員等のそれぞれに占める親族等の割合がいずれも3分の1以下であること	同　左
役　員　報　酬　額	不当に高額とならないもの	年間3,600万円以下
社 会 保 険 診 療 収　入　割　合	右の社会保険診療等収入に助産及び介護保険収入を加えることができる	社会保険診療等に係る収入金額が全収入金額の80%以上
救急告示等資格	4疾病5事業に係る医療提供施設として医療計画に記載	病院は40床以上又は救急告示病医院（診療所は15床以上）
差額病床の割合	規定なし	特別の療養環境に係る病床数が当該医療施設の有する病床数の30%以下であること

4疾病5事業のいずれか1つを専門に行い，それが地域の医療を担うものとして都道府県の医療計画に記載されていれば，特定医療法人ほどの規模や実績がなくても，社会医療法人並みの要件による新基準の方で判定をクリアできることになりましたが，経過措置型医療法人にとって，持分なし医療法人への移行は，極めて厳しい基準となっています。

16 認定医療法人と納税猶予・免除制度

(1) 税法改正の趣旨

「持分ありの医療法人が，出資者の死亡，相続人等による出資持分の一部払戻しと残りの出資持分の放棄があっても，医業の継続に支障をきたすことなく，地

第❹章　医療法人特有の実践税務

域住民への医療提供を続けるとともに，円滑に持分のない医療法人に移行できることにより，地域住民に対して医療を安定的に提供するため」（厚生労働省の要望書）に，つまり，持分なし医療法人への移行を促進するため，新たに相続税と贈与税の納税猶予制度が創設されました。つまり，持分なし医療法人への移行プロセスにおいて，出資者の持分放棄に時間差があると他の出資者に「みなし贈与税」が課税され，また，出資者に相続が発生すると相続税が課税されることで，移行が困難にならないよう贈与税や相続税の納付を猶予して，スムーズに持分なし医療法人に移行できるように手当がなされました。

(2)　納税猶予の概要（措置法70の7の5，6）

　この制度は，認定制度の施行日（平成26年10月1日）から3年以内（平成29年9月30日まで）に限り，厚生労働大臣による移行計画の認定を受け，その後3年以内に持分なし医療法人に移行すると猶予税額は免除されるという特別措置です。
　その内容は，次の通りです。

＜相　続　税＞

① 相続人が出資持分を相続（遺贈も含む）により取得した際，一定の要件を満たした場合には，その持分に係わる相続税の納税が移行計画の期間満了まで猶予されます。

② 移行期間内に相続人が持分のすべてを放棄した場合には，猶予税額は免除されます。

③ 移行期間内に持分のない医療法人に移行しなかった場合又は認定の取消し，持分の払戻し等の事由が生じた場合には，猶予税額を納付します。また，基金拠出型医療法人に移行した場合には，持分のうち基金として拠出した部分に対応する猶予額についても同様とします。

④ 猶予税額の全部又は一部を納付する場合には，相続税の申告期限からの期間に関わる利子税を合わせて納付します。

⑤ 移行計画の認定制度の施行日（平成26年10月1日）以後の相続（遺贈も含む）に係わる相続税に適用されます。

179

＜贈　与　税＞

① 出資者が持分を放棄すると，他の出資者に「みなし贈与」が発生しますが，一定の要件（注）を満たした場合には，その持分に係わる贈与税が移行計画の期間満了まで猶予されます。

② 移行期間内に他の出資者が持分のすべてを放棄した場合には，猶予税額は免除されます。

③ 猶予税額の納付，利子税の納付等については，相続税と同様とします。

④ 移行計画の認定制度の施行日以後のみなし贈与に係わる贈与税に適用されます。

（注）　一定の要件
　　① 相続税の申告期限において医療法人が認定医療法人[注]であること
　　② 担保（全出資持分でも可）を提供すること
　　（注）認定医療法人とは，良質な医療を提供する体制の確立を図るための医療法等の一部を改正する法律に規定される移行計画について，認定制度の施行日から３年以内に厚生労働大臣の認定を受けた医療法人をいいます。

＜認定の手続き＞

認定医療法人の許可を得る手続きは，次の通りです。

① 移行計画の策定，移行検討に関する定款変更

移行計画には，移行医療法人の形態（社会医療法人，特定医療法人，基金拠出型医療法人等），移行に対し取り組む内容，移行期限等を記載する

② 厚生労働大臣に，移行計画・定款・出資者名簿等を提出する

③ 認定後も認定移行計画の実施状況を厚生労働大臣に報告しなければならない

第❹章 医療法人特有の実践税務

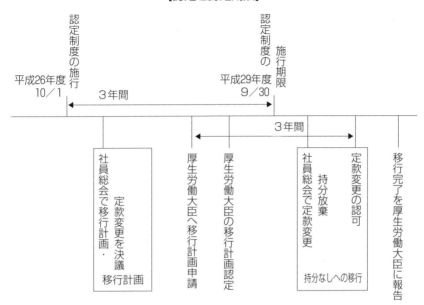

<移行期間中に相続・贈与が発生した場合の取扱い>
(i) 納税猶予の手続き
  ① 相続税・贈与税の申告に当たり、医療法人から移行計画の認定通知書、移行計画、定款、出資者名簿の交付を受けて、申告書に添付する
  ② 担保の提供を出資持分のすべてをもってするときは、質権設定承諾書等の必要書類等を提出する
(ii) 猶予税額免除の手続き
  ① 医療法人から放棄申出書(医療法人に提出したもの)出資者名簿を届出書に添付する
  ② 基金拠出型医療法人に移行した場合には、定款、持分の時価評価の評価書を提出する

(3) 相続税の納税猶予額

認定医療法人において、出資持分を所有する者に相続が発生した場合、持分を

相続した相続人に対する相続税の猶予税額は次のように算出します。

■納税猶予額の計算方法

<設　例>

持分あり医療法人甲の持分を高齢の理事長Aが100％所有しています。

この度，認定医療法人の許可が取得できましたが，Aが急死されたので計画通り，非課税要件を満たす持分なしの医療法人に移行する予定です。

・Aの相続財産

甲の出資持ち分	3億円
その他の財産	4億円
総計	7億円

相　続　人　　長男（副院長）と次男（会社員）の2人

遺産分割　　長男　甲の出資持分　3億円及びその他の財産2億円

次男　その他の財産　2億円

・相続税額の計算

課税遺産総額　7億円－4,200万円＝6億5,800万円

B：6億5,800万円×$\frac{1}{2}$×50％－4,200万円＝1億2,250万円

C：同上　1億2,250万円

納税額の合計　2億4,500万円

Bの納税額　2億4,500万円×$\frac{5億円}{7億円}$＝1億7,500万円

Cの納税額　2億4,500万円×$\frac{2億円}{7億円}$＝7,000万円

・納税猶予額の計算

Bが出資持分のみを，Cは遺産分割通り相続したとして計算します。

課税遺産総額　5億円－4,200万円＝4億5,800万円

B：4億5,800万円×$\frac{1}{2}$×45％－2,700万円＝7,605万円

C：同上　7,605万円

納税額の合計　1億5,210万円

Bの納税額（納税猶予額）1億5,210万円×$\frac{3億円}{5億円}$＝9,126万円

182

第❹章 医療法人特有の実践税務

・各相続人の納税額

    B：1億7,500万円−9,126万円＝8,374万円

    C：7,000万円

・結論　　猶予税額控除後の納税額合計　1億5,374万円

         猶予税額　　　　　　　　　　　9,126万円

  ＊　この猶予額は，移行期限までに持分なし医療法人に移行すると免除されます。

(4) 納税猶予と課税関係について

認定医療法人に認定されたが，出資者に相続が発生し，相続人が相続税の納税猶予を受けた場合，持分なし医療法人が，非課税の要件を満たす医療法人であるか，それとも満たせない医療法人であるかによって課税関係は大きく異なります。

① 非課税要件を満たす医療法人の場合

移行期限までに，非課税要件を満たす医療法人に移行完了すれば，相続税の納税猶予額は免除され，また，医療法人には課税関係が発生しません。

② 非課税要件を満たせない医療法人の場合

移行期限までに，非課税要件を満たせない医療法人に移行完了すれば，相続税の納税猶予額は免除されます。しかし，持分を放棄した時点で，医療法人を個人とみなして贈与税が課税されることになります。なぜなら，相続税の納税猶予制度は，相続した出資持分を含めた相続財産に相続税を課税し，そのうち放棄される予定の出資持分に対する相続税を猶予するというものです。つまり，相続人は出資持分を相続して，その後，持分なし医療法人への移行手続において，出資持分を放棄したと税法は捉えます。遺産分割協議書に基づき，相続した財産を，後日，他の相続人の名義に変更すると，他の相続人へ贈与があったとして取り扱われるのと同じです。

(5) 認定医療法人と納税猶予制度の意義

認定医療法人制度は，非課税要件を満たす医療法人，例えば，社会医療法人や特定医療法人に移行するときに，出資者の持分放棄に時間差が生じるときとか，認定や認可がなされる前に出資者に相続が発生するような場合等には，この制度

によるメリットはありますが，非課税要件を満たさない医療法人への移行に対しては，ほとんど意義のない制度といえましょう。

17 特定医療法人への移行と実践税務

(1) 特定医療法人の認可要件

　特定医療法人とは，措置法67の2に基づく財団又は持分の定めのない社団の医療法人であって，公益性の高い医療法人のことをいいます。特定医療法人として認められた場合には，法人税において19％（現行）の軽減税率が適用となるほか，社員の持分については放棄するので相続税が非課税となる等の優遇措置が受けられます。

　特定医療法人となるためには，都道府県知事に定款変更認可を受け，所轄国税局に承認申請書類を提出し，国税庁長官の承認を受ける必要があります。

　特定医療法人となるための承認基準の概要は，以下の通りです。

① 財団又は持分の定めのない社団の医療法人であること

② 理事・監事・評議員その他役員等のそれぞれに占める親族等（6親等内の血族，配偶者及び3親等内の姻族等を指し，本人を含む）の割合がいずれも3分の1以下であること

③ 設立者，役員等，社員又はこれらの親族等に対し，特別の利益を与えないこと

④ 寄附行為・定款に，解散に際して残余財産が国，地方公共団体又は他の医療法人に帰属する旨の定めがあること

⑤ 法令に違反する事実，その帳簿書類に取引の全部又は一部を隠蔽し，又は仮装して記録又は記載している事実その他公益に反する事実がないこと

⑥ 社会保険診療に係る収入金額の合計額が全体の80％を超えること

⑦ 自費患者に対し請求する金額は，社会保険診療報酬と同一の基準により計算されるもの

⑧ 医療診療収入は，医師，看護師等の給与，医療提供に要する費用等患者のために直接必要な経費の額の150％範囲内であること

第❹章　医療法人特有の実践税務

⑨　役職員1人につき年間の給与総額が3,600万円を超えないこと
⑩　医療施設の規模が以下のいずれかの基準に適合すること
　・　40床以上（専ら皮膚泌尿器，眼科，整形外科，耳鼻咽喉科又は歯科の診療を行う病院にあっては30床以上）
　・　救急告示病院
　・　救急診療所である旨を告示された診療所であって15床以上を有すること
　・　医療機関ごとに，特別の療養環境に係る病床数が当該医療施設の有する病床数の30%以下であること

(2)　特定医療法人への移行のメリット・デメリット

【メリット】

①　法人税について，19%（ただし，所得800万円以下は15%）の軽減税率が適用される
②　社員の持分に対する相続税が非課税となる
③　承認時において，病院敷地等の医療法人への寄附により生じる譲渡所得税が措置法40の適用申請により非課税となる。ただし，医療法人には受贈益が課税される
④　持分の払戻請求権，相続税の負担がなくなるため病院運営の継続性が確保できる

【デメリット】

①　同族関係者が3分の1以下に制限されることに伴い，一部の同族役員を退職させる必要がある
②　役員給与について制限されてしまう
③　自費診療や差額ベッド代等について制限があるため，収入が減少してしまう可能性がある
④　持分放棄に伴い，財産権を放棄することになる

また，認可後も，適正に要件を満たしていることを証明するために，毎年，国税庁長官に対し，「厚生労働省の定める基準を満たすための証明書」等の提出が義務付けられることになります。

185

(3)　特定医療法人の取消し

　特定医療法人が承認要件を満たさなくなった場合，国税庁長官は，その満たさないこととなったと認められるときまで溯って，承認を取り消すことができます。例えば，平成21年3月期の事業年度に，承認要件を満たさない事象があったと判断すれば，平成21年3月期の事業年度から確定申告の終わった事業年度までについて，普通の医療法人としての税金が課税されることになり，修正申告をすることになります。

　なお，特定医療法人が，承認要件を満たさなくなるため，自発的に承認を取りやめようとする場合は，「特定医療法人承認に係る税率の適用をやめようとする理由等」を記載した届出書を，納税地の所轄税務署長を経由して国税庁長官に提出することになります。その場合，適用をやめようとする事業年度から，普通の医療法人としての税金が課税されることになります。ただし，特定医療法人の承認を受けてから，あまり年数が経過していない時期での自主取消は，非課税で持分なし医療法人へ移行したいがための申請であるとみなされ，移行に対して課税関係が生じることもありますので，留意しなければなりません。

18　社会医療法人への移行と実践税務

(1)　社会医療法人とは

　社会医療法人は，第五次医療法改正に伴って創設され，地域医療の中核を担う医療機関として公益性の高い医療サービスを担う存在として位置付けられた医療法人です。自治体病院の民営化への受け皿として期待もあり，赤字体質が慢性化している自治体病院に代わって，体力があり，効率的な経営をしている民間病院に地域医療の主役を担ってもらうということから社会医療法人制度は創設されました。

　従来，自治体病院が行ってきた採算の合わない分野を担うことになるので，社会医療法人には，公共性の高い医療に伴うロスをカバーできるようにするため，児童入所施設の設置・運営や障害者入所施設の設置の設立・運営等の第1種社会福祉事業に加え，収益業務も認められるほか，自立型経営を持続できるよう公募

郵 便 は が き

料金受取人払郵便

落合支店承認

4079

差出有効期間
2017年2月12日
(期限後は切手を
おはりください)

161－8780

東京都新宿区下落合2-5-13

㈱ 税務経理協会

社長室行

|||・||||・|||・||||・||||・||・|・|・||・|・|・||・|・|・||・|・|・||・|・||・||・|・|・||・|・||・|・||・||||

お名前	フリガナ		性別	男 ・ 女
			年齢	歳

ご住所	□□□-□□□□　TEL　　（　　　　　）

E-mail	

ご職業	1．会社経営者・役員　2．会社員　3．教員　4．公務員 5．自営業　6．自由業　7．学生　8．主婦　9．無職 10．公認会計士　11．税理士　12．その他（　　　　　　　）

ご勤務先・学校名	

部署		役職	

ご記入の感想等は，匿名で書籍のPR等に使用させていただくことがございます。
使用許可をいただけない場合は，右の□内にレをご記入ください。　　　　□許可しない

ご購入ありがとうございました。ぜひ、ご意見・ご感想などをお聞かせください。
また、正誤表やリコール情報等をお送りさせて頂く場合もございますので、
E-mail アドレスとご購入書名をご記入ください。

この本の タイトル	

Q1　お買い上げ日　　　　年　　　月　　　日
　　ご購入　　1．書店・ネット書店で購入（書店名　　　　　　　　　）
　　方　法　　2．当社から直接購入
　　　　　　　3．その他（　　　　　　　　　　　　　　　　　　　　）

Q2　本書のご購入になった動機はなんですか？（複数回答可）
　　1．店頭でタイトルにひかれたから　　2．店頭で内容にひかれたから
　　3．店頭で目立っていたから　　　　　4．著者のファンだから
　　5．新聞・雑誌で紹介されていたから（誌名　　　　　　　　　　　）
　　6．人から薦められたから
　　7．その他（　　　　　　　　　　　　　　　　　　　　　　　　　）

Q3　本書をお読み頂いてのご意見・ご感想をお聞かせください。

Q4　ご興味のある分野をお聞かせください。
　　1．経営　　　　2．経済・金融　　　　3．財務・会計
　　4．流通・マーケティング　　　　　　5．株式・資産運用
　　6．知的財産・権利ビジネス　　　　　7．情報・コンピュータ
　　8．その他（　　　　　　　　　　　　　　　　　　　　　　　　　）

Q5　カバーやデザイン、値段についてお聞かせください
　　①タイトル　　　　　1良い　　2目立つ　　3普通　　4悪い
　　②カバーデザイン　　1良い　　2目立つ　　3普通　　4悪い
　　③本文レイアウト　　1良い　　2目立つ　　3普通　　4悪い
　　④値段　　　　　　　1安い　　2普通　　　3高い

Q6　今後、どのようなテーマ・内容の本をお読みになりたいですか？

ご回答いただいた情報は、弊社発売の刊行物やサービスのご案内と今後の出版企画立案の参考のみ
に使用し、他のいかなる目的にも利用いたしません。なお、皆様より頂いた個人情報は、弊社のプ
ライバシーポリシーに則り細心の注意を払い管理し、第三者への提供、開示等は一切いたしません。

第❹章　医療法人特有の実践税務

債も発行することができます。

　社会医療法人は都道府県医療審議会の聴聞を経て都道府県知事が認定します。認定要件は，特定医療法人・特別医療法人の承認・認可要件を基本としていますが，次の２点が必要とされています。

① 　小児救急医療，へき地医療等，救急医療等確保事業の実施が義務付けられます。

② 　社会医療法人債を発行する場合は，一定規模以上の医療法人の場合，公認会計士又は監査法人の財務諸表監査が義務付けられます。

　社会医療法人は，地域医療の安定確保と医療経営の安定化を目的にして創設された医療法人であるので，公募債の発行だけでなく，国や地方公共団体からの財政支援，税制の特典が与えられています。

　主な認定要件は，下記の通りです。

① 　役員・社員等については，同族関係者が３分の１以下であること

② 　救急医療等確保事業に係る業務を実施し，その業務が厚生労働大臣が定める基準に適合していること

　　緊急医療等確保事業とは，次に掲げる医療の確保に必要な事業をいいます。

・救急医療

・災害時における医療

・へき地の医療

・周産期医療

・小児医療

・その他都道府県知事がその都道府県における疾病の発生状況等に照らして特に必要と認める医療

③ 　定款又は寄附行為において，解散時の残余財産を国，地方公共団体又は他の医療法人に帰属させる旨を定めていること

187

(2) 社会医療法人移行のメリット，デメリット

【メリット】

① 社会的地位の向上

　非営利性・公共性が高い組織となり，地域医療の社会貢献度が高まります。

② 収益業務の実施が可能

　不動産賃貸業，飲食店等の収益業務を実施することができ，その収益を経営に充当することができます。

③ 社会福祉事業が可能

　第1種社会福祉事業のうち，特別養護老人ホーム，養護老人ホーム，救急施設，厚生施設及び経費老人ホーム（A型，B型）を除くものについて事業が可能となります。

④ 社会医療法人債の発行

　社会医療法人債の発行が可能となり，資金調達の手段が広がります。

⑤ 税制優遇措置

　法人税（医療保健業に係るもの），固定資産税（救急医療等確保事業の用に供する固定資産に係るもの）及び預金利息等に係わる源泉所得税が非課税となります。

【デメリット】

① 非同族要件

　社員，役員及び評議員の同族関係者の比率を3分の1以下とすることが必要であるので，スピード経営や強いリーダーシップの経営が取りづらくなります。

② 認定要件をクリアする経営を展開しなければならない

　高いハードルの認可要件を恒常的にクリアする経営を展開していかなければならなく，著しい環境の変化でそのハードルのクリアが困難になった場合は，それに対する代償を支払う用意をしておかねばなりません。ただし，認定基準を満たさないとすぐ取消しとするのではなく，1年間の猶予規定があり，翌年にクリアすればよいとされています。

第❹章　医療法人特有の実践税務

(3)　税務上の取扱い

①　社会医療法人への移行時

　社会医療法人への移行は組織変更になるので，既存の医療法人は解散し，新たに社会医療法人を設立したものとされますが，特定医療法人と同様，組織変更であっても移行時における課税問題は発生しません。認定日の前日に既存の医療法人の事業年度が終了し，認定日以降，社会医療法人の事業年度が始まります。ただし，青色申告書の承認申請や公益法人等の収益事業の開始届出書の提出は必要ありません。既存の医療法人の最終事業年度の申告においては，次の点に留意しなければなりません。

① 　欠損金の繰戻し還付ができること

② 　貸倒引当金の計上ができないこと

③ 　一括償却資産の未償却残高の損金算入ができること

④ 　社会医療法人への繰越しができないもの

　イ　青色欠損金　　　　ロ　災害損失金

　ハ　期限切れ欠損金　　ニ　圧縮記帳した固定資産の特別勘定

②　社会医療法人が行う業務

　イ　医療保健業

　　病院，介護老人保健施設，診療所にて行う医療保健業（自費診療，室料差額収入等も含む）については，法人税・地方税が非課税となります。消費税は納税義務があります。

　ロ　付 随 業 務

　　売店，公衆電話，患者用駐車場等は法人税の課税対象

　ハ　附 帯 業 務

　　訪問看護ステーション，デイサービス，居宅支援事業，地域包括支援センター等は，法人税の課税対象

　ニ　収 益 業 務

　　不動産賃貸業，その他の収益業務等は法人税の課税対象

　　　＊　法人税率は現行19％（ただし，所得800万円以下は15％）

189

③ 固定資産税

次に掲げる固定資産に係る固定資産税は非課税とされます。

イ　看護師，准看護師，歯科衛生士その他政令で定める医療関係者の養成所において直接教育の用に供する固定資産

ロ　救急医療等確保事業に係る業務の用に供する固定資産

④ みなし寄附金

収益業務から収益業務以外の業務に支出した金額を寄附金とみなし，収益業務に係る所得金額の50％又は年200万円のいずれか大きい金額が，損金算入限度額とされます。

⑤ 認定取消しと課税関係（法法64の4一）

医療法人が社会医療法人に認定されると，従前の医療法人は解散して，新たに社会医療法人が設立されたとしてみなされます。そして，社会医療法人の認定が取り消されると，取消日の前日を持って社会医療法人は解散したものとみなされ，取消日に新たに医療法人が設立されたものとみなされます。実務上，認定日や認定の取消日は，その医療法人の事業年度の期首とされています。

社会医療法人であった期間は，収益事業から生じた所得に対してのみに課税がされますが，認定が取り消されると，社会医療法人が設立された時点から全所得に対して課税がされます。収益事業以外の事業から生じた未課税の累積所得金額（又は欠損金額）に対して，認定取消し後の最初の事業年度の所得計算において，益金の額（又は損金の額）に算入されることになります。

【取消日前日の貸借対照表】

第**❹**章　医療法人特有の実践税務

19　社会医療法人と課税所得の算定

(1)　課税される収益事業

　社会医療法人の業務のうち，本来業務及び必須的に付随する行為（例えば予防接種等）は非課税，附帯業務のうち医療保健業に該当する業務は課税，また，本来業務に必須的に付随する行為でない収益事業や税法上，限定列挙された業種のうち課税に該当する収益業務は課税として取り扱われます（法法7，法令5①二十九）。

　社会医療法人において，具体的に課税対象になる収益事業は，次のようになります。

　付 帯 業 務……訪問看護ステーション，地域包括支援センター，デイサービス，
　　　　　　　　居宅支援事業等

　物品販売業……売店業務　自動販売機等による物品販売

　物品貸付業……寝具の貸付け，テレビの貸付け

　不動産貸付業……ただし，医療保健業に携わる看護師等から徴収する寮費等の
　　　　　　　　収入は，法人が負担する支出の方が通常多いので，課税の対
　　　　　　　　象とされない（法基通15-2-9）

　通 　信 　業……公衆電話料

　請 　負 　業……治験の受託収入

　印 　刷 　業……コピー代の対価

　飲 食 店 業……付添人などの給食代金

　仲 　立 　業……自販機，寝具・おむつ等，葬儀，実習生研修等の仲立料

　駐 車 場 業……病院の敷地内外を問わない駐車場の収入，また，駐車場として
　　　　　　　　土地の貸付け

(2)　税務区分された損益計算書と貸借対照表の作成

　附帯業務は，ほとんどの場合，病院とは別個に会計単位を定めて会計処理が行われています。しかし，物品販売などは，通常，病院の会計単位に含まれて会計

191

処理がなされています。したがって，病院の会計に含まれている収益事業を分離する作業が必要になります。社会医療法人の課税所得を算出するには，課税の対象になる業務を一つの会計単位として捉え，非課税事業と税務区分して損益計算書及び貸借対照表を作成することが必要になります。

　課税対象の収入は収益事業の定義を正しく理解すれば，大きな問題はありません。しかし，収益に対応する費用を算定するには，直接費用だけでなく，非課税事業と課税事業と共通して発生している費用のうち，課税事業に係る費用を把握する必要があります。共通費用は，次のような基準によって，課税事業と非課税事業に按分します。

共　通　費　用	按　分　基　準
減 価 償 却 費	面積割合，使用割合
人　　件　　費	従事割合
支　払　利　息	総資産の割合
地　代　家　賃	面積割合
そ の 他 費 用	収入割合

(3)　事例でみる所得計算

①　損益計算書と貸借対照表の作成

　社会医療法人千代田会は，病院と訪問看護ステーション（以下訪看という）があり，会計単位はそれぞれ別になっています。病院と訪看との取引は本支店勘定を用いて処理しています。病院の決算には，収益事業に該当する事業が含まれていますが，病院の収益事業と訪看の損益計算書と貸借対照表を作成し，納付すべき法人税等の計上額を病院の収益事業に計上すると次表のようになります。

　なお，本支店勘定は将来精算されるべきものではなく，みなし寄附金の取扱いになるので，純資産の部に計上します。

　また，収益事業の期首純資産額は，非課税事業において元入出資金として，収益事業では元入金として計上します。

損益計算書

自平成X1年4月1日至平成X2年3月31日

	病院非課税	収益業務	病院計	訪問看護	医療法人	課税部門
診療収益	3,397,840		3,397,840		3,397,840	0
その他医業収益	129,170		129,170	44,470	173,640	44,470
医業収益　計	3,527,010		3,527,010	44,470	3,571,480	44,470
材料費	609,590		609,590		609,590	0
人件費	1,975,160		1,975,160	24,020	1,999,180	24,020
委託費	246,890		246,890	3,600	250,490	3,600
設備関係費	371,760		371,760	7,460	379,220	7,460
経費	106,520		106,520	8,040	114,560	8,040
医業利益	217,090		217,090	1,350	218,440	1,350
医業外収益	0		0		0	0
課税収益収入	0	123,860	123,860		123,860	123,860
その他医業外収益	48,700		48,700	240	48,940	240
医業外費用			0		0	0
課税収益費用		88,900	88,900		88,900	88,900
その他医業外費用	27,640		27,640	180	27,820	180
経常利益	238,150	34,960	273,110	1,410	274,520	36,370
税引前当期純利益	238,150	34,960	273,110	1,410	274,520	36,370
みなし寄附金計上前利益	238,150	34,960	273,110	1,410	274,520	36,370
みなし寄附金収入	0	0	0	0	0	0
繰越金収入	0		0		0	0
繰越金支出（みなし寄附金）	0	34,440	34,440	1,300	0	35,740
修正後利益	238,150	520	238,670	110	274,520	630
法人税等	0	4,546	4,546	0	4,546	4,546
当期純利益	238,150	△4,026	234,124	110	269,974	△3,916 ①

貸借対照表　　　平成X2年3月31日現在

	病院非課税	収益業務	施設内取引消去	病院計	訪問看護	非収益事業	収益事業	法人内取引消去	法人決算
現預金	913,900			913,900	1,200	913,900	1,200		915,100
医療未収金	470,100			470,100	5,560	470,100	5,560		475,660
その他流動資産	16,000	4,890		20,890	600	16,000	5,490		21,490
有形償却資産	1,710,500			1,710,500	1,100	1,710,500	1,100		1,711,600
土地	485,600			485,600		485,600			485,600
無形固定資産	38,500			38,500		38,500			38,500
その他の資産	167,530			167,530		167,530			167,530
元入出資金	8,280		△4,370	3,910	0	8,280	0	△8,280	0
資産合計	3,810,410	4,890	△4,370	3,810,930	8,460	3,810,410	13,350	△8,280	3,815,480
支払債務	370,240			370,240	2,840	370,240	2,840		373,080
未払法人税等	0	4,546		4,546		0	4,546		4,546
その他流動負債	73,000			73,000	1,600	73,000	1,600		74,600
長期借入金	1,037,000			1,037,000		1,037,000			1,037,000
負債合計	1,480,240	4,546	0	1,484,786	4,440	1,480,240	8,986	0	1,489,226
元入金		4,370	△4,370	0	3,910		8,280	△8,280	0
本支店勘定	1,300			1,300	△1,300	1,300	△1,300		0
剰余金	2,328,870	△4,026		2,324,844	1,410	2,328,870	△2,616		2,326,254
純資産合計	2,330,170	344	△4,370	2,326,144	4,020	2,330,170	4,364	△8,280	2,326,254
負債・純資産合計	3,810,410	4,890	△4,370	3,810,930	8,460	3,810,410	13,350	△8,280	3,815,480

期首　　　平成X1年4月1日現在　　　（計）

	収益業務	訪問看護	収益事業
期首資産合計	4,570	8,440	13,010
期首負債合計	200	4,530	4,730
期首純資産合計	4,370	3,910	8,280

第❹章 医療法人特有の実践税務

みなし寄附金算定表

	収益業務	訪問看護	合　計	
期末資産合計	4,890	8,460	13,350	
期末負債合計	4,546	4,440	8,986	
期末純資産合計	344	4,020	4,364	
期首純資産合計	4,370	3,910	8,280	
当期純資産増減	△4,026	110	△3,916	ロ
みなし寄附金計上前利益	34,960	1,410	36,370	イ
未払法人税等	4,546	0	4,546	ハ
みなし寄附金額	34,440	1,300	35,740	③＝イー（ロ＋ハ）

申告所得

修正後利益	△3,916	①
加算　法人税等	4,546	
所得仮計	630	②
寄附金		
みなし寄附金	35,740	③
寄附金支出前所得	36,370	②＋③＝④
寄附金損金算入限度額	18,185	④×50%＝⑤
寄附金損金不算入額	17,555	③－⑤
課税所得	18,185	
法人税等(25%)	4,546	

② みなし寄附金

イ）病院決算に含まれる収益事業

　　物品販売などの代金の回収が病院窓口会計で行われているので，入金された金銭は，収益事業から病院（非課税部門）への「みなし寄附金」として捉えます。期末純資産と期首純資産の差額が当期純利益となるので，みなし寄附金計上前利益から当期純資産増減額と未払法人税等を控除した金額が「みなし寄附金額」となります。

ロ）訪問看護事業

　　独立した会計単位で会計処理が行われ，病院（非課税部門）との取引は，本支店勘定を用いて処理しています。訪看から病院に渡された金銭等は，本店勘定の増加と処理され，その金額は「みなし寄附金」と捉えます。

195

③ 課税所得の算定

当期純利益（△3,916）に未払法人税等（4,546）を加算し，所得仮計（630）を算出します。次にみなし寄附金支出前所得（36,370）を算出し，寄附金損金算入限度額（18,185）を算出します。次に，寄附金損金不算入額（17,555）を加算して課税所得（18,185）を算出します。実効税率を25％とすると，未払法人税等は4,546となります。

(4)　その他の税金

①　事　業　税

原則として法人税の所得を課税標準とするので，収益事業以外の収入は自動的に非課税となります。次に，一般の医療法人の手続きと同様，収益事業において，社会保険診療報酬等から生じた所得は非課税として，事業税の課税所得を算出します。

②　消　費　税　等

社会医療法人は消費税法上，公益法人等とされているので，特定収入から賄われた仕入れに係る消費税等は仕入税額控除ができないという特例が適用されます。補助金収入のうち給与補てん，借入金返済補てんなど明らかに仕入れに係る消費税等を賄うものでないものを除き，特定収入とされ，その特定収入割合が5％を超えるときは，仕入れ税額控除の調整計算が必要になります。

特定収入割合＝特定収入÷（資産の譲渡等の対価の額＋特定収入）

20　医療法人と相続税対策

医療法人は，持分あり医療法人（経過措置型医療法人）と持分なし医療法人があります。持分なし医療法人であれば，出資持分の概念がないので，拠出者に相続が発生しても，特段の相続税の問題は発生しません。しかし，持分あり医療法人では，出資者に相続が発生すると，相続人に出資持分に対する相続税の問題が発生します。

第❹章 医療法人特有の実践税務

(1) 出資持分の評価方法

定款で，「社員資格を喪失した者は，その出資額に応じて払戻しを請求することができる」，また，「残余財産は，払込済出資額に応じて分配するものとする」と記載されている持分ありの医療法人の出資持分には，評基通194-2の「医療法人の出資の評価」の規定が適用され，医療法人の出資持分は，原則として，「取引相場のない株式」の原則的評価方法に準じて計算した価額で評価されます。

すなわち，下記のように医療法人の規模に応じて類似業種比準方式，純資産価額方式又は類似業種比準価額と純資産価額との併用方式によって評価されます。

【医療法人の規模の判定】

			純資産価額及び従業員数	取 引 金 額
大 法 人			10億円以上かつ50人超	20億円以上
中 法 人		大	7億円以上かつ50人超	12億円以上20億円未満
		中	4億円以上かつ30人超	6億円以上12億円未満
		小	4,000万円以上かつ5人超	6,000万円以上6億円未満
小 法 人			4,000万円未満又は5人以下	6,000万円未満

※ 従業員100人以上の場合は，すべて大法人となります。

【出資の評価方法】

法人規模		評 価 方 法
大 法 人		① 類似業種比準価額 ② 純資産価額 ③ ①と②のいずれか低い金額
中 法 人	大	① 類似業種比準価額×0.9＋純資産価額×0.1
	中	① 類似業種比準価額×0.75＋純資産価額×0.25
	小	① 類似業種比準価額×0.6＋純資産価額×0.4 ② 純資産価額 ③ ①と②のいずれか低い金額
小 法 人		① 類似業種比準価額×0.5＋純資産価額×0.5 ② 純資産価額 ③ ①と②のいずれか低い金額

※ 医療法人が「特定の評価会社」に該当する場合は，原則として「純資産価額方式」で評価します。

197

「特定の評価会社」とは，次に掲げるものをいいます。

① 比準要素数1の会社

② 開業後3年未満

③ 株式保有特定会社

④ 土地保有特定会社

⑤ 開業前又は休業中の会社

(2) 類似業種比準価額方式と純資産価額方式による具体的な評価方法

類似業種比準価額方式と純資産価額方式による具体的な評価方法は，次の通りです。

① 類似業種比準価額方式による評価

$$A \times \frac{\dfrac{Ⓒ}{C} \times 3 + \dfrac{Ⓓ}{D}}{4} \times 斟酌率$$

A：類似業種の株価（「その他の産業」業種区分118を適用）

C：類似業種の利益金額

D：類似業種の純資産価額

Ⓒ：医療法人の利益金額

Ⓓ：医療法人の純資産価額

(注)　従前は純資産価額方式だけでの評価でしたが，上場されている医療法人はないものの，中小企業の自社株評価と同様に，類似業種比準価額方式も採用できるようになりました。

(注)1　分母の4は，Ⓒがゼロの場合でも4として計算します。

2　斟酌率は，医療法人の規模
　　　　大法人に該当する場合……0.7
　　　　中法人に該当する場合……0.6
　　　　小法人に該当する場合……0.5

② 純資産価額方式による評価

$$\frac{(総資産価額-負債の合計)\atop(X) \overset{相続税評価額}{} - (X - Y - (総資産価額-負債の合計)) \times 38\%（現行)}{課税時期における出資口数（50円換算）}$$

第❹章　医療法人特有の実践税務

(3)　評価の計算例

(イ)　医療法人の前提条件

①　医療法人　医療法人Ｍ（３月決算）

②　課税時期　平成27年４月30日

③　出 資 金　20,000千円（400,000口）

④　出 資 者　甲（理事長）300,000口（75％），乙（甲の長男）100,000口（25％）

⑤　直前期末以前１年間の取引金額（医業収益）　190,000千円

　　直前期末の総資産価額（簿価）　　　　　　　263,200千円

　　直前期末の従業員数　　　　　　　　　　　　15人

⑥　比準要素である利益金額及び利益積立金額

	直 前 期	直 前 々 期	直前々期の前期
利 益 金 額	16,400千円	22,100千円	23,000千円
利 益 積 立 金 額	73,000千円	61,300千円	50,100千円

⑦　課税時期における純資産価額

	総資産価額	負 債 金 額	純資産価額
相続税評価額	400,000千円	150,000千円	250,000千円
帳簿価額	320,000千円	150,000千円	170,000千円

(ロ)　医療法人の規模の判定

取引金額　　60,000千円≦190,000千円＜600,000千円

総資産価額　40,000千円≦263,200千円＜400,000千円

従 業 員　　５人＜15人≦30人

※　判定の結果，「中法人の小」に該当

(ハ)　類似業種比準価額方式による出資金評価額の算定

①　類似業種の株価等

業種目	番 号	B 年配当金額	C 年利益金額	D 純資産価額	A株価			
					26年平均	27年2月	27年3月	27年4月
その他の産業	118	4.7	24	250	446	496	500	486

199

② 医療法人Mの出資持分1口当たりの年利益金額

　　直　前　期：16,400千円÷400,000口＝41円

　　直前々期：22,100千円÷400,000口＝55円

　→　どちらか低い方として，41円を選択

③ 医療法人Mの出資持分1口当たりの純資産価額

　　直前期：（20,000千円＋73,000千円）÷400,000口＝232円

④ 類似業種比準価額方式による出資金評価額算定

　　株価は課税月（27年4月）・前月（27年3月）・前々月（27年2月）の株価と前年1年間（26年）の平均株価のうち，最も低い株価である446円を選択

$$446 \times \left(\frac{\dfrac{41}{24} \times 3 + \dfrac{232}{250}}{4} \right) \times 0.60 \times \frac{50}{50} = 401円$$

(二) 純資産価額方式による出資金評価額の算定

$$\frac{400,000千円 - 150,000千円 - 30,400千円^{(注)}}{400,000口} = 549円$$

　　(注)　評価差額に対する法人税等相当額

　　　　｛（400,000千円－150,000千円）－（320,000千円－150,000千円）｝×38％
　　　　＝30,400千円

(ホ) 併用方式による出資金評価額

　　401円×0.60＋549円×（1－0.60）＝460.2円　→　460円

(ヘ) いずれか低い金額

　① 類似業種比準価額方式との併用方式による評価額は460円

　② 純資産価額による1口当たりの評価額は549円

　　→　460円（額面価額50円の約9.2倍）

(ト) 出資金の評価額

　　出資金300,000口の相続税評価額は138,000千円（460×300,000＝138,000千円）となります。すなわち，甲の出資金15,000千円は相続時において138,000千円の価値を持つ相続財産として評価され，甲の相続人に相続税が課税されることになります。

(4) 出資持分の相続税対策
(A) 自院の取るべき方針を決める

　出資持分の相続税問題は，今後，出資持分の相続税評価額がどのように推移していくのかを予測し，早い段階から自院の取るべき方針を判断し，出資持分の相続税問題を解決しなければなりません。

　出資持分の相続税問題は，出資持分の所有者の考え方，医療法人の規模，理事長や医業承継者の考え方などによって大きく違ってきます。次のフローチャートを参考に，自院の取るべき方針を検討してください。

【持分あり医療法人の出資持分の相続税対策】

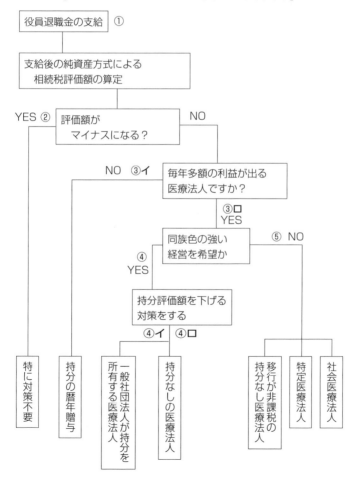

＜解　説＞

①　役員退職金の算定

　　功績倍率方式で，理事長先生の退職金を算定します。例えば，理事長の月額報酬が300万円，役員就任期間が20年，功績倍率を3とした場合の役員退職金は1億8,000万円となります。

②　退職金計上後の純資産評価額がマイナスの場合

　　医療法人の純資産評価額を算定し，その金額から理事長先生への退職金を控除します。その結果，退職金計上後の純資産評価額がマイナスになれば持分に対して相続税は課税されません。

　　無床診療所のほとんどが，理事長への死亡退職金を計上すると，純資産評価額はマイナスになります。このようなケースでは，持分に対する特別な相続税対策は必要ありません。

③　毎年多額の利益が出る医療法人であるか

イ）　毎年の利益が僅少である場合

　　退職金計上後の純資産評価額はプラスであるが，毎年の利益が僅少であれば，持分を毎年相続人に贈与していく方法があります。

ロ）　毎年の利益が多額に発生する場合

　　毎年の利益が多額に発生し，持分評価額が額面の何十倍になっている医療法人では，今後どのような方針で医療法人を運営するかを早急に検討しなければなりません。

④　同族色の強い経営を希望する場合

　　医療法人を運営するに当たり，同族色を強く出し，家族の結束力で医療法人を力強く運営したい場合は，それに沿った対策をとります。まず，持分に対する相続税評価額を下げ，できるだけ少ない税負担で持分を移動し，理事長先生に相続が発生しても，持分に対して相続税が課税されないようにします。

イ）　一般社団法人への譲渡

　　一般社団法人に持分を売却し，一般社団法人から売買代金を得ます。譲渡人は，譲渡所得税を支払うことで，持分の相続税問題から解放されます。

第❹章　医療法人特有の実践税務

　　ロ)　持分なしの医療法人に移行する

　　　持分の相続税評価額が多額で，一般社団法人にとって，売買代金の負担
　　が困難であれば，持分なしの医療法人に移行します。免れた相続税や贈与
　　税は，医療法人が個人に代わって支払うことになります。

⑤　同族色が強くない経営に移行したい場合

　　公共的医療機関として運営していきたい場合は，非課税の要件を満たし，
　持分を放棄し，持分なしの医療法人に移行します。移行先には，社会医療法
　人，特定医療法人，そして非課税要件を満たした持分なし医療法人がありま
　す。

(B)　相続税評価額を下げる対策

　出資持分に対して課税が生じるのは，出資者に相続が発生した時や持分を他の
者に移動した時です。課税の生じる時点において，持分の相続税評価額が低いほ
ど税金は少なくなります。したがって，相続税対策には，次の2つの方法があり
ます。

①　意識的に評価額が下がる対策を打って，持分を移動する（例：役員退職金,
　　大規模法人化，利益の圧縮）

②　評価額の下がるタイミングを見極めて，持分を移動する（例：大規模設備投
　　資後，株式市況の悪化時）

　主な方法は，次の通りです。

①　役員退職金を支給する

　　役員退職金には，死亡退職金と勇退退職金があります。退職金を支給する
　と，利益と純資産が圧縮され小さくなります。その結果，持分の相続税評価
　額は低くなります。死亡退職金の場合は，相続財産としての持分評価額が低
　くなり，相続税を軽減させることができます。勇退退職金は，持分を移動す
　るときに課税される税金を軽減させます。

②　大規模な設備投資をする

　　大規模な設備投資，例えば病院の新築や増築をし，設備投資から3年を経
　過すると，建物は固定資産評価額で評価し，土地は取得原価ではなく相続税
　評価額で評価することができます。そうすると資産評価額が大きく圧縮でき

203

るので，純資産価額がマイナスになることもあります。相続税評価額がマイナス，もしくは著し低くなったタイミングで持分の移動をすると，大きな節税ができます。

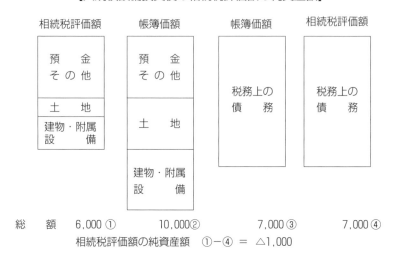

【大規模設備投資後の相続税評価額の純資産額】

③ 大会社にして，類似評価比準価額方式で算定する

　純資産価額方式による相続税評価額が多額になっている場合，役員退職金を支給すると，純資産価額がマイナスにはならなくても，その年の課税所得がマイナスになることがあります。医療法人の規模を大会社にして，勇退退職金を支給すると，類似業種比準価額による相続税評価額が大きく下落するので，そのタイミングをみて，持分の移動をすると大きな節税が実現できます。

④ 利益を経常的に圧縮する対策を採る

　医療法人の利益を経常的に圧縮する対策を採れば，剰余金の蓄積が僅少になり，純資産価額方式でも類似業種比準価額方式でもその評価額はあまり増大しなくなります。具体的な対策としては，役員報酬を上げる，MS法人に利益を分散させる，損金にできる生命保険に加入するなどの対策があります。

⑤ 類似業種の株価が低いときに移動する

　国税庁から発表される類似業種の株価は，上場会社等の株価や標本会社の

株価等によって変動します。類似業種の株価が低いときに移動すれば，それだけ少ないコストで移動することができます。

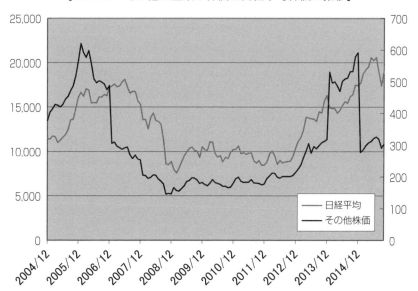

【No.118　その他の産業の株価と日経平均株価の推移】

一般的に，類似業種（その他の産業）の株価は日経平均株価の推移と近似しますが，2014年と2015年に大きく類似業種の株価が変動しているのは，国税庁が選んだ標本会社が大きく変更されたこと，業種区分が121から118に変更された等によるものと思われます。

③　一般社団法人に出資持分を所有させる

一般社団法人は，設立が容易にでき，しかも社員には持分がないので，社員が死亡しても，一般社団法人が所有する医療法人の出資持分等の財産に対して，社員の相続人に相続税が課税されることはありません。

④　持分のない医療法人へ移行する

ハードルは高いですが，病院医療法人は，特定医療法人や社会医療法人へ移行することができます。また，非課税の要件を満たし，持分なしの医療法人へ移行することもできます。医療法人の運営上，非課税の要件を満たすことができなければ，医療法人が税金を支払い，持分なしの医療法人に移行することもできます。

どの方法で，持分なしの医療法人に移行するかを，承継者と一緒に検討してください。

<医療法人の規模別にみた出資持分対策>

【中小規模の診療所医療法人の対策】

① 役員給与を引き上げる

② 医療機器のリース期間を短縮する

③ 毎年，持分を後継者に贈与する

④ 死亡役員退職金を多額に支払えるように，生命保険に加入する

【大規模の診療所・中小病院医療法人の対策】

① 大型設備投資をしたときに，持分を後継者に贈与若しくは譲渡する

② 理事長に役員退職金を支給し，評価額を下げ，持分を後継者に贈与若しくは譲渡する

③ 相続時精算課税制度を利用し，持分を後継者に贈与する

④ 相続発生時に納税資金が賄えるように原資を準備する

【大規模の病院医療法人の対策】

① 大型設備投資したときに，持分を後継者に贈与若しくは譲渡する

② 非課税の要件を満たす出資額限度法人に定款を変更する

③ 非課税の要件を満たして持分のない基金拠出型医療法人にする

④ 特定医療法人に移行する

⑤ 社会医療法人に移行する

第5章

MS法人の役割と上手な活用法

1 MS法人とは

　MS法人とは，メディカル・サービス法人の略称で，医薬品・材料の仕入れ，在庫管理，受付，給食，リネンサービス，レセプト請求，会計経理等の業務や不動産の賃貸等を行う法人をいいます。MS法人は，一人医師医療法人制度もなく，医療法人の認可が極めて難しい時代，高い税金を課せられていた病医院の節税対策の１つとして生まれました。しかし，一人医師医療法人制度が創設され，医療法人が容易に設立できるようになった今日，あらためてMS法人の存在意義を考える必要があります。医療を取り巻く環境は，年々厳しくなってきており，病医院経営は，一般企業並の経営能力が要求されるようになってきています。経営は経営の専門家に，診療は診療の専門家に任せ，病院全体としての経営の効率化を高める必要が出てきています。そこで，病医院は本来の目的である医療に専念し，医療部門の効率化を図り，医療以外の業務は別の組織であるMS法人で，より効率的に行うという経営戦略が今あらためて注目を浴びています。これは，一般企業で注目されている「分社化」による経営効率の向上と共通するところがあります。

2 MS法人を利用する目的

　具体的な目的は，次の通りです。

(1)　人件費の硬直化を改善するため

　医療スタッフの賃金体系や退職金制度は，事務部門や用度部門のスタッフとは異にすべきであるという理由でMS法人に非診療部門のスタッフを転籍させます。医療機関と異なったMS法人自体の昇給基準，賞与基準，定年制度，退職金制度を適用することによって，グループ全体の人件費の改善を図ることができます。

第**5**章　MS法人の役割と上手な活用法

(2)　新しい分野に活路を見出すため

　医療法人は非営利を原則としているため，医療法で定められていること以外は基本的にできません。そこで，医療実績から生まれた健康食品やサプリメント等を積極的に販売するためには，MS法人を設立する必要があります。

(3)　医療税制の矛盾をカバーするため

　医療法人は，医療法で剰余金の配当が禁止されており，毎年利益の約半分が内部留保されていくため，経過措置型医療法人では，出資持分の相続税評価額は年を追って増加していくため，出資金に対する相続税の重荷で事業承継が困難になる可能性もあります。医療法人の利益をMS法人に分散することにより，出資持分の増加を抑えることができます。また，基金拠出型医療法人の場合，残余財産が過剰にならないようMS法人を積極的に利用して，剰余金を分散することができます。MS法人を出資持分の概念がない一般社団法人とすれば，MS法人に蓄積された剰余金に対する相続税の問題も発生しません。

(4)　医療法人の解散を容易にするため

　医療法人を解散せざるを得なくなった場合，医療法人が不動産を所有していると，不動産を処分してから解散することになります。MS法人が不動産を所有していれば医療法人の解散が容易にできます。

【年間損益とMS法人設立試算・比較】

【MS法人との取引内容】　　　　　　　　　　　　　　　　　　　（単位：千円）

1. 委 託 費	レセプト委託費	2,500	レセプト請求額×2.5%	
	人材派遣（業務委託）	7,901	非診療部門給与×1.5	
2. 家　　　賃		6,000	月50万円	
3. 減価償却	建物（4,000万円）	1,040	定額法 39年	償却率 0.026

【MS法人概要】

役員報酬	長女	3,600	月額30万円
その他経費		1,000	

【MS法人設立後の個人・法人決算】

【個人診療所】

	設立前①	設立後②	差額②-①	備　考
診 療 収 入 等	113,500	113,500	0	
材 　 料 　 費	7,190	7,190	0	
検 査 委 託 費	3,910	3,910	0	
委 　 託 　 費	0	10,930	10,930	
レセプト委託	0	2,500	2,500	MS法人に委託　イ
人材派遣委託	0	8,430	8,430	MS法人に委託　ロ
給 　 与 　 費	13,170	7,900	-5,270	
診 療 部 門	7,900	7,900	0	
非 診 療 部 門	5,270	0	-5,270	MS法人に転籍
リース・家賃	18,640	24,640	6,000	MS法人より賃借　ハ
減 価 償 却 費	3,240	2,200	-1,040	建物償却分　ニ
そ の 他 経 費	11,320	10,320	-1,000	MSが負担
経 　 費 　 計	57,470	67,090	9,620	
差 引 利 益	56,030	46,410	-9,620	
専 従 者 給 与	6,000	6,000	0	
差 引 利 益	50,030	40,410	-9,620	
青色申告特別控除	650	650	0	
事 業 所 得	49,380	39,760	-9,620	

【MS法人決算】

	金 　 額	備 　 考
売 　 上 　 高	16,930	
レセプト委託	2,500	イ
人材派遣委託	8,430	ロ
家 賃 収 入	6,000	ハ
給 　 与 　 費	8,870	
役 員 報 酬	3,600	新役員
非 診 療 部 門	5,270	転籍
減 価 償 却 費	1,040	ニ
そ の 他 経 費	1,020	20固有経費
差 引 利 益	6,000	
法 人 所 得	6,000	

第**❺**章　MS法人の役割と上手な活用法

【設立前の税金】　　　　　　　　　　　　　　　　　　　（単位：千円）

	院　　長	奥　　様	合計　①
所 得 金 額	49,380	4,260	53,640
所 得 控 除	1,200	380	1,580
課 税 所 得	48,180	3,880	52,060
個 人 所 得 税	16,885	349	17,234
個 人 住 民 税	4,818	388	5,206
税 金 合 計	21,703	737	22,440
税引き後資金	28,327	5,263	33,590

【設立後の税金】　　　　　　　　　　　　　　　　　　　（単位：千円）

	院　　長	奥　　様	長　　女	法　　人	合計　②
所 得 金 額	39,760	4,260	2,340	6,000	52,360
所 得 控 除	1,200	380	380	0	1,960
課 税 所 得	38,560	3,880	1,960	6,000	50,400
所得税・法人税	12,628	349	99	900	13,976
個 人 住 民 税	3,856	388	196	225	4,665
税 金 合 計	16,484	737	295	1,125	18,641
税引き後資金	23,926	5,263	3,305	4,875	37,369

【設立による効果】

税　　　金	△3,799	千円
資　　　金	3,779	千円

＊　資金の増加額は，節税額と固有経費の差額となる。
　　（3,799－20＝3,779）

3 MS法人のデメリット

MS法人のメリットは,「医療と経営の分離」と「総合的な節税対策」を展開できることですが,その反面,次のようなデメリットがあります。

① 病医院と取引先との間に入るため,事務手続が複雑になる

② MS法人から医療器械を購入若しくはリースをしても,病医院では特別償却や税額控除のメリットを受けられない

③ 病医院との取引に合理性や妥当性がないと,取引そのものを税務否認されるおそれがある

④ グループ全体で,事業税や消費税が多く課税されるようになる

⑤ 特定の医療機器を業として販売あるいは賃貸する場合は,都道府県知事の許可が必要となる

MS法人を利用すると,所得がMS法人に分散するため,節税はできますが,節税ばかりに目がいくと,MS法人へ過大な資金が流出して病医院の資金繰りが悪化してしまい,結果的にMS法人への委託料等の支払いがスムースにいかなくなることがあります。また,債権と債務が精算されない状態が長く続くと,税務当局からMS法人との取引状況が正常でないとされ,取引自体を否認される危険性も考えられます。病医院の状況を的確に把握し,病医院の業務のうちどのような業務を,どういう順序で,どういう時期にMS法人に移行していったらよいか等の計画を立案検討していくことが必要となります。

4 税務否認されない取引条件

MS法人は通常,同族会社であり,病医院とも同族関係になるケースが多いはずです。そのため,MS法人と病医院,MS法人と役員との取引には恣意性が介入しやすくなり,このような点が税務上の種々の問題,利益操作等の疑いを税務当局に指摘されやすい要因となります。そこで,そういった疑いを払拭し,その行為と計算とを妥当なものと認めさせるためには,適正な取引条件を設定してそ

第❺章　MS法人の役割と上手な活用法

の正当性を立証できるように心掛けなければなりません。そのためには，まず第1に，絶えず「第三者」と取引する場合を想定し，一般的なマージン率に準拠した取引で行うようにすることです。MS法人と病医院との取引条件は，一般的に次に示す範囲が妥当であるとされています。

① リース取引

月額リース料＝（取得価額×1.20～1.30）÷リース期間

② 薬品・医療材料

売価＝原価×1.16～1.20（売価は薬価を超えないこと）

③ 保険請求事務

事務手数料＝保険請求額×2.3％～2.8％

④ 人材派遣（受託業務）

委託料＝人件費×1.5～1.8

注意点の2つ目は，取引の実態，取引の要件を立証できるように「物的証拠」を作成・完備し，税務当局に明らかにできるように対処しておくことです。取引が行われれば，当然それを裏付ける証拠書類，例えば契約書，請求書，領収書等を整備，保管しておかなければなりません。

5 医療法人とグループ法人税制

(1) グループ法人制度とは

グループ法人税制は，100％の資本関係のある法人同士の取引であれば，損益が発生しても，税金は課税しないという制度です。つまり，資産や資金をグループ内の会社に移動しても，税法上は取引がなかったものとして取り扱うことにし，連結納税制度を選択しない法人でもグループ経営が効率的にできるようにするため，平成22年に創設された制度です。例えば，含み益のある土地を他の法人に移転しても，またグループ内の他の会社に資金を贈与しても課税をしないという取扱いがなされます。ただし，連結納税制度と違って，グループ法人間の所得は通算されません。なお，資本関係は100％とされているので，1％でも他人資本が入っている場合には，グループ法人税制は適用されません。なお，グループ法人

213

税制には様々な規定があるうえ，その規定は強制適用となりますので適用要件を誤って理解し，資金や資産を移動すると思わぬ税金が課税されますので，充分注意を払う必要があります。

(2) 経過措置型医療法人に適用される

　グループ法人税制では支配関係について株式若しくは出資のみで判定すると規定されているため，出資持分のある経過措置型医療法人にも適用されます。ただし，社会医療法人や特定医療法人，基金拠出型医療法人，財団医療法人は出資持分がないのでグループ法人税制は適用されません。また，MS法人が持分の概念のない一般社団法人である場合も，グループ法人税制は適用されません。

(3) 医療法人で想定されるケース

　出資持分のある医療法人については，次のような場合にグループ法人税制が適用されることになります。

＜ケース１＞　医療法人同士がグループ関係にある場合

　　　　　　　甲医療法人への出資……理事長若しくはその親族で100%

　　　　　　　乙医療法人への出資……甲の理事長若しくはその親族で100%

　　　　　　　　若しくは甲医療法人が乙医療法人へ100%出資

＜ケース２＞　医療法人と一般法人（MS法人）でグループ関係にある場合

　　　　　　　甲医療法人への出資……理事長若しくはその親族で100%

　　　　　　　丙一般法人への出資……理事長の親族で100%

第❺章 MS法人の役割と上手な活用法

<ケース1>

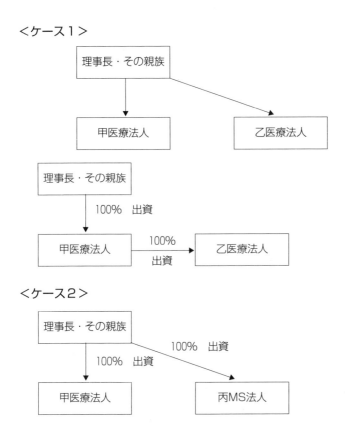

<ケース2>

(4) グループ内の取引と課税関係
① 不動産の売買について

　グループ内における不動産の売買にグループ法人税制が適用されます。例えば，甲医療法人と丙MS法人において，甲が所有する不動産を丙に移転した場合，甲に発生する譲渡利益額や譲渡損失額は，その譲渡事業年度における申告においては，譲渡利益額はその額を損金に，譲渡損失額はその額を益金に算入して，税務上，利益や損失が生じなかったものとして取り扱われます。丙が，その後，当該不動産をグループ外に売却した場合には，甲は損金又は益金に処理した金額を，益金又は損金として戻し入れることで，そのときに課税関係が発生することになります。したがって，譲渡法人である甲は譲受法人である丙に対して，不動産を

譲渡した場合は，譲渡損益の額を通知するとともに，譲受法人丙が当該不動産を外部に売却した場合には，その旨を，譲渡法人である甲に通知する必要があります。ただし，譲渡直前の帳簿価額が1千万円に満たないものはこの規定は適用されません。

② 寄附金について

グループ法人税制の創設趣旨は，グループ統合による経営の強化にあります。100％グループ法人間で支出された寄附金（贈与）は，支出法人においては税務上寄附金がなかったものとして全額損金不算入に，受領した法人においては全額益金不算入となります。グループ内で寄附行為をしても，その実態は通常の資金移動と何ら変わりないとみるからです。しかし，相続税対策のためにこの制度を利用されないために，この規定は，法人による完全支配関係がある内国法人間の取引のみが対象とされます。例えば，先の＜ケース2＞において，甲医療法人が含み益の多額にある不動産を丙MS法人に低廉で譲渡した場合の譲渡取引に対して，課税関係が発生しないとすると，丙は低廉なコストで不動産を譲り受けることができ，甲の出資者の相続財産を無税で大幅に下げることができるようになってしまうからです。そのため，甲と丙の関係のように個人による完全支配関係があるグループには，寄附金の特例措置の適用はありません。なお，低廉譲渡をした場合には，時価と取引価額の差額について，甲には寄附金課税が適用され，丙にはその差額について受贈益課税がなされることになります。

③ 中小法人の優遇措置について

税法上，資本金や出資金の額が1億円以下の中小法人には，下記のような税法上の優遇措置があります。しかし，グループ法人税制の創設により，親会社の資本金が5億円以上であれば，中小法人の優遇措置の適用が受けられなくなります。すなわち，医療法人の出資金が5億円以上であるとグループにあるMS法人や医療法人は単独では中小法人に該当しても中小法人の優遇措置が受けられなくなります。

第❺章　MS法人の役割と上手な活用法

・中小法人の優遇措置

　ⅰ）交際費の定額控除限度額の特例

　　　交際費のうち年800万円までは損金算入ができるとする規定

　ⅱ）貸倒引当金の法定繰入率の特例

　　　貸倒実績率による限度額との有利選択ができるとする規定

　ⅲ）少額償却資産の損金算入の特例

　　　30万円未満の減価償却資産を取得した場合，年間300万円を限度として
　　　損金算入ができるとする規定

　ⅳ）軽減税率の特例

　　　課税所得のうち年800万円までは税率15％とする規定

　ⅴ）欠損金の繰戻還付

　　　過年度の欠損金の還付請求ができるとする規定
　　　など

⑸　グループ法人税制の上手な使い方

　理事長先生が所有する医療法人の出資持分の評価額が多額になり，出資持分の相続税問題を抱えている場合，グループ法人税制を適用すると，出資持分の評価額を下げたり，評価額の増大を抑制したりすることができます。例えば，甲医療法人が所有する病院建物や敷地を丙MS法人に時価（適正価額）で売却し，丙が当該施設を甲に貸し付けます。この取引には，グループ法人税制が適用され，売却に伴い発生する譲渡損益には課税関係が生じません。丙は譲受した施設を甲に賃貸し，甲から賃貸料をもらうことになります。その結果，甲の収益性は賃借料の支払いで悪化しますので，出資持分の評価額もその分下がります。MS法人の出資者が子供たち相続人だけであれば，MS法人の財産は，理事長先生の相続税に何ら影響を及ぼしません。

217

6 MS法人の再評価

　最近，節税額の割に事務処理が煩雑過ぎることからMS法人を設立する意義も
なくなったということを耳にします。確かに，消費税も増税され，免税点も基準
期間の課税売上高だけでなく特定期間の課税売上高なども加味されるようになっ
たため，MS法人の消費税負担が大きくなり，以前ほどの節税メリットはなくな
りました。しかし，長期的にみた場合，所得分散による所得税・相続税の節税対
策が可能であること，医療法人が行うことができない営利活動ができること，病
医院と異なる退職金制度を導入できる等のメリットがあります。目的にあった
MS法人を設立し，上手に活用すれば今後もMS法人の存在価値は十分にあると
いえます。

第6章

消費税と実践税務

1 消費税の仕組み

消費税は，国内において事業者が資産の譲渡，貸付け又は役務の提供をすると
きに課される税です。資産の譲渡等の時期の原則は，引渡基準とされています。
したがって，引渡しがあれば，事業の用に供されていなくても，課税関係が発生
します。消費税は，消費者から預かった消費税から仕入業者に支払った消費税を
控除して，その差額を納税する仕組みになっています。すなわち，事業者自身が
負担する税金ではなく，消費者が負担した税金を消費者に代わって納税する間接
税です。

(1) 課税期間

課税期間は，個人事業者は1月1日から12月31日まで，法人は事業年度とされ
ます。ただし，選択によって，課税期間を短縮することもできます。

(2) 税率と課税標準

現行消費税の税率は100分の6.3（6.3％），地方消費税の税率は消費税の63分の
17（$6.3\% \div 63 \times 17 = 1.7\%$）であるので，消費税と地方消費税を合わせて8％とな
ります。実務上，消費税と地方消費税の合計を消費税等と呼びます。また，課税
資産の譲渡等に係る消費税の課税標準は，課税資産の譲渡等の対価の額（課され
る消費税額及び地方消費税額を含まないものとする）となります。

(3) 仕入税額控除

事業者（免税事業者を除く）が，国内において行う課税仕入れ等については，一
定の区分に応じそれぞれに定める日に属する課税期間の課税標準額に対する消費
税額から，次の場合の区分に応じてそれぞれに定める消費税額の合計額を控除し
ます。

① 課税売上割合が95％以上の場合

課税仕入等の税額の全額が控除されます（③の場合を除く）。

② 課税売上割合が95％未満の場合

課税売上に対応する課税仕入等の税額のうち，個別対応方式又は一括比例配分方式のいずれかの方法により計算した金額が控除されます。

なお，適用要件を満たす場合は，上記のほかに簡易課税方式により仕入税額控除額を計算することもできます。

③ 課税売上高が５億円を超える場合

課税売上割合が95％以上の場合においても，課税売上高が５億円を超えるときは，②と同様に，課税売上に対応する仕入れ等の額を，個別対応方式又は一括比例配分方式のいずれかの方法により計算した金額が控除されます。

2 病医院の収入と課税関係

資産の譲渡等には，本来課税の対象とならないもの（不課税取引）や課税することが適当でないとされるもの（非課税取引）があります。病医院の収入について，社会政策的配慮から社会保険診療報酬等については非課税とされ，その詳細は，消費税法別表第一の六号（療養若しくは医療又はこれらに類するもの），七号（介護保険法，社会福祉法関連），八号（医師，助産師その他医療に関する施設の開設者による助産に係る資産の譲渡等）に示されています。

(1) 医療保険に係る収入について

病医院の医療収入のうち，主な非課税のもの及び課税のものは，次の通りです。

【主な非課税の収入】

① 社会保険医療

② 特定医療費

③ 高度先端医療

④ 公費負担医療

⑤ 自賠責保険（松葉つえの賃貸料，おむつ代等も非課税）

⑥ 労災保険

【主な課税の収入】

① 自由診療（社会保険等の対象とならない診療，保険査定額を超える自己選択の食事療養費・生活療養費・予約又は時間外診察料等）

② 差額ベッド代（患者さんの同意を持って徴収した差額代）

　ただし，医師が絶対安静が必要であると認め，個室へ収容した場合の室料差額は非課税となります。

③ 予 防 接 種

　市町村からの委託によるものも課税対象とされます。

④ 健 康 診 断

　公費負担とされるものでも受託事業としての健康診断は課税対象となります。

⑤ 診断書・文書料

　死亡診断書，公害認定申請診断書等は課税対象となりますが，労災保険の文書料，傷病手当金意見書交付料，結核予防法による文書料は非課税とされます。

⑥ 産業医の報酬

　医療法人の場合は委託収入になるので課税対象となります。

　ただし，個人開業医の場合は，給与所得に該当するので課税対象外となります。

(2) 助産に係る収入について

少子化現象を是正するために，多くの分野で非課税の取扱いがなされています。

【主な非課税の収入】（消基通6-8-1～3）

① 妊娠しているか否かの検査

② 妊娠判明後の検診及び入院

③ 分娩の介助，胎盤処置

④ 出産日以後2か月以内に行われる母体の回復検診

⑤ 新生児の検診及び入院

⑥ 妊娠中や出産後の入院中の差額ベッド代

第**❻**章　消費税と実践税務

⑦　特別給食費，お産セット

なお，次の点に注意してください。

①　検査の結果，妊娠していないことが判明した場合にも非課税扱いとなります。

②　入院中の差額ベッド代は，通常，課税扱いとなりますが，次に掲げるものは非課税扱いとなります。

　イ　妊娠中の入院については，産婦人科医が必要と認めた入院（妊娠中毒症，切迫流産等）及び他の疾病（骨折等）による入院のうち産婦人科医が共同して管理する間の入院

　ロ　出産後の入院のうち，産婦人科医が必要と認めた入院及び他の疾病による入院のうち産婦人科医が共同して管理する間については，出産の日から１か月以内の入院

【主な課税収入】

①　人工妊娠中絶

②　診断書（出生・死産証明書等）

③　妊婦乳幼児保健指導，妊産婦乳幼児健康診査

④　避妊ピル，アウス，リング

⑤　不妊治療の自費分（超音波・人工授精等）

⑥　産後２か月以降の乳房マッサージ料

(3)　介護保険に係る収入について

介護保険法の規定に基づく，居宅介護サービス，施設サービス，社会福祉法に規定する社会福祉事業，更生保護事業法に規定する更生保護事業等の収入は非課税とされます。

なお，次の点に留意してください。

①　施設サービス利用料のうち，施設療養費・食費・通所者入浴料は，非課税ですが，差額ベッド代やおむつ代，自己選定による居宅費・食事費・特別療養室費等は課税対象となります。

②　介護療養型医療施設と介護老人保健施設における美容理容代や日用生活用

品代等は非課税ですが，医療型療養病床においては，課税対象となります。

③ 居宅サービスに関して，利用料・おむつ代・日用生活用品代等は非課税ですが，通常の事業施設地域外の地域で行うために要した交通費・送迎費用は課税対象となります。

④ 居宅介護サービス費等に係る支給限度額に規定する支給限度額を超えて提供される居宅サービス（利用者が全額負担）であっても，要介護者に対して提供される指定居宅サービスについては，非課税とされます。

【施設サービスの利用者負担額の消費税課税区分】

項　　　　　目	介護療養型医療施設	介護老人保健施設	医療型療養病床
室料差額	課　　税	課　　税	課　　税
特別な食費（通常の食事との差額部分）※	課　　税	課　　税	課　　税
理美容代	非　課　税	非　課　税	課　　税
日常生活品費※	非　課　税	非　課　税	課　　税
教養娯楽費	非　課　税	非　課　税	課　　税
利用者の希望による旅行・観劇等の実費相当額	課　　税	課　　税	課　　税

※　介護サービスを外注委託している場合，外注委託費については課税仕入となります。

【居宅サービスの利用者負担額の消費税課税区分】

項　　　目	消 費 税 区 分
利　　用　　料	非　課　税
お　む　つ　代	非　課　税
日 常 生 活 品 費	非　課　税
教　養　娯　楽　費	非　課　税
交　　通　　費	課　　税
送　迎　費　用	課　　税
理　美　容　代	非　課　税

※　非課税となる身体障害者用物品で代表的なものは，以下の通りです。
　　義肢，装具，座位保持装置，盲人安全つえ，義眼，眼鏡（弱視眼鏡・遮光眼鏡に限られ，色眼鏡・矯正眼鏡・コンタクトレンズは含まない），点字器，

補聴器，人工喉頭，車いす，電動車いす，歩行器，頭部保護帽，装着式収尿器，ストマ用装置，歩行補助つえ，起立保持具，頭部保持具，座位保持いす，排便補助具，盲人用カセットテープレコーダー，視覚障害者用ポータブルレコーダー，盲人用時計，盲人用カナタイプライター，点字タイプライター，盲人用電卓，盲人用体温計，盲人用秤，点字図書，盲人用体重計，視覚障害者用拡大読書器，点字ディスプレイで一定のもの。

3 医療機関の消費税は損税

本来，消費税はお客様である消費者より預かった消費税（仮受消費税，以下A）から，仕入業者に支払った消費税（仮払消費税，以下B）を控除して，その差額（A－B）を納税する仕組みになっています。

【医療機関と損税の関係】

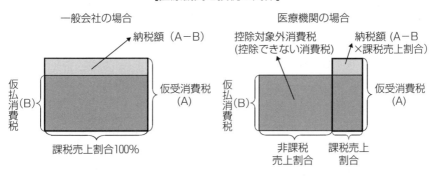

しかし，医療機関の場合，売上の多くが社会保険診療報酬等非課税の取扱いになっているため，消費者から預かる消費税は室料差額や検診収入等限られた仮受消費税（A）しかありません。一方，仕入業者に支払う消費税は，一般会社とほぼ同じ取扱いになっているため，一般会社と同様の仮払消費税（B）を仕入業者に支払っています。しかしながら，納付すべき消費税はA－Bではなく，A－B×課税売上割合（課税売上高÷（課税売上高＋非課税売上高），一括比例配分方式）となるため，仕入業者に支払った消費税の一部しか控除できません。医療機関の課税売上割合は通常5％～20％前後になるため，控除できない控除対象外消費税の負担も大きく，税の公平さも損なわれており，損税といわれる所以です。

例えば，甲医院は，仕入業者に支払った仮払消費税が400万円，患者さんから預かった仮受消費税が100万円，課税売上割合を5％とすると，納付すべき消費税は80万円（100万円－400万円×5％＝80万円）となります。一般企業であれば，300万円（(100万円－400万円)＝▲300万円）の還付があるところ，甲医院は80万円を納付しなければなりません。一般企業と比較して380万円も消費税の負担が多くなっています。つまり甲医院は，仕入業者に支払った控除できない仮払消費税380万円（400万円×95％＝380万円）を患者さんに転嫁できず自らが負担しています。

特に建物建て替え，高額医療器械の購入に対して支払う消費税は多額になるため，その控除できない消費税も多額になり，経営上大きな負担になっています。消費税率がアップした場合，こうした不合理な負担に対して，制度上のフォロー，つまり診療報酬の改訂がどのようになされるのか注意する必要があるでしょう。

4 納税義務者と課税制度の選択

消費税の納税義務の判定は，その事業年度の課税売上高ではなく基準期間（その事業年度の前々事業年度）の課税売上高によります。基準期間の課税売上高が1千万円を超える場合は納税義務者となり，5千万円以下であれば簡易課税を選択することができます。5千万円を超える場合は，本則課税で計算することになります。ただし，基準期間の課税売上高が1千万円以下の場合でも「消費税課税事業者選択届出書」を提出することにより課税事業者となることもできます。

＜基準期間における課税売上高の注意点＞

① 前々事業年度が12か月に満たない場合には12か月に換算した金額で判定します。

② 基準期間が免税事業者の場合は，税抜処理しない金額で判定します。

③ 基準期間がない場合の注意点

個人開業医の場合は，そのまま免税事業者になります。また，平成19年4月1日以降設立される基金拠出型の医療法人は，持分がなく資本金の概念がないため，同様に免税事業者となります。

なお，基準期間がない場合や，基準期間における課税売上高が1千万円以下で

第**❻**章　消費税と実践税務

ある場合でも，特定期間における課税売上高が1千万円を超え，かつ，給与等の額が1千万円を超える場合には，課税事業者となります。特定期間とは，個人事業者の場合，その年の前年1月1日から6月30日までの期間，法人の場合は原則としてその事業年度の前事業年度開始の日以後6月の期間をいいます。

【納税義務と課税制度の判定】

基準期間における課税売上高	原　　則	例　　外
1,000万円以下	免税事業者	本則課税又は簡易課税
1,000万円超〜5,000万円以下	本則課税	簡易課税
5,000万円超	本則課税	

5　税額の計算

(1)　本則課税の仕組み

　本則課税は，課税売上に係る消費税額から課税売上に対応する仕入税額を控除した金額を計算し納税額を算出します。一般に医療機関は，社会保険診療等の非課税売上が多いので，ほとんどの場合，課税売上割合が95％未満となります。この場合，仕入税額控除の計算方式として個別対応方式と一括比例配分方式の2つがあります。

　① 個別対応方式

　個別対応方式は，課税仕入を①「課税売上にのみ対応するもの」，②「非課税売上にのみ対応するもの」，③「①及び②に共通して対応するもの」の3種類に区分し，「①＋③×課税売上割合」という算式で計算した金額を仮受消費税から控除した金額が納付税額になります。

　下図でわかるように，納税額は次のようになります。

　　納税額＝A−（B1＋B2）−D1

　② 一括比例配分方式

　一括比例配分方式は，「仮払消費税額×課税売上割合」により計算した金額を仮受消費税から控除した金額が納付税額となります。

227

納税額は次のようになります。

　納税額＝Ａ−（Ｂ１＋Ｃ１＋Ｄ１）

したがって，Ｂ２＞Ｃ１である場合は個別対応方式の方が納税額は少なくなります。

【個別対応方式と一括対応方式の違い】

個別対応方式
① 課税売上に対応する仕入税額
　（仮払消費税）
② 非課税売上に対応する仕入税額
③ 双方に共通する仕入税額

一括対応方式
仮払消費税を課税売上に対応するもの，非課税売上に対応するもの，課税売上及び非課税売上に共通して対応するものに区分せず一括で対応させる

　納税額＝A−(B1＋C1＋D1)

結論
B2＞C1である場合は，個別対応方式の方が有利となる

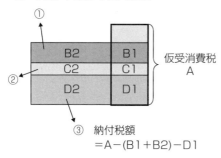

　個別対応方式を採用するためには，データを収集するための管理も必要になります。すなわち，仕入税額を課税売上にかかったもの，非課税の売上にかかったもの，課税売上と非課税売上に共通してかかったものに区分する管理が必要になります。例えば，課税売上である老人健診のためにかかった検査委託費を個別管理していれば，老人検診検査委託費に係る消費税は全額控除することができます。したがって，健康保険者証を忘れた患者さんに対して課税売上が計上されていれば，非課税売上に対応する仕入税額が特定できないため，非課税仕入税額ではなく，共通仕入税額とすることができるので個別対応方式を選択すれば必ず有利になります。

　なお，一括比例配分方式を採用した場合には，最低２年間は継続して適用しなければなりません。

(2) 簡易課税の仕組み

簡易課税制度とは，基準期間の課税売上高が5,000万円以下である場合に，事前に所轄税務署長に対して「消費税簡易課税制度選択届出書」を提出して，課税売上高に一定の「みなし仕入率」を乗じて納税額を計算する次のような簡易な方法です。

　　納付税額＝課税売上高×（1－みなし仕入率）×8％

簡易課税では，課税売上に係る消費税額にみなし仕入率を乗じた金額を，控除対象仕入税額とみなすため，本則課税と異なり，仕入税額控除に係る帳簿や請求書等の保存義務はありません。事業の種類によるみなし仕入率は，次の通りです。

【簡易課税のみなし仕入率】

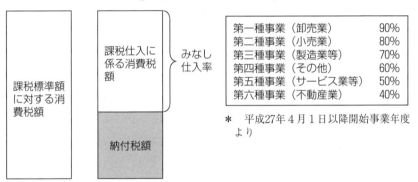

* 平成27年4月1日以降開始事業年度より

なお，医療業は基本的には第5種事業に該当します。ただし，物品販売を行った場合の売上は第2種事業に，事業用固定資産の売却を行った場合の売上は第4種事業に該当します。

仮に課税売上高が第5種該当事業のみの場合には，

　　納付消費税＝課税売上高×8％－課税売上高×8％×50％

以上により，消費税額として納める税額は，課税売上高×4％となります。病医院の場合，人件費率が高く，消費税がかかる薬品材料費や一般経費の割合が低いため，ほとんどの場合，課税売上に対して消費税のかかる経費の割合は50％未満であることから，簡易課税制度を利用した方が消費税の納税額は少なくて済みます。ただし，この方式は，2年間は継続して選択する必要があること，また必ず納税額が発生し，多額の設備投資があっても消費税の還付を受けることはでき

ない点に留意する必要があります。

6 消費税の会計処理

消費税の会計処理には，税込経理方式と税抜経理方式の２つの処理方法があります。

(1) 税込経理方式

消費税込の金額を売上及び仕入等として，経理処理する方法です。納税額は未払消費税として費用計上し，還付税額が発生する場合は，未収消費税として収入計上することになります。したがって，決算整理で，未払消費税を計上すると，その分，税引前当期利益が減少し，課税所得も減少します。売上等の収入について，税込経理方式を選択する場合には，固定資産の取得や経費等の支出に係る取引についても，すべて税込経理処理しなければなりません。

(2) 税抜経理方式

消費税抜の金額を売上及び仕入等として経理処理する方法です。売上の場合は仮受消費税等を，仕入等の場合には仮払消費税等を計上し，仮受消費税等に対応する仮払消費税等を控除（対応しない仮払消費税等は控除対象外消費税等という）して，納付消費税が計上されることになります。病医院の場合，課税売上割合が非常に低いため，規模が大きい病医院の場合は多額の控除対象外消費税等が計上されることになります。したがって，決算整理で控除対象外の仮払消費税等を費用処理すると，決算整理前と決算整理後では，経常利益が大幅に違ってきます。そのため，税抜経理方式を選択する場合は，期中の取引は税込処理の金額で処理しておき，期末の決算時の段階で，一括して税抜処理（期末一括税抜経理）をするようにします。なお，税抜経理方式と税込経理方式の選択適用関係について一覧表にまとめると次のように８種類となります。

第**⑥**章　消費税と実践税務

| | | 売上等収益 | 固定資産等 | | 経費等 |
			棚卸資産	固定資産繰延資産	
税込経理方式	①	税　　込			
税抜経理方式 原則	②	税　　抜			
税抜経理方式 特例	③	税　　抜	税　抜		税　込
	④		税　込		税　抜
	⑤	税　抜	税　抜	税　込	税　込
	⑥				税　抜
	⑦		税　込	税　抜	税　込
	⑧				税　抜

（注）　個々の固定資産又は個々の経費ごとに異なる方式は適用できません。

(3) 控除対象外消費税等の処理

　税抜経理方式を採用している場合，控除対象外消費税等を費用処理する際，税務上損金にならないものがあります。

① 交　際　費

　交際費の金額に含まれている消費税等のうち，控除対象外とされた消費税等の金額は，損金とはならず，交際費として税務処理しなければなりません。

　税込処理の場合，交際費の額には消費税等が含まれていますが，税抜処理の場合は交際費には消費税等が含まれていないので，税抜処理の方が，損金に算入できる交際費の額が有利になります。その不公平さを少しでも解消するために，対象外とされた交際費の消費税額は交際費の対象として取り扱われます。

② 繰延消費税額

　税込処理の場合，償却資産の取得価額には消費税等が含まれており，その消費税等の価額は，耐用年数に応じて減価償却していきます。一方，税抜処理の場合，償却資産取得に伴う消費税等を一括損金にできると，税務上不公平なこととなります。そのため，課税売上割合が80％未満で，その固定資産及び繰延資産に係るもので一の資産に係る控除対象外消費税等が20万円以上の場合，控除対象外消費

231

税等の金額は，そのまま損金にはならず繰延消費税等として，5年間で均等償却する扱いになっています。ただし，初年度の期中発生は月数按分とせず，年間の2分の1を償却することができます。

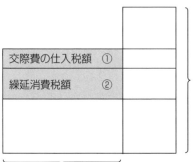

7　主な届出書の提出期限

消費税法では，免税事業者があえて課税事業者を選択する場合や，簡易課税を選択する場合等，届出を前提としており，極めて多くの届出書が義務付けられています。

第❻章　消費税と実践税務

【主な届出書の提出期限】

届　出　書	届出が必要な場合	提　出　期　限
消費税課税事業者届出書	基準期間の課税売上高が1,000万円を超える時	速やかに
消費税の納税義務者でなくなった旨の届出書	基準期間の課税売上高が1,000万円以下になった場合	速やかに
消費税課税事業者選択届出書	免税事業者が課税事業者になることを選択する場合	選択する課税期間の初日の前日まで
消費税課税事業者選択不適用届出書	免税事業者に戻ろうとする場合	やめようとする課税期間の初日の前日まで
消費税簡易課税制度選択届出書	簡易課税制度を選択する時	選択する課税期間の初日の前日まで
消費税簡易課税制度選択不適用届出書	簡易課税制度の選択をやめる時	やめようとする課税期間の初日の前日まで
消費税課税期間特例選択・変更届出書	課税期間の短縮を選択又は変更しようとする場合	選択又は変更しようとする短縮課税期間の初日の前日まで
消費税課税期間特例選択・不適用届出書	課税期間の短縮をやめようとする場合	選択をやめようとする短縮課税期間の初日の前日まで

(1)　免税事業者の場合

①　課税事業者になることを選択する場合

　基準期間の課税売上高が1,000万円以下であるが，あえて消費税の課税事業者を選択しようとする場合には，この選択しようとする課税期間の開始の日の前日までに，「消費税課税事業者選択届出書」を所轄税務署長に提出しなければなりません。通常，多額の設備投資がある場合，消費者から預かる消費税より，建築会社等に支払う消費税が多くなるため，差額の還付請求等を目的として，課税事業者になることを選択します。なお，事業開始年度の場合には，特例としてその課税期間内に提出することによりこの取扱いは認められます。

　ただし，事業開始年度にこの選択をした場合には，3年間は課税事業者として強制適用され，かつ簡易課税の選択はできません。また，3年間の課税売上割合が著しく（50％以上の低下）変動している場合には，3年目に平均課税売上割合に

233

よる仕入税額控除の調整をしなければなりません。したがって，意図的に課税売上割合を高め，消費税の還付を受ける節税対策はできなくなりました。

② 課税事業者であることを取り止める場合

取り止めようとする課税期間の開始の日の前日までに「消費税課税事業者選択不適用届出書」を所轄税務署長に提出しなければなりません。

(2) 課税事業者の場合

基準期間の課税売上高が1,000万円を超えた場合には，「消費税課税事業者届出書」を速やかに所轄税務署長に提出する必要があります。また，逆に，消費税課税事業者でなくなった場合には，「消費税の納税義務者でなくなった旨の届出書」を速やかに提出する必要があります。

(3) 簡易課税を選択する場合

基準期間の課税売上高が5,000万円以下の場合には，簡易課税を選択することができます。簡易課税を適用する場合には，適用しようとする課税期間の開始の日の前日までに，「消費税簡易課税制度選択届出書」を所轄税務署長に提出しなければなりません。提出期限が土日祝日に当たっても，通則法10②の届出期限の特例は適用されないことに注意が必要です。また，簡易課税制度を選択すると2年間は取り止めることはできず，簡易課税の適用を取り止める場合には，取り止めようとする課税期間開始の日の前日までに，「消費税簡易課税制度選択不適用届出書」を所轄税務署長に提出しなければなりません。

8 　中 間 申 告

消費税は，資産の譲渡等があった場合に発生する税金であり，消費税を預かっている事業者は，適宜に納付する必要があります。所得税のように1年間の事業年度で納付することになると，消費者等から預かった消費税を事業者が勝手に運用したり，使い込んでしまうことも起きます。そのため，一定額以上の納税額のあった事業者等には，1年間に11回又は3回あるいは1回の中間申告をすること

により，預かった消費税額を速やかに納付することになっています。

その基準は，直近課税期間の確定消費税額（地方消費税は含まれません）によって決まります。

	直近課税期間の確定消費税額
年11回の中間申告（毎月末）	4,800万円
年3回の中間申告	400万円超
年1回の中間申告	48万円超
年1回の確定申告（全事業者）	課税事業者のすべて

9 消費税の節税対策

(1) 簡易課税の選択による節税

基準期間の課税売上高が5,000万円以下であれば，よほど大きな設備投資がない限り，簡易課税が有利になります。ただし，必ず，本則法による納税額を算出し，その差額を把握しておかなければなりません。

(2) 大きな設備投資があれば本則課税へ

簡易課税を選択できても，来期に大きな設備投資があれば，本則法を選択した方が有利になることがあります。その場合，「簡易課税制度選択不適用届出書」を提出して，本則課税を選択する必要がありますが，「簡易課税制度選択不適用届出書」は，その適用をやめようとする課税期間の初日の前日までに提出をしなければなりません。そのため，その設備投資を来期に行うのであれば，工事見積書等から来期の消費税を推定計算し，今期の末日までに提出する必要があります。

(3) 本則課税は個別対応方式を選択

本則課税で課税売上割合が95％未満の場合，一括対応方式か個別対応方式の有利な方を選択します。もし，非課税売上に対応する仕入税額が特定できなければ，仕入税額は課税売上高にのみ対応する部分と課税・非課税共通に対応する部分と

235

になりますので，個別対応方式を選択した方が，必ず有利になります。

(4)　課税期間の特例を利用する

簡易課税を選択していたが，急に設備投資を行うことになった場合や簡易課税が有利なのに届出を失念した場合は，「消費税課税期間特例選択届出書」を提出し対応します。課税期間は原則１年ですが，事業年度の中途においても課税期間を１か月又は３か月にすることができるので，設備投資計画等の変更をきちんと把握し，有利な課税制度が選択できるように，柔軟に対応しなければなりません。

(5)　医療法人化による節税

基金拠出型の社団医療法人を設立した場合，基金の額は消法12の２（基準期間がない法人の納税義務の免除の特例）に掲げる資本金又は出資金の金額には該当しないため，基金の額が1,000万円以上であっても設立１期目と場合によっては２期目も免税になります。

(6)　そ　の　他

①　事業関係者への贈答は，商品券でなく物で贈る

②　収入印紙はチケットショップで購入する

③　雇用契約でなく請負契約にする

等で節税を図ることができます。

第7章

決算直前の実践節税対策

決算直前の節税対策には,「お金の支出を伴わない節税対策」と「お金の支出を伴う節税対策」があります。

1　お金の支出を伴わないもの

(1)　給与締め後から決算期末までの給与分を未払いで計上する

給与の締め日が20日で,支払いが月末であれば,21日から月末までの期間に対する給与を未払いに計上することができます。会計上の観点からも,より望ましい会計処理であるといえます。

未払金を計上するには,「就業規則」「賃金規程」に計算期間及び日割り計算の取扱いが明確になっていなければなりません。締め日から月末までの未払金額は,簡便法として翌月に支払われた金額を期間按分する方法もあります。ただし,役員給与は未払給与の対象になりません。役員と法人との関係は委嘱関係であり,役員給与は雇用契約に基づき支払われる従業員給与とは異なるため,民法上,後払いの規定が適用されます。それゆえ,締め後の部分については債務が未確定であり,税法では損金計上が認められません。

(2)　固定資産税の未払分を計上する

固定資産税は,その年の1月1日の所有者に対し,市町村がその金額を決定します。このような課税方式を「賦課課税方式」といい,この租税公課については,原則として賦課決定のあった日の属する事業年度に損金に算入します。固定資産税,償却資産税,都市計画税は毎年4月に「納税通知書」が発行され,通常4期にわたって支払います。例えば,4月決算の法人は,4月までに「納税通知書」を受け取れば,支払期限が到来していない納付額であっても費用に計上することができます。

(3)　未払金,未払費用を漏れなく計上する

水道光熱費等は何月分の費用として引き落とされているのか,明確に把握していなければなりません。通常,1か月遅れて引き落とされるケースが多いので,

238

決算日が土日や祝日に当たっている場合は，２か月分が未落ちの状態になっていることもあります。例えば，社会保険料（健康保険，厚生年金等）は当月分を職員の給与から天引きして預かり，翌月末日に法人負担分とあわせて支払うのが通常です。保険料の計算の対象となった月末に支払義務が確定しているので，損金に算入できます。

税務上，

① その費用について法律上支払う契約があること

② 期末までに支払義務が確定していること

③ 合理的に金額を見積もることができること

の３要件を満たしていれば，必要経費（損金）に算入することができます。

(4) 不使用・不良の固定資産を除去する

使用しなくなった医療器械や什器備品等は，決算日までに廃棄除去すれば，帳簿価額を除去損として損金に計上することができます。償却資産台帳に記載されている資産で，すでに使用しなくなったもの，除去してなくなっているものがないか現場をチェックし，除去の経理処理をします。

廃棄物業者から期末までに廃棄したことを証明する書類をもらえば，税務調査のときに証拠書類になります。また，例えその資産を廃棄除去していなくても，その使用を廃止し，今後は事業に使用する可能性がないと認められる資産（ソフトウェアも含む）があれば，その資産の帳簿価額からその処分見込額（処分により入金される金額）を差し引いた金額を損金に算入することもできます。このことを，現状の姿のまま除去損を計上するため，「有姿償却」といいます。あえて廃棄処分していなくても，その資産の使用価値がなくなったことを立証すれば認められます。

(5) 不良債権となっている未収金を回収不能として債権放棄する

労災や自賠の請求等，過去に請求したが何らかの理由で入金がないものや患者が死亡したりして，回収ができない未収金が計上されていれば決算日前までに，回収できない理由や計上の誤りを調べ，院長の承認のもと，貸倒損失を計上しま

す。債務免除の通知書や議事録等は決算以後の利益調整と疑われないように内容証明で郵送するか，公証人役場で確定日付をとるようにします。

2 お金の支出を伴うもの

(1) 未精算の領収書を集め精算する

　節税の大原則は，費用になるものはすべて計上することです。冠婚葬祭で支払ったが，領収書がないのでそのまま精算されずになっていないか，全職員に対して未精算のものがないか，決算に当たって必ず確認してください。

(2) 消耗品費になるものを購入する

　1個当たりが10万円未満のもの，また，10万円以上であっても30万円（税込処理の場合は税込価格）未満であれば年間累計300万円までは損金に計上することができます。あれば便利なもの，効率がアップするもの，買い換えた方がよいもの等があれば，リストアップし，予想利益や予想税金を考え，決算日前に購入するようにします。ただし，購入しても，支払額の全額が節税になるわけではないので，無駄な買い物は，結局，損ということになります。しっかり費用対効果を見極めることが大切です。

(3) 特別償却の対象となる特定の医療機器等を購入する

　下記の償却資産を決算日までに購入し，一定の事業の用に供すると，特別償却か税額控除を受けることができます。

　　500万円以上の医療用機器等
　　70万円以上のソフトウェア
　　120万円以上のコンピュータ，デジタル複合機

(4) 修繕費になる修繕を行う

　修繕工事は，決算日前に完了していなければなりません。したがって，3か月前ぐらいには，どのような修繕があるかリストアップし，その緊急度を検討して

実施します。なお，修繕費が資本的支出とみなされると一度の費用にはなりません。修繕工事に当たっては，税法上修繕費になるか資本的支出になるか修理工事会社と打ち合わせして，行うことが必要です。また，期末の修繕費については，税務調査で必ずチェックされるので，「稟議書」，「見積書」，「請求書」，「工程表」，「工事前後の写真」等を整備しておくことが必要です。

(5) HP作成や広告宣伝費を使う

HPの作成費用は内容が頻繁に更新され，支出の効果が1年以上に及ばないため，原則として全額損金にできます。ただし，データベースやネットワークとアクセスするためにかかった20万円以上のプログラム費用は，無形固定資産として5年間で減価償却することになります。また，新聞広告やTV広告等は，決算日までに広告が打たれれば，今期の費用にすることができます。

(6) 期末に翌年1年分の地代家賃等を支払う

法人が支出した前払費用は期間に対応して繰延経理（資産計上）をするのが原則です。ただし，対価を支払った日から1年以内に行われる役務提供に対する費用，例えば，地代家賃，保険料，借入金利子等については，次の要件を満たしていれば，支出した事業年度の損金に算入することができます。資金的に余裕があるときは，大変有効な節税対策となります。

＜要　件＞

① 時の経過に従い，継続的に受ける役務の提供であること
② 実際に支払っていること
③ 1年以内に役務の提供を受けること
④ 収益に個別対応する費用でないこと
⑤ 契約書において支払条件が「前払一括」等になっていること
⑥ 毎期継続適用すること

例えば，12月決算法人であれば，賃貸借契約を12月に来年の11月分までの家賃を一括支払というように改定し，12月末までに支払えば全額損金になります。

3 個人病医院の決算直前対策

個人病医院は，所得の大きさに応じて税率が高くなる累進税率が適用されるため，いかに課税所得を少なくするかが節税対策の重要ポイントとなります。

(1) 措置法26の適用

社会保険診療報酬（社保・国保・介護報酬）が年間5,000万円以下であり，かつ，社会保険診療報酬と自由診療報酬等との合計額が7,000万円以下であれば，必要経費に算入できる金額は，実際発生した金額（実額）ではなく，概算経費によることができる特典があります。確定申告に当たっては，社会保険診療報酬が5,000万円以下であれば，必ず措置法26を適用すべきか否かを試算しなければなりません。なお，この制度は年間の社会保険診療報酬が5,000万円を超えると全く適用できなくなるため，決算直近の収入をしっかり把握し，5,000万円を超えない工夫が必要です。

(2) 年度末賞与を多く出す

専従者給与は，賞与という形で支給することも可能なので，その年の院長個人の所得が予想以上に大きければ，冬の賞与額を弾みます。もちろん，お手盛りになれば否認されるので，職員と同率若しくはそれ以下の率で賞与を支給しなければなりませんが，専従者の給与は職員の給与より高額なので，同率でも賞与の金額は多額になります。なお，専従者給与の届出を見て，変更すべきであれば，速やかに青色専従者給与の変更届出書を提出します。

(3) 小規模共済掛金の加入

小規模企業共済は，個人事業主や中小企業の役員が廃業したり，退職した後の生活資金をあらかじめ用意しておくための共済制度です。この共済制度に加入できるのは，常時使用する従業員が20人以下（商業とサービス業は5人以下）の個人事業主と会社の役員等です。年末の節税対策として，掛金の前納制度を利用し，

１年分の掛金（限度額84万円）を前払いすれば，支払った額が所得控除となります。

(4) 国民年金基金等の加入

国民年金基金は，自営業者等の国民年金の第１号被保険者の方を対象に国民年金（老齢基礎年金）に上乗せした年金を受け取るための公的な年金制度です。12月中に掛金（限度額816,000円）を支払えば，支払掛金全額を「社会保険料控除」として，所得金額から差し引くことができます。

4 　医療法人の決算直前対策

(1) 含み損の発生している資産（ゴルフ会員権，土地等）を売却する

資産デフレによって，取得価額より時価が大幅に下落しているゴルフ会員権等の資産があります。価額が下落した資産を売却すれば，譲渡損失が発生するので，それだけ課税所得が少なくなり，税金も少なくなります。

価額が下落していても，どうしても所有しておきたい場合には，適正な価額で個人的に買い取るか，MS法人が買い取ります。最近は，会員権業者と共謀して売却したかのようにみせかけるケースや，同じ会員権を持つグループが集まり会員権を交換するケースが発覚して，税務否認されています。税務上否認されないよう，名義書換の有無だけでなく，預託金証書，印鑑証明書，年間会費払込証明書等，しっかりと取引の事実関係を整備しなければなりません。

なお，売買価額が世間相場からかけ離れている場合には，役員賞与や寄附金等課税関係が生じますので，売買価額の設定には十分注意しなければなりません。

(2) 保険料が損金になる生命保険に加入し年払いする

決算日までに，生活障害定期保険や一般の定期保険等，支払った保険料が損金になる生命保険に加入し，年払いにします。年払方式で加入すると保険料が割り引かれ，支払った保険料が全額損金になるので，大きな節税が期待できます。保障と将来の積立てを兼ね備えた保険に加入し，少額の保険料で定期保険に加入すれば高額な補償額を得ることができます。また，生命保険は借入金の担保にする

こともできます。ただし，生命保険は，その種類や契約パターンによって税務上の取扱いが違ってきますので，確認してから加入しなければなりません。

(3) 使用人時代の退職金を支払う

　事務長等の職員が医療法人の役員になっている場合，職員であった期間についての退職金を支給していないことが多々あります。このような場合，今後，職員から役員に昇格する場合は，職員時代の退職金を支給し精算する旨を退職金規程に折り込み，職員時代の退職金を支給すると，その退職金を損金に算入することができます。

(4) 退職金を打切り支給する

　決算日前に臨時社員総会を開催し，理事を辞め監査役になる等，分掌変更することによって，役員を実質的に退職したのと同じにし，退職金を支給すれば，退職金は損金にすることができます。

(5) 決算賞与を支給する

　予想以上の利益が見込まれるときは，予想を上回った余剰金の一部を，職員に決算賞与として支給することも有効な決算対策です。職員の勤労意欲の向上にも役立ちます。

　超過余剰金のうち，3分の1は内部留保として，3分の1は税金に，そして3分の1を職員に，というようなバランスの取れた成果配分で行われます。決算賞与は決算日までに支払っておくことが原則ですが，資金繰りの都合で期末までに支払うことができなくても，次の要件を満たしていれば，未払金を計上し，決算賞与を損金にすることができます。

＜要　件＞
①　各人の賞与支給額を決算日までに全員に通知していること
②　決算日から1か月以内に支給すること
③　通知した金額を通知した事業年度で損金処理すること
未払賞与は，税務調査では必ずチェックされるため，各人に通知した日，通知

第❼章　決算直前の実践節税対策

した支給額，各人が知った日等がわかる書面をしっかり保管しておくことが大切
です。

　なお，法人の業績によっては，翌年度の夏・冬の賞与が例年通りの率で支給で
きないこともあります。決算賞与はそうした場合の前払賞与であることを，職員
に十分説明してから支給するようにします。

(6)　退職金共済等に加入する

　退職金制度がある病医院が，退職金共済に加入し，加入時点において職員に支
払わなければならない退職金（過去勤務債務）に対する掛金を支払うと，その分
を損金として計上することができます。

(7)　決算月を変更する

　外来患者数の急増や生命保険の満期到来等によって，今期の利益が予想を大幅
に超えることが見込まれ，そのうえ，来期は診療報酬の改正で大幅に収益が悪化
することが見込まれるときなどに，極めて有効なのが決算期の変更です。決算期
を変更することによって，課税所得を平準化して予想を超える税金の負担を回避
することができます。ただし，決算期の変更は，定款の変更が必要になりますの
で，少なくとも決算期の2か月前には，定款変更の申請をしておくことが必要に
なります。また，所轄税務署にも認可された定款の写しを添付して，決算期の異
動届を提出する必要があります。

【資金流出の有無でみる決算対策】

資金のいらない決算対策	未精算領収書を探す，未払費用の計上，固定資産の除却，含み損資産の売却，不良債権の貸倒れ処理
先行投資による決算対策	従業員教育の実施，消耗品の購入，一時払い保険の加入，決算賞与の支給

245

第8章

税務調査と実践税務

1 税務調査の概要

(1) 税務調査の種類

税務調査には，次の３つの調査があります。

① 課税処分を行うための調査

税務署が通常行う税務調査のことで，任意調査です。

② 滞納処分を行うための調査

滞納になったことから納付のために行われる調査です。

③ 脱税事件（犯則事件）処分を行うための調査

強制調査による調査で，いわゆる「マルサ」の調査です。

国税通則法等の改正で，平成25年１月より，税務当局は，納税者や顧問税理士等に，以下の項目を原則として事前通知しなければならなくなりました。

- ・実地調査開始日時
- ・調査実施場所
- ・調査の目的
- ・調査の対象となる税目
- ・対象となる期間
- ・調査対象となる帳簿書類やその他の物件等

(2) 質問検査権と受忍義務

一般的に行われる税務調査では，「必要があるときは，納税者（納税者と取引がある者等を含む）に質問し，又はその帳簿書類その他の物件を検査できる」という法的権限が税務職員に与えられています。この調査が実施できる権限を「質問検査権」といいます。一方，調査を受ける納税者に対しては，税務職員の質問に対して答弁せず，若しくは偽りの答弁をし，又は検査を拒み，妨げ若しくは忌避した者や偽りの記載をした書類を提示した者に対して，１年以下の懲役又は20万円以下の罰金に処すことができる規定があります。罰則規定をもって，税務調査に応じる義務を納税者に課しています。

しかし，任意調査における質問検査権であるので，納税者の同意を得ないで金庫・預金通帳や個人的な所有物等を検査することはできません。

(3) 守秘義務とカルテの提示

刑法134条に，「医師，薬剤師，医薬品販売業者又はこれらの職にあった者が，正当な理由がないのに，その業務上取り扱ったことについて知り得た人の秘密を漏らしたときは，6か月以下の懲役又は10万円以下の罰金に処する。」という規定があり，また，刑事訴訟法149条には，「業務上知り得た事実で他人の秘密に関するものについては，証言を拒むことができる」という証言拒絶権があります。税務調査では，カルテの提示について，病医院側の守秘義務と税務職員の質問検査権の関係がよく問題になります。しかし，税務職員にも国家公務員の守秘義務があり，金銭に絡む税務の問題に絞った質問であれば，カルテの提示を拒絶することはできないことになっています。

(4) 税務調査に対する心得

税務調査に対して心構えができていないと，しっかりした対応ができないだけでなく，税務当局の一方的なペースで税務調査が展開されてしまうこともあります。病医院の幹部と顧問税理士が同じスタンスに立って税務調査に対応していくことが大切です。平成23年12月の国税通則法等の改正で，税務調査の手続きが明確化され，課税庁の納税者に対する説明責任が強化されたこともあり，納税者としての権利をしっかり主張してください。

税務調査に対する7つの心得は，次の通りです。

① 調査実施日はできるだけ自院の都合にあった日にしてもらうこと
② 調査目的と関係ない書類の提示が求められたら，その目的をはっきり聞くこと
③ すぐに回答できないことは，後日はっきりした段階で回答するときっぱり言うこと
④ カルテは必要なもの，必要な事項のみを開示する
⑤ 私室に入ったり，引出等を勝手に開けたりすることは不法であるので，

しっかり断ること

⑥　帳簿書類等の留置きが合理的でなく，納得いかなければ，しっかり断り，現場で調査が終了するようにすること

⑦　調査終了後は，必ず顧問税理士を中心に反省会を開き，今後改善すべき事項を検討すること

2　診療収入等の調査

調査のポイントは，①収入の期間帰属は適正か，②収入そのものを抜いていないかどうか，すなわち，決算日までの診療行為に基づく収入がすべて当期間に計上されているかを調べることにあります。収入は診療行為が終了し，診療報酬に対する請求権が発生した時点で原則として計上しなければなりません。これを発生主義，権利確定主義といいます。

(1)　窓口入金システムの妥当性調査

税務調査では，必ず窓口受付に行き，患者の一部負担金等窓口会計のシステムの妥当性についてチェックします。前日の現金出納帳残高と当日の入出金伝票を基に，現在の手元有高が正しいかをチェックします。また，窓口入金額とレジやレセプト・コンピュータとの照合が毎日行われ，上司等の検閲を受けているか，そのお金は銀行預金に入金されているか等が調べられます。レセプト・コンピュータの負担額と徴収した負担額とに差額があれば，その原因がしっかり分析管理されているか，保険証を忘れた場合の処理が妥当であるか等を中心に調べられます。職員やその家族について，一部負担金を徴収しない場合もよく見受けられますが，窓口入金帳にその旨を記載して，「治療費の一部減免規定」が作成されており，福利厚生費や診療値引きとして適正に処理されているかが調べられます。現金残高が大幅に違っていると，収入除外，裏預金の存在の疑い等が生じ，税務調査期間も長くなります。

(2) 保険診療収入の留意点

① 窓口徴収金額の妥当性

レセプト総括表や決定通知書からあるべき窓口現金収入の理論値を出し，理論金額と実際の入金金額との差額を計算し，納得できる差額範囲に収まっているかチェックします。その差額が無視できないほど大きければ，窓口収入の一部を抜いているのではないかと疑われ，解明のための徹底調査が行われることもあります。したがって，差額の大きさについては，申告書作成前に必ずチェックしておかなければなりません。

② 再請求金額の有無

保険診療報酬に対して，レセプト総括表から計上された金額と診療報酬決定通知書の金額との差額を計算し，その差額が大きく，返戻や減額の金額が大きい場合には，返戻され再請求されていないレセプトが期末に残っていないか，翌期のレセプト請求を分析し解明する調査が行われます。

(3) 自由診療収入の留意点

社会保険の適用のない特殊な自費診療収入に対しては，予約簿，カルテ等の診療記録，料金表，そして患者の確定申告に添付された領収書等から，すべての収入が正しく計上されているか調査されます。例えば，人工妊娠中絶収入は，その回数（麻酔薬や鎮痛剤の使用量から推計）と単価を調査し，収入計上額の適否が確認されます。また，出産件数と中絶件数の合計が胞衣処理件数と一致しているかのチェックは必ず行われます。漢方やサプリメント等の薬品や治療道具の代金は，仕入れの請求書と収入の関係を比較検討し，売上が除外されていないか，計上されている売上高が妥当であるかがチェックされます。自費収入の計上除外は，実際には窓口会計の不正から発見されることがほとんどです。窓口会計の担当者が経営者の身内に専任され，しかも他の職員のチェックを受けていない場合は，毎日のレジ合計や領収書の控え，仕入請求書等について全数調査し，不正がないか時間をかけた調査が行われます。

251

(4) 室料差額収入や雑収入の調査方法

　室料差額収入は，入院患者管理台帳，看護日誌，病棟日誌等によって計上の適否が調査されます。まず，入院案内パンフレット等から，室料差額徴収ベッドと単価が記された一覧表を作成し，ある特定の月を選択し，室料差額収入が正しく計上されているか調べます。つまり，室料差額を徴収すべきベッドの単価とその月に利用された延べ日数から算出された金額と，計上されている金額が一致しているかの調査です。

　また，入院患者には入院費の請求がなされているので，室料差額やクリーニング代，電話代等の入院諸費用は，請求書の控えや領収書の写しをみて，正しく計上されているかの突合作業が行われます。期中において現金で回収のあった金額だけを収入として計上している場合は，決算日までの未収金額がすべて正しく計上されているかを重点にした調査が行われます。

　一方，取引銀行に行き，申告されていない預金口座に診療収入等の入金がないかを調べ，収入の隠匿の有無を調べます。この調査でリベート収入が発見されることがよくあります。葬儀会社等の支払会社から，誰に，いつ，いくらの金額をリベートとして支払ったかの資料が税務署に提出されていれば，その資料箋を基に徹底的な調査が行われます。

(5) 自賠責や労災収入のポイント

　自賠責収入と労災収入で共通することは，ともに請求までの手続きに時間がかかるということです。自賠責は損害保険会社に対して請求しますが，加害者であるか否かの判定に時間がかかることがあるため，請求手続きが遅れることがよくあります。労災も，疾病が労災によるものであるかの判断が難しいため，請求が遅れたり，請求をしても認定されず，取り消されるといったこともよくあります。したがって，これらの収入は，翌期に入金された金額のうち，当期の診療に当たる収入が含まれていないかが請求内容やカルテ等から調査されます。決算日をまたいだ請求にならないように，決算日にいったん締めて請求を行うようにしなければなりません。また，損害保険会社からの一部の入金を裏預金口座に振り込んでいないかも調査されます。

第**❽**章　税務調査と実践税務

(6)　診療科目別にみた調査の着眼点

診療科目別にみた場合，問題となる収入は，次の通りです。

① 内科・小児科……治験受託収入，健康診断収入，ワクチン収入，容器等の雑収入

② 外科・整形外科……自賠責収入，労災収入，保険外収入，エラスティックバンド等の治療道具代金，補装具のリース収入

③ 産 婦 人 科……分娩収入，中絶収入，お産セット等特別な物品・サービス収入，検診等の課税売上高と消費税

④ 耳鼻咽喉科……補聴器のリベート収入，ファーストピアス収入，特殊マスク等の代金

⑤ 眼　　　　科……コンタクトレンズ販売会社との取引収入，近視矯正手術収入

⑥ 皮　　膚　　科……しみ・しわ等の美容治療やアトピー等の特殊薬品等の収入

⑦ 精　　神　　科……代替医療等の特殊診療収入，漢方・サプリメント等の収入

⑧ 歯　　　　科……金属売却収入

3 　役 員 給 与

親族である院長夫人や家族へ支給している役員報酬額が，不相当に高額でないかが問題にされます。不相当に高額であるか否かは，業務の内容や従事する程度（密度や時間）で判断されます。

役員報酬が不相当に高額であるか否かは，次の2つの基準から判断されます。

(1)　形 式 基 準

社員総会で，医療法人の運営を役員に委嘱し，その対価として役員報酬が支給されることになります。したがって，支払われている役員報酬が，社員総会で決議された報酬の限度額以内であるか，社員総会議事録を見て調べます。一度，総会決議で決められた役員報酬は，改訂しない限りそのまま継続されていると解され，取り扱われます。

253

(2) 実質基準

　形式基準とは別に，個々の役員ごとにその職務の内容，勤務の状況，経験年数等を調べ，職員との面接から勤務実態を聞き出すこともあります。過大報酬と判断されると，役員賞与として取り扱われ，損金とはならず法人税の課税対象になります。実質基準を客観的に判断することはかなり難しいため，よく税務当局とのトラブルの原因になります。役員報酬が相当額であることがわかるように，業務の内容や実績を説明できる書類をしっかり保管し説明できるようにします。

4　従業員給与

　従業員給与の税務調査で問題となるのは，(1)架空人件費と(2)源泉税の納付漏れです。

(1) 架空人件費

　実際に働いていない知人や親戚の名前を借りて，架空の人件費が継続的に計上されていないかどうかが調査されます。調査方法は，組織図の配置職員表，履歴書，出勤簿・タイムカード，扶養控除等申告書，社会保険加入台帳，一人別賃金台帳，給与振込票等をチェックし，架空の人件費が支給されていないかを調べます。特に給与が銀行振込みでなく，現金で支給されている場合は，かなり詳細に架空人件費がないか，ときには職員の面談から聞き出す調査も行われます。

(2) 源泉税の納付漏れ

　源泉税の納付漏れについては，パート医師に対する源泉税が適正に徴収されているか，福利厚生費や交際費等に個人の給与とみなされるものがないかを中心に調査されます。具体的には，パート医師の源泉税は乙欄で徴収されているか，パート医師の源泉徴収票が提出されているか，永年勤続の表彰に現金や商品券等の金員が支給されていないか，徴収すべき食費代や社宅家賃が税法上の規定より少なくないか，等がチェックされます。徴収漏れが発覚し，病医院側が追徴源泉税を支払った場合の処理は，当事者に対する立替金となります。しかし，立替払

第❽章　税務調査と実践税務

いした源泉税の求償権を放棄し，また，退職して所在が不明である等で求償権の行使が不能となったと認められるときは，貸倒損失として必要経費（損金）に算入することができます（所法51②）。

5　薬品材料費と棚卸資産

　薬品材料については金額や取扱数が多いことから，架空仕入や計上ミスがないかをチェックします。仕入金額の妥当性については，請求書を通査し，一括経費に処理できない償却資産が含まれていないかがチェックされます。

　また，期末の薬品材料の棚卸金額は，よく利益操作に使われるため，必ず棚卸資料からその妥当性がチェックされます。調査方法は，まず，帳簿棚卸がなされている麻薬等が正しく棚卸資産に計上されているかどうかを照合し，全体としての実地棚卸方法の妥当性を判断します。次に，期末直近の仕入状況を請求書から把握し，期末在庫量の妥当性が検討されます。通常，実地棚卸は診療を続けながら行われるため，期末直近に発注した薬品材料が棚卸から漏れている場合もよくあります。また，棚卸単価については，税務署に提出した棚卸資産の評価方法に準拠しているかが調べられます。一般的には，最終仕入原価法を採用していますので，決算月の仕入単価を基に棚卸金額が計算されているか，棚卸表の単価と仕入請求書の単価を照合し棚卸金額の妥当性がチェックされます。なお，税込経理を採用している場合は，棚卸金額が消費税を加算した金額になっているかチェックされます。

6　一般経費の調査

　一般経費については，次のような視点から調査されます。
① 　個人的経費が計上されていないか
② 　翌期以降の費用になるものが計上されていないか
③ 　個人の経済的利益となるものが計上されていないか
④ 　交際費，寄附金等損金算入限度額のある経費に該当しないか

255

個人的経費の付回しについては，国税庁は，次のように分類し，必ず反面調査をし，証拠等を入手し，悪質な場合は，重加算税の対象にするよう指示しています。

　　家 計 簿 型……個人的な水道光熱費，生命保険料，固定資産税等

　　物　欲　型……貴金属，和服，毛皮等の装飾品

　　旅　行　型……家族旅行，年末年始・夏休み等のホテル宿泊費

　　マイホーム型……自宅改築，庭園保守等

　　接待便乗型……家族飲食，テニス，ゴルフ費用等

　　手　当　型……家政婦，子供の家庭教師等

　個人的な支出と否認された場合，個人病医院の場合はその金額が院長の課税所得に加算されます。医療法人の場合は，例えば院長の個人的な飲食代を法人の交際費として処理していた場合には，院長に対する役員賞与と認定されてしまいます。役員賞与と認定された金額は法人税の計算上，全額損金不算入となり，法人の課税所得にプラスされます。また同時に，院長個人に賞与を源泉徴収せず支払ったと取り扱われ，院長の給与所得に加算されます。

　さらに消費税の問題が生じるケースもあります。法人が消費税の課税事業者であれば，交際費として経理処理した段階で，消費税上課税仕入として処理されているため，役員賞与として否認された場合は課税仕入れにはならず，結果として消費税の追徴税も発生することになります。このように，個人的な支出を交際費に処理していると「トリプル課税」されることになります。そのため，個人経費の付回しが多額にあると，厳しい調査に発展することになります。

7 医療器械・什器備品の購入調査

　医療器械や備品等の購入については，取得価額が妥当であるか，事業に使われ始めた時期に間違いがないか，まずチェックされます。医療器械の取得価額については，見積書や請求書等から金額の内訳内容を分析し，取付け料等取得価額に含むべき金額がないかをチェックします。また，決算節税対策として，10万円未満のマットレスや消灯台等を決算直前に購入し，費用処理されている場合には，

納入日及び事業に使われ出した日時が，実際に決算日以前であったかが綿密に
チェックされます。納入日が疑わしいときは，メーカーのトラック出荷記録等に
対する反面調査も行われます。もし納入伝票等に改ざん等があれば，重加算税の
対象となります。また，多額の固定資産除却損が計上されている場合は，実際に
除去された日が決算日以前であるかを確認するため，廃棄物処理会社に対して反
面調査が行われます。

8 MS法人との取引

　MS法人との取引については，まず，その法人の実態があるかどうか，また，
取引の条件が通常の取引基準から大きくかけ離れていないかどうかがチェックさ
れます。

　MS法人にその実態がないとされた事例として，次のようなものが挙げられま
す。

①　MS法人の本社が病医院内にある。

②　病医院と掛け持ちの担当者ばかりで，MS法人専属の担当者が1人もいな
　い。

③　家賃・人件費の負担がない。

④　病院から独立した意思決定がなされていない。

⑤　社長の勤務実態がない。

　MS法人の実態がなく，値入率等の取引条件も通常の取引基準から大きくかけ
離れていれば，上乗せされた金額が不当であるため，自院が医療法人であれば，
MS法人への寄附金として認識され，自院が個人病医院であれば，恣意的に上乗
せされた金額が，そのまま院長の所得に加算されます。次の裁決事例からわかる
ように，商習慣と馴染まない，また，恣意的な取引内容であれば税務否認されま
すので注意しなければなりません。

257

〈MS法人　否認重要裁決事例〉

事例1

同族会社に支払った医療機器等の賃借料の額が過大であるとして，所得税法157条を適用した更正処分は適法であるとした事例

（要　旨）　～平成14年12月20日裁決～

　請求人は，自己が取締役を務める同族会社との間で行った医療機器等の賃貸借契約はレンタル方式であるにもかかわらず，原処分庁は賃貸借契約に係る回収期間を経過した後の賃貸料の金額を所得税法157条の規定を適用し，リース方式であると決めつけて当該賃貸料の金額を算出したことは，違法である旨主張する。

　しかしながら，一般の賃貸業者においては，医療機器等を賃貸するとした場合，賃貸借期間経過後の賃貸料の金額を当初の契約に定められた金額の10分の1の金額としていることが認められるにもかかわらず，請求人が医療機器等の耐用年数を超えても，賃借料を減額することなく継続して当初の契約に定められた賃借料を支払っていることは，同族会社とその関係人であるがゆえになしえた経済的合理性を欠く行為又は計算であり，その結果，請求人の所得税の負担を不当に減少させていると認められるので，医療機器等の賃貸借契約がレンタル方式であるかリース方式であるかにかかわらず，所得税法157条の規定を適用し，医療機器等ごとに，一般の賃貸業者が同種の医療機器等を賃貸する場合に賃貸借期間中に支払いを受ける賃貸料総額を月額賃貸料で除して賃貸料総額を回収する期間を算出し，当該回収期間経過後の賃貸料を当初の契約に定められた金額の10分の1に減額して請求人が支払うべき適正な賃借料を算出するのが相当と認められる。

事例2

請求人が同族会社に支払った月額賃料と原処分庁が算定した類似建物月額賃料との差額が1.4倍と僅少であっても，所得税の負担を不当に減少させる結果となっているとして所得税法157条の規定を適用した課税処分は正当であるとした事例

第**❽**章　税務調査と実践税務

（要　旨）　～平成10年4月24日裁決～

　請求人は，仮に類似建物月額賃料を一応の基準としても，本件月額賃料は類似建物月額賃料の1.4倍程度のものであり，類似建物月額賃料との比率の開差は極めて合理的な偏差の範囲にあり，著しく過大なものではないから，本件賃料の決定行為に不当なものはない旨主張する。

　しかしながら，所得税の負担を不当に減少させる結果となったか否かについては，単に基準となるべき適正な賃料との比率の開差の大小のみによって一律に判断すべきものではなく，その基準となるべき適正な賃料に基づいて算出した納付すべき税額と請求人が決定した賃料に基づいて算出した納付すべき税額とを比較し，その税額のかい離がどの程度であるかを考慮したうえで判断すべきものと解するのが相当である。

　請求人の場合，本件病院用建物に係る本件月額賃料の決定は，同族会社とその関係人である請求人であるがゆえになしえた行為又は計算であることが認められ，請求人のこのような行為は，純経済人の行為として不自然・不合理な行為又は計算によるものであり，その結果本件月額賃料が不当に高額なものとなっており，請求人の所得税の負担を不当に減少させているものと認められる。

9　修正申告と附帯税

（1）　加算税制度

①　過少申告加算税（通則法65）

イ　定　　義

　過少申告加算税とは，期限内に申告書を提出したがその申告にかかる税額が過少であったため，その後修正申告書を提出したとき（又は税務署から更正されたとき）に追加で課される税のことです。

ロ　税　　率

　増加税額×10％（期限内申告税額と50万円のいずれか多い金額を超える部分については15％）

　ただし，税務署からの更正を予知せずに自主的に申告・納付を行った場合

259

には，上記にかかわらず課されません。

② **無申告加算税**（通則法66）

イ　定　　　義

　　無申告加算税とは，期限内に申告書を提出しなければならなかったが申告
書を提出せず，申告期限を過ぎて申告書を提出した場合（又は税務署から税額
について決定があった場合）に追加で課される税のことです。

ロ　税　　　率

　　税額×15％（納付すべき税額が50万円を超える部分は20％）

　　ただし，税務署からの決定を予知せずに自主的に申告・納付を行った場合
には，税率は5％に軽減されます。

③ **不納付加算税**（通則法67）

イ　定　　　義

　　不納付加算税とは，源泉徴収の方法により預かった国税を法定納期限まで
に完納しなかった場合に追加で課される税のことです。

ロ　税　　　率

　　税額×10％

　　ただし，税務署からの納税告知を予知せずに自主的に納付を行った場合に
は，税率は5％に軽減されます。なお，正当な理由がある場合には上記にか
かわらず課されません。

④ **重加算税**（通則法68）

イ　定　　　義

　　重加算税とは，過少申告加算税・無申告加算税・不納付加算税が課される
場合において，これらの事実を隠蔽又は仮装したと認められた場合に追加で
課される税のことです。

　　なお，重加算税は，過少申告加算税・無申告加算税・不納付加算税に代え
て課されるため，重加算税が課される場合は，過少申告加算税・無申告加算
税・不納付加算税は課されません。

ロ　税　　　率

　　税額×35％（ただし無申告の場合は40％）

第❽章　税務調査と実践税務

(2)　延滞税 （通則法60）

①　延滞税が課される場合

延滞税とは，本来納付すべき税金を法定納期限までに完納していない場合に課される遅延利子的な税金のことで，具体的には次のような場合に課されることとなります。

イ　申告期限内に提出した確定申告書による税額を法定納期限（延納・物納許可の取消しがあった場合にはその書類の発信日）までに完納しないとき

ロ　期限後申告書若しくは修正申告書を提出し，又は更正若しくは決定を受けたため，納付税額が生じたとき

ハ　予定（中間）納税額をその法定納期限までに完納しないとき

②　計算方法

延滞税は，次のように算出されます。

①　納期限までの期間及び納期限の翌日から2月を経過するまでの期間

　　年「7.3%」と「特例基準割合＋1%」のいずれか低い割合を適用

②　納期限の翌日から2月を経過する日の翌日以後

　　年「14.6%」と「特例基準割合＋7.3%」のいずれか低い割合を適用

〈算式〉

$$延滞税の額 = \frac{納付すべき本税の額 \times 利率 \times 期間（日数）}{365日}$$

(注1)　特例基準割合

各年の前々年10月から前年の9月までにおける国内銀行の新規の短期貸出約定金利の平均の割合として各年の前年12月15日までに財務大臣が告知する割合（平成28年1月1日〜平成28年12月31日：年1.8%）。

よって，①と②のそれぞれの延滞利息の利率は次のようになります。

①　1.8%＋1%＝2.8%

②　1.8%＋7.3%＝9.1%

(注2)　期限内申告書の提出後1年以上経過して修正申告又は更正があった場合（重加算税が課された場合を除く）には法定納期限から1年を経過する日の翌日から修正申告書を提出した日又は更正通知書を発した日までは延滞税の計算期間から控除されます。

また，期限後申告書の提出後1年以上経過して修正申告又は更正があった場合（重加算税が課された場合を除く）には，その申告書提出後1年を経過する日の翌日から修正申告書を提出した日又は更正通知書を発した日までは延滞税の計算期間から控除されます。

261

(3) 還付加算金

納める税金が多すぎた場合には，法定申告期限から1年以内であれば，「更正の請求」という手続をとることで，納めすぎた税金を取り戻すことができます。1年を超えている場合は，税務署長宛てに嘆願書を提出して交渉すれば，申告期限から5年以内であれば返還も可能です。ただし，税金が返還されるのは，あくまで法律の適用や計算に明確な誤りがあった場合に限られます。返還される税金には，平成28年中は年1.8％の還付加算金が付いてきます。

(4) 源泉税と不納付加算税

年2回の納期の特例を受けている場合，源泉所得税の納付を忘れてしまうことがあります。ペナルティには，日割り計算等はなく，未納付の税額に対して一律10％（自主納付の場合は5％）の割合で課されるので，1日納付が遅れただけでもペナルティが全額かかってくるという非常に厳しいものです。源泉所得税は従業員の給与からの天引き等により，本来ほかの人が納める税金を病医院が預かり，納付するものであるため，源泉所得税の未納付には重いペナルティが課されるのです。ただし，以下の場合には，不納付加算税はかからないことになっています。

① 新たに源泉徴収義務者になった者の初回納付で，期限後1か月以内に自主納付されたもの

② 直前1年間の源泉所得税について，納付の遅延をしたことがないもので，期限後1か月以内に自主納付されたもの

実際は，1回目のミスに対しては税務署から「納付されていない旨」の連絡があるので，すぐ納税すれば不納付加算税は課されませんが，連絡後も納付を忘れていると，不納付加算税が課されますので注意しなければなりません。

(5) 更正と決定

税務当局が更正又は決定処分を行うことができるのは，原則として法定申告期限から5年です。同様に，納税者が行う更正の請求期間も原則5年です。したがって，申告書に誤りがあり，過大に納税をしている場合には，原則5年間溯って更正の請求をすることができます。なお，更正の請求を行う場合には，請求の

理由の基礎となる「事実を証明する書類」を添付する必要があります。

10 不服申立とその手続き

調査官の指摘事項とその説明に対して，どうしても納得できず，修正申告に応じない場合は，税務署から更正処分の通知書が来ます。通知書には，更正決定した所得金額，追徴する税額，賦課した加算税額，そして更正の理由が記載されています。

この場合，納税者を救済する措置として「不服申立」の制度があります。この不服申立には，税務署長に対する「異議申立」と国税不服審判所長に対する「審査請求」の２つの手続きがあります（図参照）。

【税務調査に不服の場合の手続き】

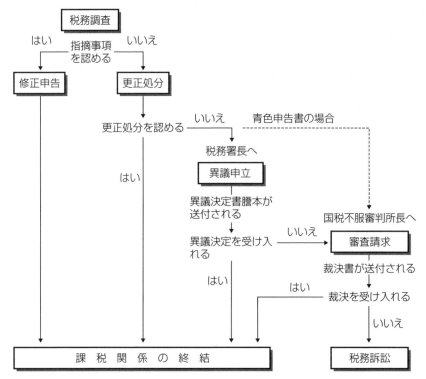

異議申立ては，更正処分のあった日の翌日から起算して2か月以内に，その処分をした税務署長に対し異議の申立てをすることができます。この異議申立てに対して，税務署長の決定が行われ，税務署長から「異議決定書謄本の送付書」が送付されてきます。異議決定書には，決定結果とその理由が記載されています。

　税務署長の決定に不服がある場合は，決定から1か月以内に国税不服審判所長に対して，「審査請求書」を提出し，審査請求をすることができます。なお，異議申立てをせず，直接不服審判所長に審査請求をすることもできます。国税不服審判所は課税庁側の機関ではありますが，納税者の主張が認められるケースも最近は増えています。審査の結果が出ると，国税不服審判所長より「裁決書」が送付されてきます。

　国税不服審判所の「裁決」に対してなお不服がある場合には，国を相手として提訴することになります。なお，税務訴訟を起こすためには，異議申立てと審査請求の過程を経なければ出訴することはできません。これを「不服申立前置主義」といいます。

　税務訴訟は，納税者が自ら訴訟を行うこともできますが，納税者は法律知識が不足しているため，一般的には納税者本人の代わりに訴訟代理人として弁護士に依頼することになります。この場合，税理士法改正に伴い，税務のスペシャリストである税理士を補佐人として法廷に出頭させることができます。訴訟の提起は，審査請求に対する国税不服審判所の裁決を経て，地方裁判所に対して行うことになります。

第９章

病医院の発展と税務戦略

診療所を開設した当初は患者数は少なく，設備投資の負担や人件費の負担等で厳しい経営状態が続きますが，徐々に患者数が増加していくと，収入も増え，所得も増えていきます。また，医療法人化し，その規模が拡大していくと，内部蓄積が増えていきます。経過措置型医療法人であれば，出資持分の相続税問題や払戻請求権問題を解決するための税務戦略が必要になり，組織変更を伴う税務戦略も必要となります。つまり，自院の発展段階の状況によって，取るべき税務戦略がそれぞれ違ってきます。

1 開業時の戦略

開業後間もない時期は，収入が少ないにもかかわらず，求人費用，広告宣伝費用等の諸経費が多額にかかるため，通常，所得は相対的にかなり低くなるか，場合によっては赤字になることもあります。したがって，開業前にかかった費用は，所得が大きくなる時期まで繰り延べたり，開業後に発生する費用をできるだけ少なくなるように選択したりして，将来の増える税金の負担を上手に軽減できるように，開業時の税金を考える戦略が必要になります。

(1) 開業費とその処理

① 開業費とは

開業することを決めてから開業するまでの間に，特別に支出する開業準備のための費用は開業費として必要経費になります。特別に支出する費用とは，開業と「直接」関係する費用ということです。具体的には，

(ⅰ) 開業指導を受けた医師等へのお礼や接待等にかかった費用

(ⅱ) 業者との打ち合わせや医師会へのあいさつ等にかかった費用

(ⅲ) 開業のためのセミナー参加費や書籍代等

したがって，開業を決め，動き始めた時から領収書やメモ（交通費等領収書のないもの）をしっかり保存し，その支出の目的，打ち合わせや接待の相手先をしっかり記録し，開業のために直接関係した支出であることが明確にわかるようにします。

第❾章 病医院の発展と税務戦略

② 開業費の処理

開業費の効果は，開業初年度だけでなく，その後の事業年度にも及ぶため，税法上は，開業時にいったん繰延資産（開業費）として資産計上し，それ以降はいつでも任意に償却することができます。つまり，開業した年以降，毎年自由に償却額を決めることができます。例えば，開業した年の事業所得が赤字とか，ごく僅かな所得であるなら，開業費の償却は行わず，2年目以降黒字になった年に，開業費を償却して必要経費に算入すれば，黒字になった年の事業所得を抑えることができます。課税所得が一番高い年に償却すると，最も節税効果があります。

(2) 税の特典が得られる仕組みを作る

定められた要件を満たすように仕組みを作り，税の特典が受けられるようにすることも大切です。例えば，診療所併用住宅で開業する場合，住宅ローン控除が適用できるように設計するようにします。

診療所併用住宅の場合には，次のような税法の規定があります。

① その家屋の床面積の2分の1以上がもっぱら自己の居住の用に供されていること

② 控除額の計算の対象となる住宅借入金の金額は，借入金の年末残高にその家屋の総床面積に占める居住用部分の床面積の割合を乗じて計算した金額であること

したがって，診療所併用住宅の場合，診療所部分の床面積は総床面積の2分の1未満にする必要があります。しかし，診療所部分を自宅部分より大きくしなければならないときには，併用住宅にならないように，自宅部分を独立分離し，外部から自宅に直接出入りできるように出入り口をつくり，通常の住宅と同じにして，住宅ローン控除が適用できるようにします。この場合，診療所の建築費と自宅部分の建築費とが明確に区分計算できるように請求書等を作成してもらうことが必要になります。

(3) 個人所有の資産を事業用にする

　開業する前に乗っていた乗用車を業務用に使用すれば，業務用にかかった経費（減価償却費，ガソリン代，修理代等）を事業のための必要経費にすることができます。中古乗用車の時価は，専門査定業者に依頼し，引継ぎ価額の客観性を担保してもらいます。

(4) 調節できる必要経費は少なめに

① 減価償却は定額法

　減価償却の方法として，定額法と定率法があります。定額法でも定率法でも耐用年数の期間において計上できる減価償却費累計額は同額です。定率法は耐用年数期間の前半は，定額法の減価償却費より多くの減価償却費が計上され，後半は少なく計上されます。開業当初は，収入が少なく所得もそれほど多くないので，定額法を採用し，開業2〜3年後に所得が大きくなってきた時点で定率法を採用すると，簡単に上手に所得を少なくすることができます。

② 青色専従者給与の額

　専従者給与を多くすれば源泉税の負担も多くなります。青色専従者給与の届出額は多くしても，開業当初の実際支給額は少なくします。また，開業当初でも，措置法26を適用した方が有利な場合もあるので，収益状況を見ながら専従者給与の額を決めていきます。

(5) 所得控除は所得の大きい方につける

　開業の年には，赤字が発生することもあるので，院長の合計所得金額が配偶者のそれより少ない場合もあります。このような場合は，医療費控除，社会保険料控除，扶養控除は，合計所得金額が大きい配偶者にまとめ，申告して節税します。

2 開業初期段階

　開業後2〜3年すると収入も伸び，資金繰りにも少しは余裕が出てきます。この段階では，次のような税務戦略が考えられます。

(1) できるだけ措置法26を適用すること

社会保険診療報酬が年間5,000万円以下であり，かつ，社会保険診療報酬と自由診療報酬等との合計額が7,000万円であれば，措置法26による概算経費率の適用ができます。措置法26を上手に適用する方法は，実際の経費をできるだけ削減し，概算経費の額と実際の経費額との差額ができるだけ大きくなるようにすることです。具体的には，次の通りです。

① 青色専従者給与はゼロとする（配偶者控除を適用するため）

② 従業員の補強は極力パートにする

③ 大きな改装や修繕は控える

④ 経費はなるべく削減する

(2) 償却資産の償却方法は定額法のまま，変更しない

(3) 小規模企業共済に加入し，その限度額を支払う

3 成長期前半段階

開業後5～6年以上が経ち，社会保険診療報酬が年間5,000万円超になると，措置法26の適用ができなくなります。この段階では次のような税務戦略が考えられます。

(1) 専従者給与額を上げていく

所得税は累進税率なので所得を分散すると，税の負担が減ります。所得の増大額を予想し，専従者給与の額をアップしていきます。

(2) 増患のための広報活動を積極的に行う

診療圏内に新規オープンした診療所も出てきて，競争もそれなりに厳しくなってきます。こうした環境を勝ち抜くために広報活動（広報誌の発行，看板の増設，

ホームページのランクアップ広告等）を積極的に行い，戦略的経費を投入し節税と増収を図ります。

(3) 償却資産の償却方法を変更する

償却資産の償却方法を定額法から定率法に変更し減価償却費を大きくします。

(4) 開業費の償却をする

所得が大きくなってくるので，この段階から開業費の償却を開始し，その年の所得の大きさをみながら，開業費の償却額を決定します。

4 成長期中盤段階

経営が軌道に乗ってくると，総収入も1億円を超えるようになり，資金繰りにも余裕が出てくる段階となります。この時期になると，開業時の医療器械は古くなり，性能のより高い医療器械への買替えや，内装のリニューアルをする時期となります。この段階では次のような税務戦略が考えられます。

(1) 医療機器や什器備品の買替え

医療機器や什器備品を買替え，従来の資産を除去すると，固定資産除去損が計上でき，また，新規購入の償却資産については，定率法による減価償却で，買替え前よりかなり多額の減価償却費が計上できるようになります。また，リースを利用する場合は，リース期間を法定耐用年数が10年未満の場合は法定耐用年数の70％（法定耐用年数が10年以上の場合は60％）に短縮し，リース期間定額法を採用すれば，法定耐用年数より短い期間で償却することができます。また，什器備品の購入のうち，10万円未満のものは消耗品として，1個当たりの購入価額が30万円未満のものなら累計額300万円までは一括経費として処理します。

(2)　内装設備等のリニューアル

　内装設備等をリニューアルすると，古い内装設備は除却され除去損が発生し，また，修繕した部分は修繕費として計上でき，新しく設置された設備は定率法によって減価償却費を計上します。新しくリニューアルする内装設備等をリースで調達し節税を図るには，短縮されたリース期間定額法による減価償却費を計上できるようにリース契約をします。

(3)　MS法人と所得の分散

　MS法人を設立し，レセプト業務や経理業務等の事務部門の業務，診療材料の仕入業務や売店業務等をMS法人に委託します。また，賃貸できる不動産があればMS法人が取得し，病医院に賃貸するようにし，所得の分散を図ります。

5　成長期後半段階

　順調に経営が進展し，収益性がさらに高まり，専従者給与控除前の所得が3,500万円以上になってくれば，個人経営から医療法人に経営形態を変えます。

　医療法人成りに伴い，経営者である理事長の生計部分と経営体である医療法人の会計が分離区分されるため，この段階では次のような税務戦略が考えられます。

(1)　役員報酬額を決める

　医療法人の収益性をベースに，所得の分散を視点に，税務否認されない範囲で各役員の報酬額を決定することがポイントになります。

(2)　生命保険による役員退職金の準備

　役員は，必ずいつかは退職することになるため，それに備えて，退職金を準備しておかなければなりません。そのため，医療法人を契約者，受取人とした生命保険に加入します。生命保険料を損金に落とし，節税しながら，退職金を蓄積していきます。保険金額は，老後の生活や相続税の負担額等を考え決めます。

(3) 事業承継を考えた対応

① 後継者がいない場合

後継者はいないが，毎年の節税のために医療法人成りしたケースの場合は，医療法人を解散しても残余財産が残らないようにします。具体的には役員報酬を多く支給したり，MS法人に所得を分散したりして，毎年発生する剰余金がそれほど大きくならないようにします。解散する時は残余財産がゼロになるように退職金の額を決めます。

② 後継者がいる場合

イ 持分なしの医療法人

剰余金が多額に発生しても，事業承継に際して課税上の問題がないので，特に対策は必要ありません。

ロ 持分ありの医療法人

事業承継の際，出資持分に対する課税問題があるため，出資持分に対して，毎年贈与をしたりして，常に対策を考えることが必要です。

6 拡張成熟期

病院規模が拡大し，地域支援病院とか，地域の重要な中核病院として，その地域医療になくてはならない存在にまで拡張成熟した医療法人です。この段階では次のような税務戦略が考えられます。

(1) 永遠に維持発展ができる体制の確立

出資持分のある医療法人では，出資持分の相続税評価額も巨額になっており，出資持分を所有している社員の相続税問題や出資持分の払戻請求権の行使問題が発生すれば，その負担で医療法人の存続自体に大きな支障が発生するおそれがあります。

(2) 特定医療法人への移行

　出資持分の相続税負担や払戻し請求による資金負担を永遠に回避するためには，出資持分のない医療法人に組織変更しなければなりません。そのためには，同時に毎年発生する税負担を軽減し，軽減された資金を医療法人に投入できるように，特定医療法人へ移行することが望まれます。

　また，移行に際して，個人の所有している不動産の一部を特定医療法人に措置法40を適用し，個人にかかる税負担を軽減し，医療法人が未来永劫存続できるような体制を作り上げていきます。

(3) 社会医療法人への移行

　医療法人が救急医療等確保事業に係る業務を行っており，その業務の実績等が，厚生労働大臣の基準をクリアするようになれば，社会医療法人へ移行します。社会医療法人になると医療保健業に係る法人税，法人住民税，法人事業税が非課税になるため，この資金をさらなる地域医療充実のために有効利用することができます。また，社会医療法人債の発行や厚生労働大臣が定める「収益業務」を営むこともできます。

273

第10章

申告書の作り方

1 概算経費の適用の申告書

　個人病医院の事業所得の経費を計算する場合，社会保険診療報酬が年間5,000万円以下で，かつ，社会保険診療報酬と自由診療報酬等との合計額が7,000万円であれば，実額計算ではなく，概算経費の特例（措置法26）を適用した方が有利になるか，必ずチェックしなければなりません。そのためのチェックシートが，税務署から送付されてくる「青色申告決算書（一般用）付表《医師及び歯科医師用》」です。

　通常，この付表が，概算経費を適用する場合の申告書類となります。この付表は，次のような構成になっています。まず，収入を社会保険診療報酬，自由診療収入等，雑収入の３つの区分に分け，自由診療割合を算出します。次に，自由診療割合から「自由診療に係る経費」を算出し，総経費から自由診療に係る経費を控除し，「社会保険診療報酬に係る実額としての経費（A）」を算出します。そして，社会保険診療報酬の額から，税法上認められる「社会保険診療報酬に係る概算経費（B）」を算出し，その結果，Bの方が大きければ概算経費率を適用した方が有利になるという様式構成になっています。

【「青色申告決算書（一般用）付表《医師及び歯科医師用》」の記載方法】

　通常，社会保険診療報酬支払基金から送付されてくる源泉徴収税額が記載されている支払調書を添付し，12月診療までの決定額に基づき確定申告をします。

　したがって，月別収入管理表の年間保険請求決定合計金額が，支払調書に記載されている年間支払金額と一致しているか突合します。

(1) 収入金額の内訳

①　社会保険診療報酬支払基金発行の「診療報酬支払調書」や国保連合会発行の「診療報酬年間支払額通知書」等から，収入項目ごとの件数・実日数・決定点数及び振込額を記載します。このとき，併用公費分は決定点数には含めず，さらに一般社保・国保の収入額から控除して別途記載します。

②　窓口収入金額には，窓口で受け取らなかった金額があっても「収入すべき

金額」として含めて計上・記載します。したがって，概算経費を適用して申告する場合は，実際の窓口収入金額を「収入すべき窓口収入金額」に修正する必要があります。修正の方法については，事例の「概算経費率適用の窓口収入金額検討表」を参考にしてください。

③　自由診療の収入等には，自費診療収入のほか，生保会社等からの診査料，文書料・相談料等が含まれます。

④　雑収入には，自動販売機手数料や日用品等の販売収入，地方自治体から受ける休日夜間診察の委託料等が含まれます。

(2)　自由診療割合の計算

①　自由診療割合は，診療実日数による割合と収入による割合の２つがありますが，自由診療と社会保険診療は同日に行われているため診療実日数による区分はできないため，通常，収入金額による区分割合で計算します。

②　雑収入は診療収入でないため，総診療収入には含めません。

③　自由診療割合は，単に収入割合だけでなく，診療科目別に定められた調整率を乗じて算出します。調整率は自費診療収入の割合が多い診療科目ほど小さくなっています。社会保険診療報酬に係る実額の経費が調整分だけ多くなるように算出するため，概算経費との差額がその分少なくなります。

(3)　必要経費の内訳

①　「青色申告決算書」本表から原価・経費を転記し，さらにそのうち自由診療分と社会保険診療分とに明確に区分できる経費を控除し，共通経費に自由診療割合を乗じ，自由診療分として明確に区分できる経費と按分された経費の合計額を算出します。

②　自由診療分として明確に区分できる経費としては，事業税，消費税，予防接種ワクチン，自費にかかる歯科技工料等があります。

③　保険診療分として明確に区分できる経費として，保険請求手数料，保険診療にかかる歯科技工料等があります。

④　青色申告の特典経費についても，同様に自由診療割合を適用して自由診療

277

分を算定します。なお，退職給与引当金繰入は，税法改正で廃止になりましたので記載は不要となります。

⑤　全体の原価・経費等から上記の自由診療分の原価・経費等を差し引きして，社会保険診療分に係る原価・経費等を算定します。この金額が少なくなるほど，概算経費の適用がより有利になります。そのためには，②の自由診療分として明確に区分できる経費を漏れなくしっかり計上することがポイントとなります。

⑥　社会保険診療報酬を基に，措置法26適用の場合の必要経費を速算表から計算します。概算経費による金額の方が大きく，上記⑤の金額との差額がプラスであれば，措置法適用が有利となるので，「措置法差額」として青色申告決算書の欄外に記載したうえで実額計算における「所得金額」から当該差額を控除した「所得金額」をもって，確定申告をします。「措置法差額」がマイナスであれば，実額計算による確定申告の方が有利となります。

第❿章　申告書の作り方

FA0203

平成 27 年分所得税青色申告決算書（一般用）

（自 1 月 1 日 至 12 月 31 日）

提出用（平成二十五年分以降用）

住所

事業所所在地

業種名

住所（事業所）（自宅）	
氏名 フリガナ トウキョウ イチロウ　東京 一郎 ㊞	
電話番号（自宅）（事業所）	
加入団体名	

依頼　税理士等
事務所所在地／氏名（名称）／電話番号

損益計算書

科目		金額（円）
売上（収入）金額（雑収入を含む）	①	54,999,925
期首商品（製品）棚卸高	②	2,211,102
仕入金額（製品製造原価）	③	37,191,153
小計（②＋③）	④	39,402,255
期末商品（製品）棚卸高	⑤	5,816,559
差引原価（④－⑤）	⑥	33,585,696
差引金額（①－⑥）	⑦	51,641,329
租税公課	⑧	2,183,00
荷造運賃	⑨	
水道光熱費	⑩	3,916,81
旅費交通費	⑪	6,713,11
通信費	⑫	3,127,54
広告宣伝費	⑬	6,074,45
接待交際費	⑭	6,131,74
損害保険料	⑮	1,130,40
修繕費	⑯	
消耗品費	⑰	1,307,534
減価償却費	⑱	2,038,732
福利厚生費	⑲	1,130,21
給料賃金	⑳	4,114,519
外注工賃	㉑	
利子割引料	㉒	
地代家賃	㉓	4,327,800
貸倒	㉔	
	㉕	
	㉖	
	㉗	2,689,188
	㉘	9,259,965
	㉙	4,828,000
雑費	㉚	2,229,533
計		9,816,606
差引金額（⑦－㉚）	㉛	17,888,745
		33,755,584

各種引当金・準備金等／所得金額

科目		金額（円）
繰戻額等		
貸倒引当金	㉜	
計	㉟	
繰入額等 貸倒引当金	㊳	
専従者給与	㊴	
貸倒引当金	㊵	
計	㊶	
青色申告特別控除前の所得金額	㊷	33,755,584
青色申告特別控除額	㊸	650,000
所得金額（㊷－㊸）	㊹	18,821,353

● 青色申告特別控除については、「決算の手引き」の「青色申告
　特別控除」の項を読んでください。
● 下の欄には、書かないでください。

※ 措置法差益額 14,284,231円

平成　　年分所得税青色申告決算書（一般用）付表《医師及び歯科医師用》

整理番号　　　　　氏名　東京 一郎

（平成二十六年分以降用）

1. 収入金額の内訳

診療科目	診療件数（件）	診療実日数（日）	決定点数（点）	収入（診療報酬当座口払込金額）（円）	金額（診療報酬窓口収入金額）（円）
① 一般社会保険			3,276,085	25,150,334	
生活保護法				201,440	
精神保健福祉法				5,160,161	
小計			3,276,085	30,511,935	
② 国民健康保険法			977,587	7,424,026	
高齢者医療確保法			118,841	989,154	
小計			1,096,428	1,401,606	
③ 介護報酬				9,814,786	
小計					
④ その他					
小計					
⑤ 計（①＋②＋③＋④）			ⓐ 4,372,513	40,326,721	ⓒ 3,595,148
一般の自由診療					
労働者災害補償保険診療					
公害健康被害補償診療					
自動車損害賠償責任保険診療					
高齢者医療確保法					
⑥ 計			ⓑ	11,075,636	ⓔ 11,075,636
雑収入等（雑収入は下の欄に書きます。）					2,420

2. 自由診療割合の計算

この計算は、租税特別措置法第26条の規定の適用に当たり、自由診療収入に係る所得計算を行う際に、自由診療と社会保険診療のいずれに係る経費であるか明らかではない経費を合理的に区分するために、自由診療割合を算出するものです。

自由診療割合は、次の(1)又は(2)のいずれかの方法により算出してください。

(1) 診療実日数による割合（⑦）

$$\frac{自由診療実日数（◎）}{総診療実日数（◎＋◎）（日）} \times 100 = ⑦ \quad \%$$

(2) 収入による割合（⑧）

$$\frac{自由診療収入（ⓔ）\ 11,075,636（円）}{総診療収入（ⓒ＋ⓔ）\ 54,997,505（円）} \times 100 \times 調整率\ 85\ \% = ⑧\ 17.12\ \%$$

（注）社会保険診療報酬が5,000万円を超えた場合又は事業所得に係る収入金額が7,000万円を超えた場合は、租税特別措置法第26条の規定により計算した金額を必要経費とすることはできません。

第❿章　申告書の作り方

3.　必要経費の内訳

(1)　自由診療分

イ　一般経費分

（決算書の1損益計算書の⑮の㉑＋㉒）　21,244,341 円　×　自由診療割合　㊵（表面の㋒又は⑭）　17.12 ％　＝　2,360,131 円　＋　左の⑯のうち自由診療分の原価及び経費の金額　2,360,131 円　＝　自由診療分の原価及び経費の合計額　Ⓐ　5,593,107 円

（注）⑯の金額には、事業料には、事業料のようにいずれの収入に係る経費であるかの区分が不明らかな経費の総額を記載します。

ロ　特別経費分

(イ)　専従者給与

専従者給与の金額（決算書の1損益計算書の⑯）　円　×　自由診療割合　㊵（表面の㋒又は⑭）　17.12 ％　＝　自由診療分の専従者給与の金額　B　円

(ロ)　一括評価による貸倒引当金繰入額

12月31日現在の自由診療分の一括評価による貸金額の合計額　円　×　55/1,000　＝　自由診療分の一括評価による貸倒引当金繰入額　C　円

(ハ)　退職給与引当金勘定への繰入額

退職給与引当金勘定への繰入額（決算書の1損益計算書の⑯）　円　×　自由診療割合　㊵（表面の㋒又は⑭）　17.12 ％　＝　自由診療分の退職給与引当金勘定への繰入額　D　円

（注）個別評価による貸倒引当金繰入額等のある方は、税務署（所得税担当）にお尋ねください。

(2)　保険診療分

イ　一般経費分

原価及び経費の総額（決算書の1損益計算書の⑮の㉑＋㉒）　21,244,341 円　―　自由診療分の原価及び経費の合計額（Ⓐの金額）　5,593,107 円　＝　社会保険診療分の原価及び経費の合計額　E　15,651,234 円

ロ　特別経費分

（専従者給与の金額　円　―　B の金額　円）　＝　円

＋（一括評価による貸倒引当金繰入額　円　―　C の金額　円）　＝　円

＋（退職給与引当金勘定への繰入額　円　―　D の金額　円）　＝　社会保険診療分の一括評価による貸倒引当金繰入額　F　円

（注）赤字の場合は0とする。

(3)　租税特別措置法第26条の規定による社会保険診療分の経費の額

右の速算表から社会保険診療報酬の金額に応じたⒷ率及びⒸ加算額を次の①算式に当てはめて計算してください。

社会保険診療報酬（表面の㉑）　43,921,889 円　×　速算表のⒷ率　57 ％　＋　速算表のⒸ加算額　4,900,000 円　＝　租税特別措置法第26条の規定による経費の額　G　29,935,465 円

(4)　社会保険診療分の経費と租税特別措置法第26条による金額の差額

租税特別措置法第26条の規定による経費の額（Gの金額）　29,935,465 円　―　社会保険診療分の原価及び経費の合計額（E＋Fの金額）　15,651,234 円　＝　差額　H　14,284,231 円

（注）Hの金額を決算書の「構造計算書」の「所得金額」の欄の下の余白に「措置法差額○○○円」と記載し、その金額を控除して所得金額を計算し、記載してください。

併せて、申告書B第1表の「所得金額等」欄⑤「事業営業等」欄に「措置法差額」と記入してください。

この場合、青色申告特別控除の限度額は、租税特別措置法第26条の適用を受けた所得を除いた所得金額の範囲内になりますので、ご注意ください。（この計算については「記載要領」をご覧ください。）。

【速算表】

社会保険診療報酬	既算経費額	
	Ⓑ率	Ⓒ加算額
2,500万円以下	72％	― 円
2,500万円超　3,000万円以下	70％	500,000 円
3,000万円超　4,000万円以下	62％	2,900,000 円
4,000万円超　5,000万円以下	57％	4,900,000 円

概算経費率適用の窓口収入検討表

	社会保険（健）					国民健康保険							後期高齢		保険収入計	自費等収入			総収入額
	窓口収入	一般請求	老人保健	生活保護	公費	窓口収入	一般	老	保	退	職	公費	窓口収入	振込		自由診療	雑収入	自費等収入計	
21年1月	252,930	1,942,588	21,200	0	338,375	106,040	642,170				7,812	105,461	7,560	66,201	3,520,427	585,424		565,424	4,105,851
21年2月	262,350	2,106,963	12,700	0	401,831	82,110	589,965					102,541	7,980	71,811	3,628,241	163,390		163,390	3,791,631
21年3月	373,860	2,557,747	26,490	0	466,829	98,250	619,085				7,091	108,274	8,280	79,304	4,347,210	1,115,177		1,115,177	5,462,387
21年4月	180,750	1,665,075	0	0	320,314	75,630	531,874				4,704	92,510	7,000	67,900	2,975,757	286,984		286,984	3,262,741
21年5月	157,110	1,662,281	17,160	0	334,739	75,920	588,250				4,704	111,022	8,170	65,413	3,014,789	874,063		874,063	3,888,852
21年6月	205,990	2,047,327	8,770	0	409,669	89,260	625,817				7,091	110,726	19,000	138,372	3,662,032	199,700		199,700	3,861,732
21年7月	150,740	1,906,891	1,910	0	408,473	62,930	486,055				3,367	90,978	11,490	82,265	3,234,049	1,207,280	920	1,208,200	4,442,249
21年8月	86,530	1,120,198	6,550	0	223,803	36,080	397,606					79,895	13,810	102,549	2,077,021	656,804		656,804	2,733,825
21年9月	197,480	1,717,267	12,530	0	324,351	75,240	566,299				5,880	101,429	10,560	85,948	3,096,384	770,628		770,628	3,867,012
21年10月	210,550	2,707,513	12,900	0	610,739	55,750	701,719				3,367	157,455	6,110	92,680	4,558,783	1,162,897		1,162,897	5,721,680
21年11月	207,230	2,832,821	57,100	0	677,189	93,000	847,339				3,367	182,728	8,710	72,740	4,982,244	2,097,874	1,500	2,099,374	7,081,618
21年12月	211,280	2,853,663	24,040	0	631,849	83,610	760,106				11,438	158,587	7,410	64,571	4,806,554	1,952,975	2,420	1,955,395	6,761,949
合計	2,526,860	25,150,334	201,440	0	5,160,161	933,820	7,365,205				58,821	1,401,606	116,070	989,154	43,933,471	11,075,636		11,078,056	54,981,527
26条適用修正	−76,505					14,538							80,365						18,398
修正後計	2,450,355					948,358							196,435						54,999,925

社保

点数（支払調書）	報酬計	支払決定額
本人 336,965点×10円 :	3,369,650	2,369,543
家族 2,939,120点×10円 :	29,391,200	22,780,791
老人 0点×10円 :	0	0
公費		5,160,161
生保 : 201,440	201,440	201,440
	計 32,962,290	計 30,511,935

32,962,290 − 30,511,935 = 窓口理論値 2,450,355 − 実際窓口入金 2,526,860 = 年間差額 −76,505

国保

	報酬計	支払決定額
一般 969,184点×10円 :	9,691,840	
老人 0点×10円 :	0	
退職 8,403点×10円 :	84,030	
	9,775,870	
過誤調整	−1,880	
	9,773,990	8,825,632

9,773,990 − 8,825,632 = 窓口理論値 948,358 − 実際窓口入金 933,820 = 年間差額 14,538

後期高齢

	報酬計	支払決定額
一般 118,841点×10円 :	1,188,410	
	1,188,410	
過誤調整	−2,821	
	1,185,589	989,154

1,185,589 − 989,154 = 窓口理論値 196,435 − 実際窓口入金 116,070 = 年間差額 80,365

第❿章　申告書の作り方

2　医療法人の事業税の申告書

医療法人の事業税計算は都道府県によって異なります。

【東京都方式（所得配分方式）の申告書】

医療法人の法人税における総所得金額（別表四の31）から，社会保険診療部分に対する所得金額を算出し，その所得金額を控除し，課税所得金額を算出します。

申告書の作成順序は，まず，「医療法人等に係る所得金額の計算書」を作成し，課税標準となる所得金額を算出し，「所得金額に関する計算書」（第六号様式別表五）を作成，最後に，「第六号様式の申告書」を作成します。

「医療法人等に係る所得金額の計算書」は，「社会保険分の医療収入金額」，「その他の収入金額」，「計算対象外の金額」に区分されます。そのため，保険の種類ごとに補助簿の番号を決め，日常の経理処理で保険ごとの収入が集計されていなければなりません。

申告書を効率よく，かつ，正確に作成するため，「医療法人等に係る所得金額の計算書」の保険ごとに集計できる「事業税計算シート」を利用します。

まず，事業税計算シートの総収入金額が，損益計算書の総収入金額と一致していることを確認し，転記ミスのないことをチェックし，次の流れに沿ってシートを完成させます。

① 社会保険分の医療収入金額を，保険法ごとに集計します。

事業税が非課税になる収入は限定されているので，経常的な収入のうち，非課税に該当する収入は何かを，普段からしっかり理解，確認しておくことが大切です。

② その他の収入金額についても，項目別に集計します。

③ 按分の対象にならないそれ以外の収入を抜き出します。

按分の対象にならない収入について，しっかり理解しておくことが大切です。

④ 消費税の課税事業者で税込処理を採用している場合は，「その他の収入金額」欄に「消費税の課税標準×8％」をマイナス計上し，その他の収入金額

283

の合計を算出します。消費税額を控除するのは税抜処理の場合と税込処理の場合で納税額が違うことがないようにするためです。課税事業者でない場合は，「その他の収入金額」は，税込金額となります。

⑤　社会保険分の医療収入割合を　①／(①＋②)の計算により算出し，これに法人税における総所得金額を乗じて「社会保険分の所得金額」を算出します。

⑥　総所得金額から，「社会保険分の医療収入金額」に係る所得額を控除し，事業税の課税所得を算定します。

第❿章　申告書の作り方

13006A51

第六号様式（提出用）

受付印

平成　年　月　日　殿

法人番号

法人税の　平成

この申告の基礎

修正・更正・決定・再

の　正・正・決・定　による。

申告年月日

所在地
（本店又は支店等の場合は本店所在地と併記）

東京都中央区1丁目1番

（電話　03 － 2222 － 2222）

事業種目　医療保険業

| 期末現在の資本金の額又は出資金の額（解散日現在の資本金の額又は出資金の額） | 20000000 |
| 同上が1億円以下の普通法人のうち中小法人等に該当しないもの | 非中小法人等 |

法人名
（ふりがな）いりょうほうじんしゃだん　とうきょうかい
医療法人社団東京会

期末現在の資本金の額及び資本準備金の額の合算額　20000000

代表者自署押印
（ふりがな）とうきょう　じろう
東京　次郎

経理責任者自署押印（ふりがな）

期末現在の資本金等の額　20000000

平成 27 年 04 月 01 日から平成 28 年 03 月 31 日までの

事業年度分又は連結事業年度分の

都民税　事業税　地方法人特別税

確定 申告書

〔事業税〕

摘要	課税標準	税率 100	税額
所得金額総額 (33)	7 4 5 8 3 4 5		
年400万円以下の金額 (34)	4 0 0 0 0 0 0	3.40	1 3 6 0 0 0
年400万円を超え800万円以下の金額 (35)	3 4 5 8 0 0 0	4.60	1 5 9 0 0 0
年800万円を超える金額 (36)	0 0 0	4.60	0 0
計 (34)+(35)+(36) (37)	7 4 5 8 0 0 0		2 9 5 0 0 0
軽減税率不適用法人の金額 (38)	0 0 0	4.60	0 0

付加価値額 (39)			
付加価値額 (40)			
資本金等の額の総額 (41)			
資本金等の額 (42)			
収入金額の総額 (43)			
収入金額 (44)	0 0 0		0 0

| 合計事業税額 (37)+(40)+(42)+(44) 又は (38)+(40)+(42)+(44) (45) | | 2 9 5 0 0 0 |
| 平成27年改正法附則第8条又は第9条の控除額 (46) | | 0 0 |

| 所得割に係る地方法人特別税の課税標準となる事業税額 (47) | 2 9 5 0 0 0 | 付加価値割に係る地方法人特別税の課税標準となる事業税額 (48) | 0 0 |
| 収入割に係る地方法人特別税の課税標準となる事業税額 (49) | | | 2 9 5 0 0 0 |

| (50)の内訳 | 所得割 (51) | 2 9 5 0 0 0 | 付加価値割 (52) | 0 0 |
| | 収入割 (53) | 0 0 | 差引 (50)-(55) (56) | 2 9 5 0 0 0 |

〔地方法人特別税〕

摘要	課税標準	税率 100	税額
所得割に係る地方法人特別税額 (57)	2 9 5 0 0 0	43.2	1 2 7 4 0 0
収入割に係る地方法人特別税額 (58)	0 0		
合計地方法人特別税額 (57)+(58) (59)			1 2 7 4 0 0

(60)			(61)	0 0
(62)			(63)	1 2 7 4 0 0
(59)のうち見込納付額 (64)			差引 (65)	1 2 7 4 0 0

※処理事項 分割割

所得金額の計算の内訳	所得税額等及び欠損金の繰戻しによる還付法人の明細書(別表の(20))又は(別表の(42))に記入した所得金額 (66)	
	繰越欠損金又は災害損失金の当期控除額（別表7(1)合計）等に記入した控除対象欠損金額等 (67)	
	海外投資等損失準備金勘定への繰入額 (68)	
	当期中に益金の額に算入した海外投資等損失準備金勘定への繰入額 (69)	
	特定の基金に対する負担金等の損金算入に関する明細書(別表10(5))に記入した当期控除額 (70)	
	仮計 (66)+(67)+(68)-(69)-(70) (71)	
	繰越欠損金額等及び災害損失金額がある場合の欠損金額等の当期控除額 (72)	
	所得金額差引計（別表4の(47)又は(53))に記入した金額 (73)	4 6 1 1 9 6 4 3

決算確定の日　平成　　年　　月　　日

解散の日　平成　年　月　日

残余財産の最後の分配又は引渡しの日　平成　年　月　日

申告期限の延長の有無　事業税　有・無　法人税　有・無

法人税の申告書の種類　青色・その他

この申告が中間申告の場合の計算期間　平成　年　月　日から　平成　年　月　日まで

翌期の中間申告の要否　要・否　国外関連者の有無　有・無

関与税理士署名押印　　　　　　　（電話　　　）

〔都民税〕（使途秘匿金税額等）

法人税法の規定によって計算した法人税額 (1)		1 0 3 1 0 4 4 1
試験研究費の額に係る法人税額の特別控除額 (2)		
還付金額等（法人税割の課税標準となる法人税額又は個別帰属法人税額の計算上控除しきれなかった金額等の外国税額等）(3)		
退職年金等積立金に係る法人税額 (4)		
退職年金等積立金に係る法人税額 (5)		
課税標準となる法人税額又は個別帰属法人税額 (1)+(2)-(3)+(4)+(5) (6)		1 0 3 1 0 0 0 0
(6)の控除事業税年度又は連結事業年度において課税標準となった法人税額又は個別帰属法人税額 (7)		0 0 0
法人税割額 (6)又は(7)×(100) (8)		1 6 8 0 5 3 0
外国の法人税額の控除額 (9)		
仮装経理に基づく法人税割額の控除額 (10)		
利子割額の控除額（控除した金額(29))(11)		2 5 7 5 0
差引法人税割額 (8)-(9)-(10)-(11) (12)		1 6 5 4 7 0 0
既に納付の確定した当期分の法人税割額 (13)		0 0
租税条約の実施に係る法人税割額の控除額 (14)		
既得付請求利子割額が過大である場合の納付額 (32) (15)		
この申告により納付すべき法人税割額 (12)-(13)-(14)+(15) (16)		1 6 5 4 7 0 0

均等割	算定期間中において事務所等を有していた月数 (17)	1 2 月
	200,000 円×(17)/12 (18)	2 0 0 0 0 0
	既に納付の確定した当期分の均等割額 (19)	1 0 0 0 0 0
	この申告により納付すべき当期分の均等割額 (18)-(19) (20)	1 0 0 0 0 0

この申告により納付すべき都民税額 (16)+(20) (21)		1 7 5 4 7 0 0
(21)のうち見込納付額 (22)		
差引 (21)-(22) (23)		1 7 5 4 7 0 0

東京都の場合

特別区分の課税標準額 (24)		1 0 3 1 0 0 0 0
同上に対する税額 (24)×(16.30)/(100) (25)		1 6 8 0 5 3 0
市町村分の課税標準額 (26)		0 0 0
同上に対する税額 (26)×(4.20)/(100) (27)		

利子割額に関する計算	利子割額（控除される金額）(28)	2 5 7 5 0
	仮装経理に基づく利子割額の控除額 (8)-(9)-(10)+(11) (29)	2 5 7 5 0
	控除することができなかった金額 (28)-(29) (30)	
	既に還付を請求した利子割額 (31)	
	既得付請求利子割額が過大である場合の納付額 (32)	

利子割額還付額の均等割への充当　☑希望する　□希望しない

| 還付請求 | 中間納付額 (75) | |
| | 利子割額 (76) | |

遅付を受けようとする金融機関及び支払方法　金融機関名／本店・支店／預金種目／口座番号

法人税法第71条等の規定による法人税額又は個別帰属法人税額　20000000

法人税の当期の確定税額又は連結法人税個別帰属支払額　1031040

285

第六号様式別表五（提出用）

※処理事項	整理番号	事務所	管理番号	中告区分

法人番号	
事業年度	平成27年4月1日から 平成28年3月31日まで

法人名	医療法人社団東京会

所得金額に関する計算書

所得金額の計算

	項目		千億 百万 千 円
	所得金額（法人税の明細書（別表4）の(33)）又は個別帰属所得金額（法人税の明細書（別表4の2付表）の(42)）	①	461,19643
加算	損金の額又は個別帰属損金額に算入した所得税額及び復興特別所得税額	②	
	損金の額又は個別帰属損金額に算入した海外投資等損失準備金勘定への繰入額	③	
	損金の額又は個別帰属損金額に算入した外国法人税の額	④	
	非適格の合併等又は残余財産の全部分配等による移転資産等の譲渡利益額	⑤	
	小 計	⑥	
減算	益金の額又は個別帰属益金額に算入した海外投資等損失準備金勘定からの戻入額	⑦	
	外国の事業に帰属する所得以外の所得に対して課された外国法人税の額	⑧	
	外国の事業に帰属する所得に対して課された外国法人税の額	⑨	
	特定目的会社又は投資法人の支払配当の損金算入額	⑩	
	特定目的信託及び特定投資信託に係る利益又は収益の分配の額の損金算入額	⑪	
	非適格の合併等又は残余財産の全部分配等による移転資産等の譲渡損失額	⑫	
	小 計	⑬	
仮 計	①＋⑥－⑬	⑭	461,19643
外国の事業に帰属する所得		⑮	
再 仮 計	⑭－⑮	⑯	461,19643
非課税等所得	林業に係る所得	⑰	
	鉱物の掘採事業に係る所得	⑱	
	社会保険等に係る医療の所得	⑲	38661298
	農事組合法人の農業に係る所得	⑳	
	小 計	㉑	38661298
所得金額差引計	⑯－㉑	㉒	7458345
繰越欠損金額等又は災害損失金額の当期控除額		㉓	
債務免除等があった場合の欠損金額等の当期控除額		㉔	
所得金額再差引計	㉒－㉓－㉔	㉕	7458345
新鉱床探鉱費又は海外新鉱床探鉱費の特別控除額		㉖	
農業経営基盤強化準備金積立の損金算入額		㉗	
農用地等を取得した場合の圧縮額の損金算入額		㉘	
関西国際空港用地整備準備金積立額の損金算入額		㉙	
中部国際空港整備準備金積立の損金算入額		㉚	
再投資等準備金積立額の損金算入額		㉛	
合 計	㉕－㉖－㉗－㉘－㉙－㉚－㉛	㉜	7458345

非課税所得の区分計算

	項目		
外国の事務所又は事業所に帰属する所得	外国における事務所又は事業所の期末の従業者数	㉝	人
	期末の総従業者数	㉞	
	外国から生ずる事業所得 (⑭＋⑧)×㉝／㉞	㉟	円
鉱物の掘採事業の所得	鉱物の掘採事業と精練事業とを通じて算定した所得	㊱	
	生産品の収入金額又は生産品の収入金額から買鉱価格を差し引いた金額	㊲	
	鉱産税の課税標準であるべき鉱物の価額	㊳	
	鉱物の掘採事業の所得 ㊱×㊳／㊲	㊴	

備考

第❿章　申告書の作り方

医療法人等に係る所得金額の計算書(本表)		事　業　年　度	27・4・1から 28・3・31まで	法人名	医療法人社団　東京会	
総　　　　所　　　　得　　　　金　　　　額				①	46,119,643	円
医療保健業とその他の事業とを あわせて行う場合 又は土地譲渡益等がある場合の所得の区分			医療保健業の所得金額	②		
			その他の事業の所得金額	③		
			土地譲渡益等	④		
社会保険分の所得の計算	計算の基礎と する収入金額	社会保険分の医療収入金額(下記(ｱ)欄の額)		⑤	1,074,568,640	
		医療保健業の総収入金額(下記(ｴ)欄の額)		⑥	1,281,869,101	
	社会保険分の所得金額　(①×⑤／⑥又は②×⑤／⑥)			⑦	38,661,298	
課税所得金額の計算	当期分の所得金額　(①−⑦)			⑧	7,458,345	
	繰越欠損金又は災害損失金の当期控除額			⑨		
	課税標準となる所得金額　(⑧−⑨)			⑩	7,458,345	

計算の基礎とする収入金額の計算

社会保険分の医療収入金額	健 康 保 険 法	201,560,229 円	そ の 他 の 収 入 金 額	労 働 者 災 害 補 償 保 険 法	8,884,290 円	
	国 民 健 康 保 険 法	769,512,488		介 護 保 険 法	4,788,970	
	高齢者の医療の確保に関する法律			自 費 診 療 収 入	7,826,775	
	船 員 保 険 法			入院料、ベッド代差額収入	131,595,380	
	国 家 公 務 員 共 済 組 合 法			健康診断・予防注射等受託医療収入		
	防衛省の職員の給与等に関する法律			そ の 他 の 医 療 収 入	60,543,422	
	地 方 公 務 員 等 共 済 組 合 法			事 務 取 扱 手 数 料 等	65,625	
	私 立 学 校 教 職 員 共 済 法			患者、付添人食事代収入		
	戦 傷 病 者 特 別 援 護 法			健 康 診 断 等 証 明 収 入		
	母 子 保 健 法			受 託 技 工、検 査 料 等 収 入		
	児 童 福 祉 法			嘱 託 収 入		
	原子爆弾被爆者に対する援護に関する法律			利 子 等 及 び 配 当 等 収 入	539,367	
	生 活 保 護 法	85,361,952		電話、電気、ガス、テレビ、寝具等使用料収入	7,801,310	
	中国残留邦人等の円滑な帰国の促進及び永住帰国後の自立の支援に関する法律			生産品等販売・不要品売却収入		
	精神保健及び精神障害者福祉に関する法律			消 費 税	-15,130,720	
	麻 薬 及 び 向 精 神 薬 取 締 法			そ の 他 の 付 随 収 入	386,042	
	感染症の予防及び感染症の患者に対する医療に関する法律			計　(ｲ)	207,300,461	
	心神喪失等の状態で重大な他害行為を行った者の医療及び観察等に関する法律		その他の事業の収入金額(この欄は、その他の事業の収入金額を医療保険業の所得金額に含めて計算する場合のみ記入します。)	商品販売収入		
	介 護 保 健 法	14,416,530		物品資産貸付収入		
	障 害 者 自 立 支 援 法					
	身 体 障 害 者 保 護 法	3,717,441		計　(ｳ)		
	計　(本表⑤欄へ)　(ｱ)	1,074,568,640	医療保健業の総収入金額(ｱ)+(ｲ)+(ｳ)(本表⑥欄へ)		(ｴ)	1,281,869,101

287

医療法人等に係る所得金額の 計算書(本表)	事 業 年 度	27・4・1から 28・3・31まで	法人名	医療法人社団　東京会

総　　　　所　　　　得　　　　金　　　　額		①		46,119,643 円
医療保健業とその他の事業とを あわせて行う場合 又は土地譲渡益等がある場合の所得の区分	医療保健業の所得金額	②		
	その他の事業の所得金額	③		
	土地譲渡益等	④		
社会保険分の所得の計算	計 算 の 基 礎 と す る 収 入 金 額	社会保険分の医療収入金額（下記(ア)欄の額）	⑤	1,074,568,640
		医療保健業の総収入金額（下記(I)欄の額）	⑥	1,281,869,101
	社会保険分の所得金額（①×⑤／⑥又は②×⑤／⑥）		⑦	38,661,298
課税所得金額の計算	当期分の所得金額（①－⑦）		⑧	7,458,345
	繰越欠損金又は災害損失金の当期控除額		⑨	
	課税標準となる所得金額（⑧－⑨）		⑩	7,458,345

計算の基礎とする収入金額の計算

社 会 保 険 分 の 医 療 収 入 金 額	健 康 保 険 法	201,560,229 円	A	そ の 他 の 収 入 金 額	労働者災害補償保険法	8,884,290 円	F
	国 民 健 康 保 険 法	769,512,488	B		介 護 保 険 法	4,788,970	G
	高齢者の医療の確保に関する法律				自 費 診 療 収 入	7,826,775	H
	船 員 保 険 法				入院料、ベッド代差額収入	131,595,380	K
	国 家 公 務 員 共 済 組 合 法				健康診断・予防注射等受託医療収入		
	防衛省の職員の給与等に関する法律				そ の 他 の 医 療 収 入	60,543,422	J
	地 方 公 務 員 等 共 済 組 合 法				事 務 取 扱 手 数 料 等	65,625	I
	私 立 学 校 教 職 員 共 済 法				患者、付添人食事代収入		
	戦 傷 病 者 特 別 援 護 法				健 康 診 断 等 証 明 収 入		
	母 子 保 健 法				受 託 技 工、検 査 料 等 収 入		
	児 童 福 祉 法				嘱 託 収 入		
	原子爆弾被爆者に対する援護に関する 法 律				利 子 等 及 び 配 当 等 収 入	539,367	L
	生 活 保 護 法	85,361,952	D		電話、電気、ガス、テレビ、寝具等使用料 収 入	7,801,310	M
	中国残留邦人等の円滑な帰国の促進及び 永住帰国後の自立の支援に関する法律				生産品等販売・不要品売却収入		
	精神保健及び精神障害者福祉に 関 す る 法 律						
	麻 薬 及 び 向 精 神 薬 取 締 法				消 費 税	-15,130,720	
	感染症の予防及び感染症の患者に 対する医療に関する法律				そ の 他 の 付 随 収 入	386,042	N
	心神喪失等の状態で重大な他害行為を 行った者の医療及び観察等に関する法律				計 (イ)	207,300,461	
	介 護 保 健 法	14,416,530	E	その他の事業の収入 金 額 （この欄は、その他 の事業の収入金額 を医療保険業の所 得金額に含めて計 算する場合のみ記 入します。）	商品販売収入		
	障 害 者 自 立 支 援 法				物品資産貸付収入		
	身 体 障 害 者 保 護 法	3,717,441	C				
					計 (ウ)		
	計 （本表⑤欄へ） (ア)	1,074,568,640		医療保健業の総収入金額(ア)+(イ)+(ウ) (本表⑥欄へ) (I)		1,281,869,101	

288

第**⑩**章　申告書の作り方

事業税計算シート

（医）東京会

		事業税額の計算（税込）	収入金額	区分
医業収入	入院診療収入	社保	83,510,077	A
		社保生保（併用含む）	49,637,288	D
		国保	204,310,941	B
		後期高齢者	275,148,685	B
		心身障害	3,410,064	C
		特定疾患・公害	712,049	H
		自費窓口	82,480	H
	入院診療収入計		616,811,584	
	室　料　差　額　収　入		131,595,380	K
	外来診療収入	社保	121,027,315	A
		社保生保（併用含む）	35,724,664	D
		国保	210,374,529	B
		後期高齢者	89,307,425	B
		心身障害	307,377	C
		特定疾患・公害	2,081,939	H
		自費窓口	1,563,775	H
	外来診療収入計		460,387,024	
	労災自賠責収入	労災地方公務災害	9,052,140	F
		交通事故	3,386,532	H
	労災自賠責収入計		12,438,672	
	介護保険収入	介護訪問看護	4,604,132	E
		訪問看護ステーション	9,812,398	E
		居宅介護支援	4,788,970	G
	介護保険収入計		19,205,500	
	その他医業収入	文書料・診断料	5,362,815	J
		薬・注射・検食	951,174	J
		予防接種	9,527,357	J
		健診・ドック・癌検診	32,651,850	J
		窓口販売	3,504,022	J
	その他医業収入計		51,997,218	
	保険等調整額	社保	-2,977,163	A
		国保	-9,629,092	B
		労災	-167,850	F
	保険等調整額計		-12,774,105	
	医　業　収　入　計		1,279,661,273	
医業外収入	受取利息		515,367	L
	受取配当金		24,000	L
	退職給与引当金戻入		3,253,149	対象外
	徴収不能引当金戻入		220,000	対象外
	雑収入	死亡処置	1,722,000	J
		従業員食事代	2,267,000	対象外
		事務手数料	65,625	I
		貸しテレビ等収入	298,712	M
		消耗品売上	6,915,990	M
		自販機・貸冷蔵庫	586,608	M
		業務委託料等	6,824,204	J
		職員住居費	5,645,674	対象外
		医療協力金	20,000	N
		廃液売却収入	22,113	N
		廃棄物処理等	343,929	N
	雑　収　入　計		24,711,855	
医　業　外　収　入　計			28,724,371	
収　入　合　計			1,308,385,644	

289

3 消費税の申告書

(1) 本則課税の申告書

　消費税の申告書を作成するには，「消費税計算シート」を作成し，このシートから，消費税の申告書を作成します。「消費税計算シート」は，消費税申告書作成に必要な次の7つの項目とその数値が記載される様式にします。

　課税売上額（税抜），非課税売上額，資産の譲渡等の対価の額，課税売上割合

　課税仕入額（税込），課税仕入の消費税額，控除対象仕入税額

　また，勘定科目ごとに，課税取引，非課税取引，不課税取引の金額を記載できるようにします。

　なお，「消費税計算シート」を的確に作成するには，次のことが必要となります。

① 収入について「課税・非課税・不課税」のいずれに該当するかを，日常において的確に判断し経理処理されていなければなりません。そのためには，各取引が「課税取引に該当するもの」，「非課税取引に該当するもの」，「不課税取引に該当するもの」のどの取引に該当するか，正しく理解していなくてはなりません。

② 課税売上には，固定資産等の売却も該当し，課税仕入等の税額には，経費に係る仕入税額だけでなく，固定資産等の取得に係る税額も該当するため，それらの取引も考慮した形式にします。

③ 1つの勘定科目から，「課税・非課税・不課税」の取引が発生している場合は，申告に当たって，再度，経理処理が適正であるかをチェックする必要があります。

　経費のうち，非課税取引があれば，その内容を計算シートにコメントして，すべての取引が的確に区分されていることを確認します。

④ 控除対象仕入税額は，課税仕入等の税額の合計額に課税売上割合を乗じて求めます。したがって，課税売上割合が前期と比較しかなり変動している場合は，その妥当性についてチェックする必要があります。

290

第❿章　申告書の作り方

【税込処理と税抜処理の消費税計算シートの違い】

（ⅰ）　税込処理の消費税計算シート

　　「消費税の計算シート」は，損益計算書の税引前当期利益までの数値をそのまま転記し作成します。

（ⅱ）　税抜処理の消費税計算シート

　　「消費税計算シート」は，消費税額の欄を設け，仮受消費税等の額と仮払消費税等の額が記載できるようにします。また，未払消費税等を計上するには，仮払消費税等のうち，控除対象外消費税等を，交際費，繰延消費税額，租税公課等の勘定科目に振り替える必要があるため，当該仕訳も「消費税計算シート」に記載するようにします。

　　また，控除対象外の交際費の額，繰延消費税の額の算出の過程がわかるようにします。

(2)　簡易課税の申告書

　簡易課税の場合は「売上区分ごとの課税売上高」から税額が導き出されますので，仕入税額等に対して何ら考慮する必要がないため，消費税計算シートの様式はシンプルです。ただし，課税取引を6種類の事業に正しく区分し，申告する必要があります。

　医療は通常第5種事業に該当するので，第5種事業以外の課税取引があれば，控除対象仕入税額が大きくなり，納付税額も少なくなるので，正確に区分しなければなりません。

　例えば，次の課税取引は，次の事業区分に該当します。

課税取引の内容	該当事業
自販機の受取手数料	第2種事業
販売代理店への自動車の売却	第4種事業
電話使用料	第5種事業

291

GK0303

第27-(1)号様式

平成　年　月　日
収受印

税務署長殿

納税地　東京都中央区1丁目1番
（電話番号　03　−2222　−2222　）

（フリガナ）イリョウホウジンシャダン　トウキョウカイ
名称又は屋号　医療法人社団　東京会

個人番号又は法人番号　1個人番号の記載に当たっては、左端を空欄とし、ここから記載してください。

（フリガナ）トウキョウ　ジロウ
代表者氏名又は氏名　東京　次郎　㊞

※税務署処理欄

一連番号		翌年以降送付不要
所管	要否	整理番号
申告年月日		平成　　年　　月　　日
申告区分	指導等	庁指定　局指定
通信日付印　確認印	確認書類	個人番号カード 通知カード・運転免許証 その他（　　）	身元確認
年　月　日			
指導　年　月　日	相談	区分1　区分2　区分3
平成		

平成二十八年一月一日以後に開始する課税期間から、個人番号又は法人番号を記載する必要があります。

自　平成27年4月1日
至　平成28年3月31日

課税期間分の消費税及び地方消費税の（ 確 定 ）申告書

中間申告の場合の対象期間　自　平成　　年　　月　　日　至　平成　　年　　月　　日

平成二十七年十月一日以後終了課税期間分（一般用）

この申告書による消費税の税額の計算

		十億千百十億千百十万千百十一円
課税標準額	①	189134000	03
消費税額	②	11915442	06
控除過大調整税額	③		07
控除税額　控除対象仕入税額	④	3954356	08
返還等対価に係る税額	⑤		09
貸倒れに係る税額	⑥		10
控除税額小計（④+⑤+⑥）	⑦	3954356	11
控除不足還付税額（⑦−②−③）	⑧		13
差引税額（②+③−⑦）	⑨	7961000	15
中間納付税額	⑩	3546300	16
納付税額（⑨−⑩）	⑪	4414700	17
中間納付還付税額（⑩−⑨）	⑫	00	18
この申告書が修正申告である場合　既確定税額	⑬		19
差引納付税額	⑭	00	20
課税売上割合　課税資産の譲渡等の対価の額	⑮	189134383	21
資産の譲渡等の対価の額	⑯	128527178.44	22

この申告書による地方消費税の税額の計算

地方消費税の課税標準となる消費税額　控除不足還付税額	⑰		51
差引税額	⑱	7961000	52
譲渡割額　還付額	⑲		53
納税額	⑳	2148200	54
中間納付譲渡割額	㉑	886300	55
納付譲渡割額（⑳−㉑）	㉒	1261700	56
中間納付還付譲渡割額（㉑−⑳）	㉓	00	57
この申告書が修正申告である場合　既確定譲渡割額	㉔		58
差引納付譲渡割額	㉕	00	59
消費税及び地方消費税の合計（納付又は還付）税額	㉖	5676400	60

付記事項

割賦基準の適用	有〇無	31
延払基準等の適用	有〇無	32
工事進行基準の適用	有〇無	33
現金主義会計の適用	有〇無	34
課税標準額に対する消費税額の計算の特例の適用	有〇無	35

参考事項

控除税額の計算方法	課税売上高5億円超又は課税売上割合95%未満 〇	個別対応方式
		一括比例配分方式
上記以外		全額控除	41

基準期間の課税売上高　177,048千円

特定課税仕入れに係る別表の提出有

①及び②の内訳

区分	課税標準額	消費税額
3%分	千円	円
4%分	千円	円
6.3%分	189,134千円	11,915,442円

⑰又は⑱の内訳

区分	地方消費税の課税標準となる消費税額
4%分	円
6.3%分	7,961,000円

還付を受けようとする金融機関等

銀行 金庫・組合 農協・漁協	本店・支店 出張所 本所・支所

預金　口座番号

ゆうちょ銀行の貯金記号番号

郵便局名等

※税務署整理欄

税理士署名押印　（電話番号　−　−　）　㊞

税理士法第30条の書面提出有

税理士法第33条の2の書面提出有

第❿章　申告書の作り方

付表2　課税売上割合・控除対象仕入税額等の計算表　［一　般］

| 課税期間 | 27・4・1〜28・3・31 | 氏名又は名称 | 医療法人社団　東京会 |

項　　目		金　　額
課　税　売　上　額（税抜き）	①	189,134,383　円
免　税　売　上　額	②	
非課税資産の輸出等の金額、海外支店等へ移送した資産の価額	③	
課税資産の譲渡等の対価の額（①＋②＋③）	④	189,134,383　※申告書の⑮欄へ
課税資産の譲渡等の対価の額（④の金額）	⑤	189,134,383
非　課　税　売　上　額	⑥	1,100,583,461
資産の譲渡等の対価の額（⑤＋⑥）	⑦	1,289,717,844　※申告書の⑯欄へ
課　税　売　上　割　合（④／⑦）		〔　　14.66 ％ 〕　※端数切捨て
課税仕入れに係る支払対価の額（税込み）	⑧	※注2参照　462,256,681
課税仕入れに係る消費税額（⑧×6.3／108）	⑨	※注3参照　26,964,973
特定課税仕入れに係る支払対価の額	⑩	※注2参照　※上記課税売上割合が95％未満、かつ、特定課税仕入れがある事業者のみ記載してください
特定課税仕入れに係る消費税額（⑩×6.3／100）	⑪	※注3参照
課　税　貨　物　に　係　る　消　費　税　額	⑫	
納税義務の免除を受けない（受ける）こととなった場合における消費税額の調整（加算又は減算）額	⑬	
課税仕入れ等の税額の合計額（⑨＋⑪＋⑫±⑬）	⑭	26,964,973

			項目		金額
			課税売上高が5億円以下、かつ、課税売上割合が95％以上の場合　（⑭の金額）	⑮	
課税売上高が5億円超又は課税売上割合が95％未満の場合	個別対応方式		⑭のうち、課税売上げにのみ要するもの	⑯	
			⑭のうち、課税売上げと非課税売上げに共通して要するもの	⑰	
			個別対応方式により控除する課税仕入れ等の税額　〔⑯＋（⑰×④／⑦）〕	⑱	
	一括比例配分方式により控除する課税仕入れ等の税額　（⑭×④／⑦）			⑲	3,954,356
控除税額の調整	課税売上割合変動時の調整対象固定資産に係る消費税額の調整（加算又は減算）額			⑳	
	調整対象固定資産を課税業務用（非課税業務用）に転用した場合の調整（加算又は減算）額			㉑	
差引	控　除　対　象　仕　入　税　額〔（⑮、⑱又は⑲の金額）±⑳±㉑〕がプラスの時			㉒	3,954,356　※申告書の④欄へ
	控　除　過　大　調　整　税　額〔（⑮、⑱又は⑲の金額）±⑳±㉑〕がマイナスの時			㉓	※申告書の③欄へ
貸　倒　回　収　に　係　る　消　費　税　額				㉔	※申告書の③欄へ

注意1　金額の計算においては、1円未満の端数を切り捨てる。
　　2　⑧及び⑩欄には、値引き、割戻し、割引きなど仕入対価の返還等の金額がある場合（仕入対価の返還等の金額を仕入金額から直接減額している場合を除く。）には、その金額を控除した後の金額を記入する。
　　3　上記2に該当する場合には、⑨又は⑪欄は次の算式により計算した金額を記入する。

$$課税仕入れに係る消費税額⑨＝\left[\begin{array}{c}課税仕入れに係る支払対価の額（仕入対価の\\返還等の金額を控除する前の税込金額）\end{array}\right]×\frac{6.3}{108}－\left[\begin{array}{c}仕入対価の返還等の\\金額（税込み）\end{array}×\frac{6.3}{108}\right]$$

$$特定課税仕入れに係る消費税額⑪＝\left[\begin{array}{c}特定課税仕入れに係る支払対価の額（特定課税仕入対価\\の返還等の金額を控除する前の支払対価の額）\end{array}\right]×\frac{6.3}{100}－\left[\begin{array}{c}特定課税仕入対価の\\返還等の金額\end{array}×\frac{6.3}{100}\right]$$

　　4　⑩及び⑪欄は、課税売上割合が95％未満、かつ、特定課税仕入れがある事業者のみが記載する。
　　　なお、課税売上割合が95％未満、かつ、特定課税仕入れがある事業者は、併せて別表を提出する。
　　5　㉓欄と㉔欄のいずれにも記載がある場合は、その合計金額を申告書③欄に記入する。

293

（医）東京会

消費税計算表

科　目	税込金額	課　税　金	非課税金額	対象外金額	
入院診療収入	616,811,584	82,480	616,729,104	0	
室料差額収入	131,595,380	131,595,380	0	0	
外来診療収入	460,387,024	1,563,775	458,823,249	0	自費
労災自賠責収入	12,438,672	0	12,438,672	0	
介護保険収入	19,205,500	0	19,205,500	0	
その他医業収入	51,997,218	51,997,218	0	0	健康診断、予防接種、文書料
保険査定増減	-12,774,105	0	-12,774,105	0	
医業収益	1,279,661,273	185,238,853 ①	1,094,422,420 ②	0	
期首材料棚卸高	18,914,861			18,914,861	
医薬品費	82,275,331	82,275,331	0	0	
診療材料費	53,123,312	53,123,312	0	0	
給食材料費	2,257,433	2,257,433	0	0	
医療消耗器具備品費	23,431,246	23,431,246	0	0	
期末材料棚卸高	19,960,254			19,960,254	
売上原価	160,041,929	161,087,322 ⑤	0	-1,045,393	
粗利益	1,119,619,344				
常勤給与費	439,047,609	0	439,047,609	0	
非常勤給与費	168,149,341	0	168,149,341	0	
賞与	36,098,185	0	36,098,185	0	
退職金	15,404,743	0	15,404,743	0	
法定福利費	50,463,526	0	50,463,526	0	
図書研究費	2,169,462	2,169,462	0	0	
減価償却費	38,454,316	0	0	38,454,316	
福利厚生費	115,508	115,508	0	0	
旅費交通費	16,707,828	16,707,828	0	0	
職員被服費	4,948,439	4,948,439	0	0	
通信費	2,263,868	2,263,868	0	0	
消耗品費	12,335,916	12,335,916	0	0	
車両関係費	2,668,840	2,419,540	249,300	0	非：自動車保険料
会議費	845,905	845,905	0	0	
水道光熱費	24,175,646	24,175,646	0	0	
修繕費	7,857,091	7,857,091	0	0	
賃借料	32,329,835	32,329,835	0	0	
検査委託費	18,147,453	18,147,453	0	0	
保険料	2,351,548		0	2,351,548	
交際費	9,120,099	8,984,849	5,250	130,000	非：ビール券
諸会費	1,710,744		0	1,710,744	
租税公課	15,075,755		0	15,075,755	
地代家賃	32,401,334	7,248,000	25,153,334	0	非：地代、社宅
寄付金	100,000	0	0	100,000	
支払手数料	18,328,151	18,328,151	0	0	
広告宣伝費	5,900,695	5,900,695	0	0	
給食委託費	46,859,798	46,859,798	0	0	
寝具委託費	3,753,507	3,753,507	0	0	
医事委託費	10,482,537	10,482,537	0	0	
保守委託費	8,746,455	8,746,455	0	0	
その他委託費	45,586,089	45,586,089	0	0	
清掃委託費	9,848,790	9,848,790	0	0	
雑費	2,974,019	776,157	0	2,197,862	不：損害賠償金等
医業費用	1,085,423,032	290,831,519 ⑥	734,571,288	60,020,225	
医業損益	34,196,312				
受取利息	515,367	0	515,367	0	
受取配当金	24,000	0	0	24,000	
退職給与引当金戻入	3,253,149	0	0	3,253,149	
徴収不能引当金戻入	220,000	0	0	220,000	
雑収入	24,711,855	19,026,281	5,645,674	39,900	非：寮費　不：保険金
医業外収益	28,724,371	19,026,281 ③	6,161,041 ④	3,537,049	
支払利息	16,989,039	0	16,989,039	0	
徴収不能引当金繰入	20,000	0	0	20,000	
医業外費用	17,009,039	0	16,989,039	20,000	
経常損益	45,911,644				
税引前当期利益	45,911,644				
法人税等	22,551,838	0	0	22,551,838	
当期利益	23,359,806				

294

資産取得等

建物取得	8,925,000	8,925,000		0		0
器具備品取得	976,500	976,500		0		0
一括償却資産取得	436,340	436,340		0		0
資産取得額	10,337,840	10,337,840 ⑦		0		0

申告書への転記

税込課税売上高　①+③	204,265,134	課税売上額	189,134,383	
税抜課税売上高	189,134,383	非課税売上額	1,100,583,461	③+④
課税標準額	189,134,000	資産譲渡等対価額	1,289,717,844	
消費税額	11,915,442	課税売上割合	14.66%	
税込仕入額 ⑤+⑥+⑦	462,256,681	地方税		
課税仕入れ等の税額	26,964,973	差引税額	2,148,200	
控除対象仕入税額	3,954,356	中間納付額	886,500	
差引消費税額	7,961,000	確定納付税額	1,261,700	
中間納付額	3,546,300			
確定納付額	4,414,700	合計納付税額	5,676,400	

GK0303

第27-(1)号様式

平成　年　月　日　　　　　　　　税務署長殿

納税地　東京都港区1丁目1番
（電話番号 03 － 1122 － 1112）

（フリガナ）イリョウホウジンシャダン カントウカイ
名　称
又は屋号　医療法人社団　関東会

個人番号
又は法人番号　｜1個人番号の記載に当たっては、左端を空欄とし、ここから記載してください。｜

（フリガナ）カントウ　タロウ
代表者氏名
又は氏名　関東　太郎　㊞

※税務署処理欄

一連番号
翌年以降送付不要
所管／要否
整理番号
申告年月日　平成　年　月　日
申告区分　指導等　庁指定　局指定
通信日付印　確認印　確認／個人番号カード・通知カード・運転免許証／その他（　）　身元確認
年　月　日
指導年月日　相談　区分1　区分2　区分3
平成

自 平成 **27**年 **4**月 **1**日
至 平成 **28**年 **3**月 **31**日

課税期間分の消費税及び地方消費税の（ 確 定 ）申告書

中間申告　自 平成　　年　　月　　日
の場合の　　至 平成　　年　　月　　日
対象期間

（注）平成二十八年一月一日以後に開始する課税期間から、個人番号又は法人番号を記載する必要があります。

平成二十七年十月一日以後終了課税期間分（一般用）

この申告書による消費税の税額の計算

項目		十億 千百十 万 千百十一円	
課税標準額	①	1 5 4 3 3 7 0 0 0	03
消費税額	②	9 7 2 3 2 3 1	06
控除過大調整税額	③		07
控除税額 控除対象仕入税額	④	2 7 5 8 5 5 3	08
返還等対価に係る税額	⑤		09
貸倒れに係る税額	⑥		10
控除税額小計（④+⑤+⑥）	⑦	2 7 5 8 5 5 3	11
控除不足還付税額（⑦-②-③）	⑧		13
差引税額（②+③-⑦）	⑨	6 9 6 4 6 0 0	15
中間納付税額	⑩	3 7 5 0 9 0 0	16
納付税額（⑨-⑩）	⑪	3 2 1 3 7 0 0	17
中間納付還付税額（⑩-⑨）	⑫	0 0	18
この申告書が修正申告である場合 既確定税額	⑬		19
この申告書が修正申告である場合 差引納付税額	⑭	0 0	20
課税売上割合 課税資産の譲渡等の対価の額	⑮	1 5 4 3 3 7 2 1 9	21
資産の譲渡等の対価の額	⑯	1 2 8 1 8 5 2 2 2 5	22

この申告書による地方消費税の税額の計算

項目		十億 千百十 万 千百十一円	
地方消費税の課税標準となる消費税額 控除不足還付税額	⑰		51
差引税額	⑱	6 9 6 4 6 0 0	52
譲渡割額 還付額	⑲		53
納税額	⑳	1 8 7 9 3 0 0	54
中間納付譲渡割額	㉑	9 3 7 5 0 0	55
納付譲渡割額（㉑-㉑）	㉒	9 4 1 8 0 0	56
中間納付還付譲渡割額（㉑-㉑）	㉓	0 0	57
この申告書が修正申告である場合 既確定譲渡割額	㉔		58
差引納付譲渡割額	㉕	0 0	59
消費税及び地方消費税の合計（納付又は還付）税額	㉖	4 1 5 5 5 0 0	60

付記事項

割賦基準の適用	有 ○ 無	31
延払基準等の適用	有 ○ 無	32
工事進行基準の適用	有 ○ 無	33
現金主義会計の適用	有 ○ 無	34
課税標準額に対する消費税額の計算の特例の適用	有 ○ 無	35

参考事項

控除税額の計算方法	課税売上高5億円超又は課税売上割合95%未満	個別対応方式	
		一括比例配分方式	41
	上記以外	全額控除	

特定課税仕入れに係る別表の提出有

基準期間の課税売上高　184,023 千円

①及び②の内訳

区分	課税標準額	消費税額
3%分	千円	円
4%分	千円	円
6.3%分	154,337 千円	9,723,231 円

⑰又は⑱の内訳

区分	地方消費税の課税標準となる消費税額
4%分	円
6.3%分	6,964,600 円

還付を受けようとする金融機関等

銀行	本店・支店
金庫・組合	出張所
農協・漁協	本所・支所

預金　口座番号
ゆうちょ銀行の貯金記号番号
郵便局名等

※税務署整理欄

税理士署名押印（電話番号　－　－　）㊞

税理士法第30条の書面提出有
税理士法第33条の2の書面提出有

296

第❿章　申告書の作り方

付表2　課税売上割合・控除対象仕入税額等の計算表

〔一　般〕

課税期間	27・4・1～28・3・31	氏名又は名称	医療法人社団　関東会

項　　　　　目		金　　　額
課　税　売　上　額（税抜き）	①	154,337,219　円
免　税　売　上　額	②	
非課税資産の輸出等の金額、海外支店等へ移送した資産の価額	③	
課税資産の譲渡等の対価の額（①＋②＋③）	④	154,337,219　※申告書の⑮欄へ
課税資産の譲渡等の対価の額（④の金額）	⑤	154,337,219
非　課　税　売　上　額	⑥	1,127,515,006
資産の譲渡等の対価の額（⑤＋⑥）	⑦	1,281,852,225　※申告書の⑯欄へ
課　税　売　上　割　合（④／⑦）	〔12.04 ％〕	※端数切捨て
課税仕入れに係る支払対価の額（税込み）	⑧	※注2参照　392,764,199
課税仕入れに係る消費税額（⑧×6.3／108）	⑨	※注3参照　22,911,244
特定課税仕入れに係る支払対価の額	⑩	※注2参照　※ 上記課税売上割合が95％未満、かつ、特定課税仕入れがある事業者のみ記載してください
特定課税仕入れに係る消費税額（⑩×6.3／100）	⑪	※注3参照
課　税　貨　物　に　係　る　消　費　税　額	⑫	
納税義務の免除を受けない（受ける）こととなった場合における消費税額の調整（加算又は減算）額	⑬	
課税仕入れ等の税額の合計額（⑨＋⑪＋⑫±⑬）	⑭	22,911,244

			課税売上高が5億円以下、かつ、課税売上割合が95％以上の場合　（⑭の金額）	⑮	
課税売上高が5億円超又は課税売上割合が95％未満の場合	個別対応方式		⑭のうち、課税売上げにのみ要するもの	⑯	
			⑭のうち、課税売上げと非課税売上げに共通して要するもの	⑰	
			個別対応方式により控除する課税仕入れ等の税額〔⑯＋（⑰×④／⑦）〕	⑱	
	一括比例配分方式により控除する課税仕入れ等の税額（⑭×④／⑦）			⑲	2,758,553
控除の税額調整	課税売上割合変動時の調整対象固定資産に係る消費税額の調整（加算又は減算）額			⑳	
	調整対象固定資産を課税業務用（非課税業務用）に転用した場合の調整（加算又は減算）額			㉑	
差引	控　除　対　象　仕　入　税　額〔（⑮、⑱又は⑲の金額）±⑳±㉑〕がプラスの時			㉒	2,758,553　※申告書の④欄へ
	控　除　過　大　調　整　税　額〔（⑮、⑱又は⑲の金額）±⑳±㉑〕がマイナスの時			㉓	※申告書の③欄へ
貸　倒　回　収　に　係　る　消　費　税　額				㉔	※申告書の③欄へ

注意1　金額の計算においては、1円未満の端数を切り捨てる。
2　⑧及び⑩欄には、値引き、割戻し、割引など仕入対価の返還等の金額がある場合（仕入対価の返還等の金額を仕入金額から直接減額している場合を除く。）には、その金額を控除した後の金額を記入する。
3　上記2に該当する場合には、⑨又は⑪欄には次の算式により計算した金額を記入する。

課税仕入れに係る消費税額⑨＝〔課税仕入れに係る支払対価の額（仕入対価の返還等の金額を控除する前の税込金額）〕×$\frac{6.3}{108}$－〔仕入対価の返還等の金額（税込み）〕×$\frac{6.3}{108}$

特定課税仕入れに係る消費税額⑪＝〔特定課税仕入れに係る支払対価の額（特定課税仕入対価の返還等の金額を控除する前の支払対価の額）〕×$\frac{6.3}{100}$－〔特定課税仕入対価の返還等の金額〕×$\frac{6.3}{100}$

4　⑩及び⑪欄は、課税売上割合が95％未満、かつ、特定課税仕入れがある事業者のみが記載する。
　なお、課税売上割合が95％未満、かつ、特定課税仕入れがある事業者は、別途で別表を提出する。
5　㉓欄と㉔欄のいずれにも記載がある場合は、その合計金額を申告書③欄に記入する。

（医）関東会

消費税計算表

科　目	税込金額	課税金額	非課税金額	対象外金額	消費税8%	税抜金額
入院診療収入	689,544,018	0	689,544,018	0		689,544,018
室料差額収入	101,458,015	101,458,015			7,515,409	93,942,606
外来診療収入	389,314,435	7,167,300	382,147,135	0	530,911	388,783,524
労災自賠収入	10,078,964	0	10,078,964	0		10,078,964
介護保険収入	50,078,964	0	50,078,964	0		50,078,964
その他医業収入	49,202,036	43,129,251	6,072,785	0	3,194,759	46,007,277
保険査定増減	-17,162,985	0	-17,162,985	0		-17,162,985
医業収益	1,272,513,447	151,754,566 ①	1,120,758,881 ②	0	11,241,079 ③	1,261,272,368
期首材料棚卸高	8,668,878	0	0	8,668,878		8,668,878
医薬品費	131,620,995	131,620,995	0	0	9,749,703	121,871,292
診療材料費	32,516,483	32,516,483	0	0	2,408,628	30,107,855
給食材料費	16,686,634	16,686,634	0	0	1,236,047	15,450,587
医療消耗器具備品費	14,116,386	14,116,386	0	0	1,045,658	13,070,728
期末材料棚卸高	7,793,771	0	0	7,793,771		7,793,771
売上原価	195,815,605	194,940,498 ④	0	875,107	14,440,037 ⑤	181,375,568
粗利益	1,076,697,842					1,076,697,842
常勤給与費	550,826,403	0	550,826,403	0	0	550,826,403
非常勤給与費	68,149,341	0	68,149,341	0	0	68,149,341
賞与	80,215,501	0	80,215,501	0	0	80,215,501
退職金	16,157,100	0	16,157,100	0	0	16,157,100
法定福利費	70,700,437	0	70,700,437	0	0	70,700,437
図書研究費	637,476	637,476	0	0	47,220	590,256
減価償却費	62,563,210	0	0	62,563,210	0	62,563,210
福利厚生費	1,123,513	649,913	473,600	0	48,142	1,075,371
旅費交通費	10,929,052	10,929,052	0	0	809,559	10,119,493
職員被服費	184,091	184,091	0	0	13,636	170,455
通信費	1,436,780	1,436,780	0	0	106,428	1,330,352
消耗品費	2,081,395	2,081,395	0	0	154,177	1,927,218
車両関係費	1,218,718	1,173,128	45,590	0	86,898	1,131,820
会議費	127,804	127,804	0	0	9,467	118,337
水道光熱費	19,734,420	19,734,420	0	0	1,461,809	18,272,611
修繕費	4,050,802	4,050,802	0	0	300,059	3,750,743
賃借料	4,904,670	4,904,670	0	0	363,309	4,541,361
検査委託費	15,808,491	15,808,491	0	0	1,170,999	14,637,492
保険料	9,575,758	0	9,575,758	0		9,575,758
交際費	2,315,669	1,685,322	560,000	70,347	124,839	2,190,830
諸会費	1,443,482	15,382	1,428,100	0	1,139	1,442,343
租税公課	18,473,420	0	9,900	18,463,520		18,473,420
地代家賃	10,328,991	6,313,815	4,015,176	0	467,690	9,861,301
寄付金	1,116,000	0	0	1,116,000		1,116,000
支払手数料	10,404,798	10,091,698	258,800	54,300	747,533	9,657,265
広告宣伝費	1,168,150	1,168,150	0	0	86,530	1,081,620
寝具委託費	6,649,125	6,649,125	0	0	492,528	6,156,597
清掃委託費	3,632,500	3,632,500	0	0	269,074	3,363,426
保守委託費	3,871,505	3,871,505	0	0	286,778	3,584,727
その他委託費	18,058,356	17,874,808	183,548	0	1,324,060	16,734,296
雑費	320,669	302,969	17,700	0	22,442	298,227
医業費用	998,207,627	113,323,296 ⑥	802,616,954	82,267,377	8,394,318 ⑦	989,813,309
医業損益	78,490,215					78,490,215
受取利息	1,893,136		1,893,136	0	0	1,893,136
患者外給食収入	1,481,600	1,481,600	0	0	109,748	1,371,852
徴収不能引当金戻入	34,900	0	0	34,900	0	34,900
雑収入	23,177,588	12,230,531	4,862,989	6,084,068	905,965	22,271,623
医業外収益	26,587,224	13,712,131 ⑧	6,756,125 ⑨	6,118,968	1,015,713 ⑩	25,571,511
支払利息	152,185		152,185	0	0	152,185
雑損失	7,054	0	7,054	0	0	7,054
医業外費用	159,239	0	159,239	0	0	159,239
経常損益	104,918,200				0	104,918,200
固定資産売却損	2,613,682				0	2,613,682
税引前当期利益	102,304,518				0	102,304,518
法人税等	43,970,500	0			0	43,970,500
当期利益	58,334,018				0	58,334,018

資産売却

科　目	税込金額	課税金額	非課税金額	対象外金額	消費税8%	税抜金額
車両	367,000	367,000	0	0	27,185	339,815
医療器械	850,500	850,500	0	0	63,000	787,500
合計	1217500	1217500 ⑪	0	0	90,185 ⑫	1,127,315

資産取得等

科　目	税込金額	課税金額	非課税金額	対象外金額	消費税8%	税抜金額
建物取得	1,630,849	1,630,849	0	0	120,804	1,510,045
医療器械	65,100,000	65,100,000	0	0	4,822,222	60,277,778
器具備品取得	14,811,448	14,811,448	0	0	1,097,144	13,714,304
一括償却資産取得	2,958,108	2,958,108	0	0	219,119	2,738,989
資産取得額	84,500,405	84,500,405 ⑬	0	0	6,259,289 ⑭	80,476,577

仮受消費税等	12,346,977 ⑮
仮払消費税等	29,093,644

第❿章　申告書の作り方

控除対象外消費税の修正
① 交際費　124,839×87.959827%＝109,808
② 繰延消費税の対象資産の額
　　20万円÷87.959827%＝227,376
　　227,376÷8%＝2,842,200円以上
　　対象：医療器械の繰延消費税
　　4,822,222×87.959827%＝4,241,618

振替仕訳

仮受消費税等	12,346,977	仮払消費税等	29,093,644
交際費	109,808	租税公課（予定納税）	4,688,400
繰延消費税等	4,241,618	未払消費税等	4,155,500
租税公課（控除対象外）	12,395,392	雑収入（差額）	151
租税公課（年間消費税等）	8,843,900		
合計	37,937,695	合計	37,937,695

申告書への転記

税込課税売上高①+⑧+⑪	166,684,197	課税売上額	154,337,219
税抜課税売上高	154,337,219	非課税売上額	1,127,515,006 ②+⑨
課税標準額	154,337,000	資産譲渡等対価額	1,281,852,225
消費税額	9,723,231	課税売上割合	12.040173%
税仕入額 ④+⑥+⑬	392,764,199	地方税	
課税仕入れ等の税額	22,911,244	差引税額	1,879,300
控除対象仕入税額	2,758,553	中間納付額	937,500
差引消費税額	6,964,600	確定納付税額	941,800
中間納付額	3,750,900		
確定納付額	3,213,700	合計納付税額	4,155,500

GK0404 （簡）

第27－（2）号様式

平成27年10月9日

収受印

税務署長殿

| ※税務署処理欄 | 一　連　番　号 | | 翌年以降送付不要 |

納税地　東京都千代田区1丁目1番
（電話番号　03　－1111　－1111）

（フリガナ）イリョウホウジンシャダン　チヨダカイ
名称又は屋号　医療法人社団　千代田会

個人番号又は法人番号
（個人番号の記載に当たっては、左端を空欄とし、ここから記載してください。）

（フリガナ）チヨダ　マモル
代表者氏名又は氏名　千代田　守　㊞

申告年月日　平成　　年　　月　　日
申告区分　指導等　庁指定　局指定
通信日付印　確認印　確認書類　個人番号カード　通知カード・運転免許証　その他（　）　身元確認
指導年月日　平成　　相談　区分1　区分2　区分3

自　平成27年4月1日
至　平成28年3月31日

課税期間分の消費税及び地方
消費税の（　確定　）申告書

中間申告の場合の対象期間　自　平成　　年　　月　　日　至　平成　　年　　月　　日

（注）平成二十八年一月一日以後に開始する課税期間から、個人番号又は法人番号を記載する必要があります。

平成二十六年四月一日以後終了課税期間分（簡易課税用）

この申告書による消費税の税額の計算

		十億千百十億千百十万千百十一	
課税標準額	①	2 8 0 2 9 0 0 0	03
消費税額	②	1 7 6 5 8 2 7	06
貸倒回収に係る消費税額	③		07
控除税額　控除対象仕入税額	④	8 9 4 6 7 7	08
返還等対価に係る税額	⑤		09
貸倒れに係る税額	⑥		10
控除税額小計（④＋⑤＋⑥）	⑦	8 9 4 6 7 7	13
控除不足還付税額（⑦－②－③）	⑧		13
差引税額（②＋③－⑦）	⑨	8 7 1 1 0 0	15
中間納付税額	⑩	4 1 2 0 0 0	16
納付税額（⑨－⑩）	⑪	4 5 9 1 0 0	17
中間納付還付税額（⑩－⑨）	⑫	0 0	18
この申告書が修正申告である場合　既確定税額	⑬	0 0	19
差引納付税額	⑭	0 0	20
この課税期間の課税売上高	⑮	2 8 8 3 0 0 5 7	21
基準期間の課税売上高	⑯	3 1 0 5 6 0 1 5	

この申告書による地方消費税の税額の計算

地方消費税の課税標準となる消費税額　控除不足還付税額	⑰		51
差引税額	⑱	8 7 1 1 0 0	52
譲渡割額　還付額	⑲		53
納税額	⑳	2 3 5 6 0 0	54
中間納付譲渡割額	㉑	1 0 3 0 0 0	55
納付譲渡割額（⑳－㉑）	㉒	1 3 2 0 0 0	56
中間納付還付譲渡割額（㉑－⑳）	㉓	0 0	57
この申告書が修正申告である場合　既確定譲渡割額	㉔	0 0	58
差引納付譲渡割額	㉕	0 0	59
消費税及び地方消費税の合計（納付又は還付）税額	㉖	5 9 1 1 0 0	60

付記事項・参考事項

割賦基準の適用	有 ○無	31
延払基準等の適用	有 ○無	32
工事進行基準の適用	有 ○無	33
現金主義会計の適用	有 ○無	34
課税標準額に対する消費税額の計算の特例の適用	有 ○無	35

事業区分	区分	課税売上高（免税売上高を除く）千円	売上割合％	
	第1種			36
	第2種	622	2.2	37
	第3種			38
	第4種			39
	第5種	27,407	97.8	42
	第6種			

特例計算適用（令57③）　有 ○無　40

①及び②の内訳　区分	課税標準額	消費税額
3％分	千円	円
4％分	千円	円
6.3％分	28,029 千円	1,765,827 円

⑱又は⑳の内訳　区分	地方消費税の課税標準となる消費税額
4％分	円
6.3％分	871,100

還付を受けようとする金融機関等

銀行・金庫・組合・農協・漁協　本店・支店　出張所　本所・支所
預金　口座番号
ゆうちょ銀行の貯金記号番号
郵便局名等

※税務署整理欄

税理士署名押印　（電話番号　－　－　）　㊞

☐ 税理士法第30条の書面提出有
☐ 税理士法第33条の2の書面提出有

300

第❿章　申告書の作り方

付表 5　控除対象仕入税額の計算表

簡　易

課税期間 27・4・1〜28・3・31	氏名又は名称	医療法人社団　千代田会

項　　　　　目		金　　　　　　額
課税標準額に対する消費税額（申告書②欄の金額）	①	1,765,827 円
貸倒回収に係る消費税額（申告書③欄の金額）	②	
売上対価の返還等に係る消費税額（申告書⑤欄の金額）	③	
控除対象仕入税額の計算の基礎となる消費税額（①＋②－③）	④	1,765,827
1 種類の事業の専業者の場合　〔控除対象仕入税額〕 ④×みなし仕入率（90%・80%・70%・60%・50%・40%）	⑤	※申告書④欄へ

	区　　　　分	事業区分別の課税売上高（税抜き）		左の課税売上高に係る消費税額
課税売上高に係る消費税額の計算			売上割合	
	事業区分別の合計額 ⑥	28,029,222 円	%	1,765,841 円 ⑬
	第一種事業（卸売業）⑦	※申告書「事業区分」欄へ		⑭
	第二種事業（小売業）⑧	※ 〃　622,062	2.2	39,190 ⑮
	第三種事業（製造業等）⑨	※ 〃		⑯
	第四種事業（その他）⑩	※ 〃		⑰
	第五種事業（サービス業等）⑪	※ 〃　27,407,160	97.8	1,726,651 ⑱
	第六種事業（不動産業）⑫	※ 〃		⑲

	控　除　対　象　仕　入　税　額　の　計　算　式　区　分		算　　出　　額
2 種類以上の事業を営む事業者の場合	原則計算を適用する場合 ④×みなし仕入率〔（⑭×90%＋⑮×80%＋⑯×70%＋⑰×60%＋⑱×50%＋⑲×40%）/⑬〕	⑳	894,677 円
	特例計算を適用する場合	1 種類の事業で 75% 以上 （⑦/⑥・⑧/⑥・⑨/⑥・⑩/⑥・⑪/⑥・⑫/⑥）≧75% ④×みなし仕入率（90%・80%・70%・60%・50%・40%）	㉑	882,921
		2 種類の事業で 75% 以上	（⑦＋⑧）/⑥≧75%	④×〔⑭×90%＋（⑬－⑭）×80%〕/⑬ ㉒
			（⑦＋⑨）/⑥≧75%	④×〔⑭×90%＋（⑬－⑭）×70%〕/⑬ ㉓
			（⑦＋⑩）/⑥≧75%	④×〔⑭×90%＋（⑬－⑭）×60%〕/⑬ ㉔
			（⑦＋⑪）/⑥≧75%	④×〔⑭×90%＋（⑬－⑭）×50%〕/⑬ ㉕
			（⑦＋⑫）/⑥≧75%	④×〔⑭×90%＋（⑬－⑭）×40%〕/⑬ ㉖
			（⑧＋⑨）/⑥≧75%	④×〔⑮×80%＋（⑬－⑮）×70%〕/⑬ ㉗
			（⑧＋⑩）/⑥≧75%	④×〔⑮×80%＋（⑬－⑮）×60%〕/⑬ ㉘
			（⑧＋⑪）/⑥≧75%	④×〔⑮×80%＋（⑬－⑮）×50%〕/⑬ ㉙
			（⑧＋⑫）/⑥≧75%	④×〔⑮×80%＋（⑬－⑮）×40%〕/⑬ ㉚
			（⑨＋⑩）/⑥≧75%	④×〔⑯×70%＋（⑬－⑯）×60%〕/⑬ ㉛
			（⑨＋⑪）/⑥≧75%	④×〔⑯×70%＋（⑬－⑯）×50%〕/⑬ ㉜
			（⑨＋⑫）/⑥≧75%	④×〔⑯×70%＋（⑬－⑯）×40%〕/⑬ ㉝
			（⑩＋⑪）/⑥≧75%	④×〔⑰×60%＋（⑬－⑰）×50%〕/⑬ ㉞
			（⑩＋⑫）/⑥≧75%	④×〔⑰×60%＋（⑬－⑰）×40%〕/⑬ ㉟
			（⑪＋⑫）/⑥≧75%	④×〔⑱×50%＋（⑬－⑱）×40%〕/⑬ ㊱
【控除対象仕入税額】 （選択可能な計算方式による⑳〜㊱の内から選択した金額）		㊲	※申告書④欄へ　894,677

注意 1　金額の計算においては、1 円未満の端数を切り捨てる。
　　 2　課税売上げにつき返品を受け又は値引き・割戻しをした金額（売上対価の返還等の金額）があり、売上（収入）金額から減算しない方法で経理し
　　　て経費に含めている場合には、⑥から⑫の欄にはその売上対価の返還等の金額（税抜き）を控除した後の金額を記入する。

301

(医) 千代田会

消費税簡易課税の計算シート

	収入（税込）
社保収入	46,215,640
国保収入	21,465,170
自費収入	258,910
その他医業収入	29,501,523
雑収入	684,047
収入合計	98,125,290

課税売上の内訳
自費収入

自費収入（課税）	89,500	第5種
自賠責収入	169,410	非課税
計	258,910	

その他医業収入

がん検診等	29,501,523	第5種

雑収入

電話使用料	8,710	第5種
自販機手数料	494,817	第2種
物品販売	177,010	第2種
現金過不足	3,510	対象外
計	684,047	

課税売上高
第2種

自販機手数料	494,817
物品販売	177,010
計	671,827

第5種

自費収入（課税）	89,500
がん検診等	29,501,523
電話使用料	8,710
計	29,599,733
合計	30,271,560

課税売上高の内訳

	税込売上高	税抜売上高	割合	
第2種売上高	671,827	622,062	2.2%	
第5種売上高	29,599,733	27,407,160	97.8%	>75% 特例あり
課税売上高計	30,271,560	28,029,222		

消費税額の計算　消費税額

第2種売上高	39,190	①
第5種売上高	1,726,651	②
計	1,765,841	③

控除対象仕入れ額
原則計算

第2種	31,352	①×80%
第5種	863,326	②×50%
合計	894,677	

特例計算

2種以上で75%以上	882,921	③×50%

申告書への転記

税抜課税売上高	28,029,222
課税標準額	28,029,000
消費税額	1,765,827
控除対象仕入税額	894,677
差引消費税額	871,100
中間納付額	412,000
確定納付額	459,100
地方税	
差引税額	235,000
中間納付額	103,000
確定納付額	132,000
合計納付額	591,100

著 者 紹 介

【監 修】

税理士法人　アフェックス
　　代表社員　町山　三郎
　　公認会計士・税理士・宅地建物取引主任者

税理士法人　アフェックス
　　代表社員　金子　尚貴
　　公認会計士・税理士・宅地建物取引主任者

【編著者】

税理士法人　アフェックス
　　「良い経営がより良い医療を実現する」
　　税務相談はもちろんのこと，開業支援・増患対策・医療法人化対策・相続対策・人事労務対策
　等病院経営を総合的にサポートしている，医療経営コンサルティングのプロフェッション集団。
　30年超の実績を持ち，全国400件以上の医療機関の経営サポートを行っている。お客様の多様な
　ニーズにワンストップでお応えするため，グループ内に司法書士・社労士・宅地建物主任者等
　各分野の専門家が在籍し，チームを組んで対応。豊富な経験と組織力を活かしたサービスは，
　院長先生から高い評価を得ている。
　〒101-0032　東京都千代田区岩本町2-18-3
　Tel：03-3865-7171　Fax：03-3865-7373
　URL：http://afexs.co.jp

主な著書

　医療経営システム（共著）「財務管理論」（矢野経済研究所）
　病医院経営のチェックリスト（ミクス）
　医療法人の会計と税務（共著）「医業収益の会計処理」（中央経済社）
　病院経営の強化と財産形成（ぎょうせい）
　よくわかるバランスシート（オーエス出版）
　新時代の病医院経営と対策（上・下巻）（万有製薬）
　21世紀を勝ち抜く病医院経営のノウハウ（ぎょうせい）
　医療経営指標の読み方（ミクス）
　医師のための医療経営指標ガイド（武田製薬）
　勝ち続ける病医院の最新経営ノウハウ（ぎょうせい）
　医療白書　2010（共著）（日本医療企画）
　会計で経営を強化する（日本商工経済研究所）
　中小企業等協同組合会計基準（共著）（第一法規）
　病医院のための実践税務（税務経理協会）
　これで安心，地主様の相続税対策（週刊住宅新聞社）
　これで安心 医業承継と相続税対策（税務経理協会）

雑誌記事など

　医師のための経営情報（山一証券）（1989.10～1997.10）
　院長のための税務相談（日経ヘルスケア21）（2001.1～12）
　成功をもたらす新規開業へのゴール（医療経営情報）（2004.8～2005.6）
　診療所経営指南（医療経営情報）（2005.10～2006.12）
　町山三郎の納得節税塾（クリニックマガジン）（2005.1～連載中）
　経営力を強化するための処方箋（ドラッグマガジン）（連載）
　経営相談Q&A（商工ジャーナル）（連載）
　不動産投資家のための知って得する税金塾（週刊住宅新聞社）（連載）

著者との契約により検印省略

2010年12月1日　初版第1刷発行	
2016年4月1日　改訂版第1刷発行	

病医院の実践税務
〔改訂版〕

監 修 者　町　山　三　郎
　　　　　　金　子　尚　貴
著　　者　税理士法人アフェックス
発 行 者　大　坪　嘉　春
印 刷 所　税経印刷株式会社
製 本 所　牧製本印刷株式会社

発 行 所　〒161-0033 東京都新宿区　　　株式　税務経理協会
　　　　　　下落合2丁目5番13号　　　　会社
　　　　　　振　替　00190-2-187408　　電話　(03)3953-3301（編集部）
　　　　　　ＦＡＸ　(03)3565-3391　　　　　　　(03)3953-3325（営業部）
　　　　　　URL　http://www.zeikei.co.jp/
　　　　　　乱丁・落丁の場合は，お取替えいたします。

© 税理士法人アフェックス 2016　　　　　　　　Printed in Japan

本書の無断複写は著作権法上での例外を除き禁じられています。複写される
場合は，そのつど事前に，(社)出版者著作権管理機構（電話 03-3513-6969,
FAX 03-3513-6979, e-mail：info@jcopy.or.jp）の許諾を得てください。

JCOPY　＜(社)出版者著作権管理機構 委託出版物＞

ISBN978-4-419-06334-4　C3034